Francis Spufford
Heilige (Un)Vernunft!

FRANCIS SPUFFORD

Heilige (Un)Vernunft!

WARUM **CHRISTSEIN,** ALLEN RATIONALEN *Bedenken zum Trotz,* NOCH IMMER ERSTAUNLICH VIEL **SINN MACHT**

Aus dem Englischen von Antje Balters

Bibliografische Information der Deutschen Nationalbibliothek
Die Deutsche Nationalbibliothek verzeichnet diese Publikation in der
Deutschen Nationalbibliografie; detaillierte bibliografische Daten
sind im Internet über http://dnb.d-nb.de abrufbar.

ISBN 978-3-86506-674-9
© der deutschsprachigen Ausgabe 2014 by
Joh. Brendow & Sohn Verlag GmbH, Moers
Einbandgestaltung: Brendow Verlag, Moers
Originaltitel: Unapologetic. Why, despite everything,
Christianity can still make surprising emotional sense
First published in 2012 by Faber and Faber Limited,
Bloomsbury House, 74-77 Great Russel Street,
London WC1B3DA
All rights reserved
© Francis Spufford, 2012
Satz: Brendow Web & Print, Moers
Druck und Bindung: CPI – Clausen & Bosse, Leck
Printed in Germany

www.brendow-verlag.de

Für
Jessica
Judith
David

Und meine drei ehrwürdigen Doktoren

INHALT

1
Heilige (Un)vernunft 9

2
Der Riss in allem 39

3
Big Daddy 77

4
Hallo, grausame Welt 115

5
Jeshua 141

6
Und so weiter 191

7
Die internationale Liga der Schuldigen – Teil zwei 213

8
Konsequenzen....................................... 261

1
HEILIGE (UN)VERNUNFT

Meine Tochter ist gerade sechs geworden. Irgendwann im Laufe des nächsten Jahres wird sie entdecken, dass ihre Eltern seltsam sind, und zwar sind wir seltsam, weil wir in die Kirche gehen.

Das bedeutet – nun ja, wenn sie älter wird, wird es Stimmen geben, die ihr sagen, was das bedeutet, und diese Stimmen werden immer lauter werden, bis sie ihr dann, wenn sie irgendwann ein Teenager ist, richtig laut ins Ohr schreien.

Es bedeutet nämlich, dass wir jede Menge abstruses steinzeitliches Zeugs glauben: Es bedeutet, dass wir nicht an Dinosaurier glauben; es bedeutet, dass wir dogmatisch sind und selbstgerecht; dass wir Schmerzen und Leid zum Fetisch machen; dass wir für oberflächliches Nettsein sind; dass wir den Unterdrückten für die Zeit nach ihrem Tod das Blaue vom Himmel versprechen; dass wir sentimentale Seelchen sind, die keine Ahnung haben von den gewinnbringenden Kräften des Marktes; dass wir zu dumm sind, um zu begreifen, wie irrational unser Glaubensbekenntnis ist; dass wir absurd-komplexe intellektuelle Gebilde voller sinnloser Abgrenzungen auf dem Zuckerwattefundament unserer Fantasie errichten; dass wir die Kleinfamilie mit all ihrer Mikrotyrannei und ihren einengenden Klischees aufrechterhalten; dass wir büßerhemdtragende Feinde ganz normaler Familienvergnügungen sind, wie zum Beispiel Elternsein, Shopping, Sex und der Besitz eines Autos; dass wir brutal voreingenommen und wertend sind; dass wir Mörder freilassen würden, damit sie dann wieder töten können; dass wir glauben, jeder, der nicht mit uns einer Meinung ist, wird ewig in der Hölle schmoren; dass wir genauso schlimm sind wie Moslems; dass wir noch schlimmer sind als Moslems, weil Moslems nur unzivilisiert sind und es nicht besser wissen; dass wir besser sind als Moslems, aber nur, weil wir nicht den Mut haben, unsere Überzeugungen so radikal zu leben wie sie; dass wir infantil sind und nicht ohne einen illusionären Papa im Himmel auskommen; dass wir die Spontaneität und das Hoffnungsvolle bei Kindern zerstören, indem wir ihnen eine völlig kranke Mythologie einimpfen; dass wir gegen Freiheit, Menschenrechte, Schwulenrechte, moralische Autonomie des Einzelnen, das Recht der Frau, sich für oder gegen ein Kind zu entscheiden, Stammzellenforschung, die Benutzung von Kondomen zur Aidsbekämpfung, das Lehren der Evolutionstheorie sind – also gegen alles Moderne –, dass wir also ganz allgemein gegen den Fortschritt sind; dass wir glauben, man muss sich vor Autorität ducken; dass wir alle hochnäsig sind; dass wir eine „Igitt-nein-danke"-Haltung in Bezug auf Transsexuelle haben, es aber völlig normal und selbstverständlich finden, wenn Männer mittleren Alters lila Gewänder tragen; dass wir Kindesmisshandlung und Kindesmissbrauch decken, weil es uns mehr um Macht geht als um Gerechtigkeit; dass wir historisch gesehen die Bösewichte sind und in jedem Kampf für die Freiheit von Menschen auf der falschen Seite stehen; dass es, wenn wir denn anscheinend manchmal doch auf der richtigen Seite der besagten Kämpfe gestanden haben, eigentlich doch nicht so war; oder es in dem Kampf gar nicht um das ging, worum es angeblich ging; oder dass wir das Richtige nicht aus den Gründen getan haben, die wir später dafür in Anspruch genommen haben; dass wir fromme Geschichten zur Tarnung von Rassismus, Imperialismus, Eroberungskriegen, Sklaverei und Ausbeutung erfinden; dass wir Fantasiebegründungen erfinden dafür, dass real existierende Menschen sich gegenseitig umbringen; dass wir ewig Gestrige sind; dass wir uralte Stammeskulturen zerstören; dass wir an das Ende der Welt glauben; dass wir die Menschen lehren, sich selbst zu hassen; dass wir wollen, dass Menschen Angst haben; dass wir wollen, dass Menschen sich schämen; dass wir einen eingebildeten Freund haben; dass wir an Himmelswesen glauben; dass wir vor einem Gott auf die Knie gehen, der mit der Realität so viel zu tun hat wie der Weihnachtsmann; dass wir lieber die Bibel als Romane lesen, lieber beten als Geschichten erzählen, lieber Gewissheit als Zweifel haben, lieber Glauben als Verstand; dass wir das Gesetz über die Gnade stellen, lieber Schwarz und Weiß sehen als all die vielen unterschiedlichen Grauschattierungen; dass wir Zensur besser finden als Diskussion, Schweigen besser als Reden und den Tod besser als das Leben.

Heilige (Un)Vernunft!

Aber hey, so schlecht ist das doch gar nicht, denn das alles sind doch Einwände von Menschen, die sich wenigstens so stark für Religion und Glauben interessieren, dass sie überhaupt Einwände vorbringen – oder sich zumindest ein paar Freizeit-Einwände von Richard Dawkins oder Christopher Hitchens ausgeliehen haben. Als Vorwürfe mögen sie vielleicht ein Sammelsurium aus Wahrheiten und Halbwahrheiten und Unwahrheiten sein, herausgepickt aus ganz und gar unterschiedlichen Teilen der Geschichte des Christentums und der christlichen Welt (wobei der kleine Teil stets für das Ganze steht, jedenfalls wenn er schädlich ist, und das Ganze für einen kleinen Teil, wenn dieser Teil schmeichelhaft ist). Aber zumindest gehen diese Menschen davon aus, dass es etwas gibt, das als Religion bezeichnet wird und das genügend Bedeutung hat, um es zu verabscheuen. Ja, die Art, wie die Dawkinsianer es schaffen, aus ihren Überzeugungen über den Glauben anderer Menschen ein richtiggehendes Hobby zu machen, hat beinah etwas Hingebungsvolles. Diejenigen Dawkinsianer, die hier in England leben, müssen eigentlich richtig neidisch darauf sein, mit welcher Heftigkeit dieser Kampf gegen alles, was mit Glauben und gläubigen Menschen zu tun hat, in den Vereinigten Staaten geführt wird. Dennoch bringen manche von ihnen es sogar fertig, sich von der anglikanischen Kirche unterdrückt zu fühlen, und das ist wirklich gar nicht so einfach. Man muss dafür schon eine ausgesprochene Vorliebe besitzen, im kleinen Maßstab zu arbeiten, so wie etwa beim Sticken oder beim Tischfußball oder beim Aufbauen einer Modelleisenbahn auf der Fläche eines Aktenkoffers.

Heilige (Un)Vernunft

Aber die wirklich schmerzliche Botschaft, die unsere Tochter empfangen wird, ist die, dass wir einfach peinlich sind. Für die meisten Menschen, die keine neuen Atheisten sind oder alte Atheisten, für Menschen also, die in Bezug auf diese gesamte Thematik eher leidenschaftslos sind, sind wir gläubigen Menschen nicht seltsam, weil wir irgendwie gefährlich oder böse wären. Nein, wir sind seltsam, weil wir einfach nicht zu verstehen sind! Für unseren Glauben gibt es schließlich überhaupt keine nachvollziehbare Notwendigkeit. Wir halten uns an eine Reihe peinlicher und absurder Vorstellungen und Einstellungen, die irgendwie *auffallen*, die sich vom Hintergrund des modernen Alltagslebens von heute deutlich abheben. Aber das nicht wenigstens auf eine Weise, die bedeutungsvoll wäre oder Respekt verdient hätte, sondern eher so, wie ein ganz besonders stilloses Kleidungsstück auffällt, bei dessen Anblick sich der Betrachter windet und wegschauen muss und sich fragt, ob bei der Auswahl vielleicht irgendeine Art Hirndefekt im Spiel war. Fromme Leute sind Menschen mit Topfhaarschnitt, die im August Anoraks tragen und grobmaschige Pullover in der Farbe von Erbrochenem. Oder – um wieder von der Kleidungsmetapher wegzukommen hin zu den Verhaltensweisen, auf denen das Urteil tatsächlich beruht – fromme Menschen sind Leute, die versuchen, auf Partys Jeee-sus ins Gespräch zu bringen; die sich selbst unmöglich machen, indem sie sich vor Unbehagen winden angesichts absolut normaler menschlicher Verhaltensweisen; die ständig versuchen, irgendwie eine feierliche Stille zu erzeugen und dadurch einen Pups oder einen Rülpser – jedenfalls ein ganz klein wenig Subversion – gerade-

Heilige (Un)Vernunft!

zu provozieren. Gläubige Menschen sind Leute, die bei den seltenen Gelegenheiten, bei denen man ihnen zuhören muss, wie beispielsweise bei Hochzeits- oder Beerdigungsansprachen, immer die Gelegenheit beim Schopf packen und einem den pürierten Inhalt eines Grundschulkrippenspiels in den Gehörgang träufeln, anscheinend ohne zu merken, dass die Kindheit längst vorbei ist. Und abgesehen davon, dass wir kindisch und jämmerlich und sehr ernst sind (und natürlich peinlich), machen wir uns auch noch mit einer altmodischen, muffigen Orthodoxie eins, einer Autorität, die selbige längst verloren hat. Und nichts ist doch so traurig – traurig in Bezug auf Stil – wie der Mainstream-Geschmack von vorgestern. Wenn wir schon nicht anders konnten, wenn wir schon unbedingt shoppen gehen mussten im Sortiment von Juchu und Die-Kraft-ist-stark-in-dir-junger-Himmelsstürmer, dann hätten wir doch wenigstens etwas Neues und Farbenfrohes aussuchen können, etwas mit ein bisschen mehr Pfiff, etwas mit ein wenig mehr von dem Stil, den man in der Zeit zwischen Schule und Studium hat, vielleicht etwas mit Sprechchören und Wellness. Aber nein, wir haben uns stattdessen für alte Gemäuer entschieden, die nach toten Blumen riechen, und für Gruppen von Rentnern, die sich mühsam durch „Geh aus, mein Herz, und suche Freud ..." kämpfen.

Coole Revoluzzer? Eher nicht.

Und das Schlimmste daran ist, wie gesagt, *dass es dafür absolut keine Notwendigkeit gibt.* Keinen offensichtlichen Mangel, dass dieses traurige Zeugs wenigstens ein – wenn auch ungeschickter – Kompensationsversuch sein könnte. Aber die meisten Menschen haben keinen leeren Raum in sich, der genau so groß ist, dass Gott hineinpasst und nur darauf wartet, mit Gott gefüllt zu werden. Die meisten Menschen werden durch ihr Leben mit der vollen Bandbreite von Liebe, Hass, Freude und Verzweiflung versorgt; ebenso mit einem moralischen Bezugsrahmen, um das alles verstehen und einordnen zu können; und auch mit einem Platz für Ehrfurcht und Transzendenz – und das alles, ohne dass sie dazu Religion brauchen. Gläubige Menschen sind die Leute, die für eine Lösung werben, ohne dass es ein Problem gibt, und dann auch noch für eine feuchthändige, penetrant grinsende, nichttanzende, einfach peinliche Lösung. Im Anorak.

Und deshalb ist es absolut rätselhaft, was in gläubigen Menschen vorgeht. Soweit man es einschätzen kann – für den Fall, dass man *den Wunsch hat*, es aus irgendeinem Grund einzuschätzen –, ist es eine Art ängstliches So-tun-als-Ob, eine Art ständiger nervöser Abwehr der Realität. Es sieht so aus, als ob für einen gläubigen Menschen die Dinge nie einfach das sein dürfen, was sie sind. Es muss immer alles übersetzt und moralisiert werden, und alles muss eine unnötige und ziemlich gefühlsbetonte zusätzliche Bedeutung bekommen. Ein Sonnenuntergang kann nicht einfach nur Teil einer Mischung aus Pracht und Grausamkeit der Welt sein; nein, er muss ein Geschenk Gottes, ein Segen sein. Eine Mahlzeit muss ein Geschenk sein, für das man dankbar ist, auch wenn sie von Iglu kommt und 3 Euro 79 gekostet hat. Sex kann nicht einfach zum Erfahrungsspektrum des Lebens von Erwachsenen gehören, von einem gelegentlichen Erdbeben bis hin zu einem leichten kameradschaftlichen Kribbeln; nein, es muss, ach du liebe Güte, etwas ganz Besonderes sein, das passiert, wenn Mamas und Papas sich ganz dolle lieb haben.

Wahrscheinlich spiegeln all diese kleinen konkreten Weigerungen, den gesunden Menschenverstand einzusetzen, das massive Fehlen von Realismus bei uns Gläubigen wider, unser peinliches Problem mit der Unterscheidung, die für Erwachsene zur grundlegenden Ausstattung zur Lebensbewältigung gehört, nämlich der Unterscheidung zwischen Dingen, die es wirklich gibt, und erfundenen Dingen.

Wir kapieren anscheinend nicht, dass die Zauberei bei *Harry Potter*, die Ringe und Schwerter und Elfen in den Fantasy-Romanen, die Gestalten in Videospielen, die Geister und Gespenster an Halloween irgendwie zum Spaß da sind. Wir versuchen, sie ernst zu nehmen; oder besser gesagt, wir nehmen unsere eigene spezielle Unterabteilung davon ernst. Wir begehen einen seltsamen Kategorienfehler, indem wir behaupten, dass unsere Goblins, Geister und Spaghettimonster wirklich da sind, dem Buch oder irgendwelchen Filmen entstiegen. *Star-Trek*-Fans und Möchtegernvampire können uns da nicht das Wasser reichen. Wir beten wirklich an. Wir gehen tatsächlich auf die Knie, verbeugen uns vor einem leeren Raum und beharren darauf, dass dort unser Spaghettimonster zu finden ist. Kein Wunder, dass wir uns so viel Mühe geben, den gesunden Menschenverstand abzuwehren. Wir müssen die ganze Zeit mit den Fingern in den Ohren herumlaufen – lalala, ich kann gar nichts hören –, nur, um das deutlich zu vernehmende Geräusch der realen Welt auszublenden.

Das Komische daran ist, dass es für mich genau umgekehrt ist. Nach meiner Erfahrung ist es der Glaube, der die kompromissloseste Aufmerksamkeit für das Wesen der Dinge fordert, deren man fähig ist. Es ist der Glaube, der von einem verlangt, eine Illusion nach der anderen aufzugeben, während der gesunde Menschenverstand ständig locker-flockiges So-tun-als-Ob verlangt. Ein So-tun-als-Ob, das durchaus System haben könnte, weil dafür in unserer Kultur so überaus starke Anreize geboten werden. Nehmen wir nur einmal den berühmten Slogan auf dem Atheistenbus in London. Ja, ich weiß, ich weiß ... es handelt sich dabei um eine Aussage der Hardcore-Hobbyisten des Unglaubens, Menschen, denen es wichtig ist, sich permanent in einem Zustand negativer Erregung über Religion zu befinden. Aber in diesem konkreten Fall legen sie ziemlich deutlich die ganz gewöhnliche Weisheit des alltäglichen Unglaubens dar. Auf dem Atheismusbus steht: „Wahrscheinlich gibt es keinen Gott. Hören Sie also auf, sich Sorgen zu machen, und genießen Sie das Leben."

Also gut: Welches der Worte ist das bedenkliche, das aggressive, das Wort, das sich so schnell von tatsächlich erkennbaren menschlichen Erfahrungen absondert, dass es nicht einmal mehr Zeit hat, zum Abschied zu winken? Nein, es ist nicht das Wort „wahrscheinlich". Die Neuen Atheisten behaupten ja gar nichts Ungeheuerliches, wenn sie sagen, dass es wahrscheinlich keinen Gott gibt. Ja, sie behaupten damit eigentlich noch nicht einmal etwas Wesentliches, denn wie, verdammt noch mal, sollten sie es auch wissen? Es ist doch für sie genauso eine Mutmaßung, wie es für mich eine ist.

Heilige (Un)Vernunft!

Nein, das Wort, das gegen jeglichen Realitätssinn verstößt, ist „genießt". Also tut mir leid – das Leben *genießen*? Das *Leben* genießen? Ich habe keinerlei neo-puritanische Einwände gegen Genuss. Genuss ist etwas Schönes. Genuss ist toll. Je mehr Genuss, desto besser. Aber Genuss ist erst mal nur *eine einzelne Empfindung*. Das Einzige auf der Welt, was dazu gedacht ist, Genuss, und nur Genuss, hervorzurufen, sind Produkte, und Ihr Leben ist doch kein Produkt. Sie können es nicht auspacken, es an einer besonders vorteilhaften Stelle Ihres Lofts in der Speicherstadt platzieren und dann darüber staunen, wie toll die Halogenspots Ihrer Beleuchtungsschiene die glatten Seiten betonen. Nur manchmal, mit viel Glück, stehen Sie ganz bewusst neben dem, was gerade mit Ihnen passiert, und schauen es mit warmer, zustimmender Befriedigung an. Die übrige Zeit sind Sie schwer damit beschäftigt, Hoffnung, Langeweile, Neugier, Sorge, Ärger, Angst, Freude, Bestürzung, Hass, Zärtlichkeit, Verzweiflung, Erleichterung, Erschöpfung und was es sonst noch so alles gibt zu erleben. Es ist genauso unsinnig zu sagen, dass Sie Ihr Leben nur genießen sollen, wie es unsinnig wäre, Sie dazu aufzufordern, es ganz und gar und ausschließlich in Angst oder absoluter, ungeduldiger Vorfreude auf irgendetwas zu verbringen. So einheitlich ist das Leben nun mal nicht. Dazu aufzufordern, das Leben zu genießen (und ausschließlich zu genießen), ist etwa so, als würde man verlangen, dass Berge nur Gipfel haben oder dass alle Theaterstücke von Shakespeare sein sollen – ein wirklich grotesker Kategorienfehler.

Allerdings kein ungefährlicher. Nicht nur ein heiteres So-tun-als-Ob, das niemandem wirklich schadet. Der Slogan auf dem Bus impliziert nämlich, dass Genuss eigentlich der normale Grundzustand von Menschen wäre, wenn sie nicht durch uns Gläubige und unsere Höllenfeuerpredigten verängstigt würden. Wenn man einfach nur diese böse Bedrohung durch das Reden über Gott wegnähme, dann hätte man wieder stetige Freuden und Genuss unter einem wolkenlosen Himmel. Und was ist denn daran eigentlich so schlimm, einmal abgesehen davon, dass es völliger Blödsinn ist? Nun, als Erstes einmal lässt man sich dabei vom modernen Marketing etwas vorgaukeln. Entgegen der Tatsache, dass das Leben nicht nur aus Genuss besteht und dass das auch gar nicht möglich ist, suggeriert dieser Slogan ein Bild des menschlichen Daseins, das nur die Abschnitte zeigt, in denen Genuss vorherrscht. Wenn wir unser Wissen über die Gattung Mensch ausschließlich aus der Werbung bezögen, dann wäre der Mensch ein gutaussehender Single zwischen zwanzig und dreißig mit hervorragend definierten Muskeln, einer tollen Figur und einem hohen, zur freien Verfügung stehenden Einkommen. Wobei es natürlich auch dort Ausnahmen gibt, wie beispielsweise total verknallte, turtelnde Ü-50er, die Viagra schlucken und sich Kreuzfahrten leisten, oder spontan-geistreiche kleine Hosenscheißer, die in stylischen Klamotten und mit flotten Sprüchen Werbung für Frühstückscerealien oder Kinderjoghurt machen; der Schwerpunkt des Menschseins liegt hier darauf, jung, attraktiv und verfügbar zu sein. Das ist der Zustand, der uns zugedacht ist. Und genau dasselbe würde man auch glauben, wenn man seine Informationen

Heilige (Un)Vernunft!

ausschließlich vom Atheistenbus bezöge, in diesem Fall allerdings mit dem geringfügigen Unterschied, dass der Mann des idealen Werbe-Ehepaars, dessen Gesichter auf dem Bus prangen, eine klitzekleine Sorgenfalte auf seiner ansonsten sehr schönen Stirn hat, hervorgerufen durch den lästigen Gedanken, dass es ja vielleicht doch einen Gott geben könnte; eine Falte, die sich allerdings ganz leicht durch das magische Anwenden des Verstandes wieder entfernen lässt.

Diese Plastikwesen brauchen zum Glücklichsein nicht mal die Sachen aus der Werbung. Aber nehmen wir doch einfach einmal an, der Atheistenbus fährt vorbei, und Sie sind ein Mann Mitte fünfzig, gerade mit einer Alditüte auf dem Heimweg, um nachzuschauen, ob Ihre demente Liebste wieder einmal die Wände der Wohnung mit den eigenen Exkrementen beschmiert hat. Als sie es gestern getan hat, haben Sie sie geschlagen, und sie hat geheult und gewimmert, bis ihr Gesicht völlig verheult und rotz- und tränenverschmiert war, und natürlich waren Sie es, der sie dann waschen musste. Das Einzige, was Ihnen diese schwere innere Last ein bisschen erleichtern könnte, wäre, mit der witzigsten und scharfzüngigsten Person, die Sie kennen, darüber zu reden, doch die Persönlichkeit dieses Menschen wohnt leider nicht mehr in dem Wesen, das Sie antreffen, wenn Sie die Haustür aufschließen. Die Unterstützung durch einen Pflegedienst wäre sicher eine Hilfe, aber nichts wird Ihnen Ihre große Liebe, Ihren Schatz wiederbringen.

Oder nehmen wir an, Sie sind dieser Junge im Rollstuhl, der mit den spastisch verrenkten Gliedmaßen und dem merkwürdig geformten Kopf. Sprechen konnten Sie noch nie, aber über eine Ihrer Hände haben Sie gerade so viel Kontrolle, dass Sie mit Hilfe einer Tastatur Botschaften tippen können. Jetzt hat das Gewitter in Ihrem Nervensystem aber auch diese Hand erfasst, und Ihre Finger tippen mehr Fehler als lesbare Worte. Bald wird Ihr ohnehin schon sehr eingeschränkter Zugang zur Welt sich ganz schließen, und Sie werden allein in diesem Klotz von einem Körper festsitzen. Schon möglich, dass es aufgrund der Fortschritte in der genetischen Forschung die Krankheit, die Sie haben, in kommenden Generationen gar nicht mehr geben wird, aber das wird Sie nicht retten.

Oder nehmen Sie einmal an, Sie sind die abgerissene Frau im Hauseingang, die mit den schmierigen Dreadlocks, die aussehen wie ein Rattenparadies. Vor zwei Tagen sind Sie aus der Drogentherapie abgehauen. Die ersten paar Hits waren toll, denn in den beiden Therapiewochen ohne Stoff und mit gutem Essen ist Ihre Toleranz für die Droge gesunken, und die Wirkung war deshalb so wonnevoll wie ganz am Anfang Ihrer Drogenkarriere. Aber jetzt sind Sie wieder voll drauf, und ganz langsam dämmert Ihnen, dass Sie es wieder mal ganz groß verkackt haben. Bisher haben Sie sich noch immer die Geschichte vom Cleanwerden erzählen können, aber jetzt sehen Sie ja selbst, dass diese Geschichte nicht wahr ist, jetzt wissen Sie, dass Sie nicht die Kraft haben. Ihr kleiner Sohn wird weiter vom Jugendamt betreut werden, und Sie werden in einer halben Stunde hinter der Bushaltestelle einem Freier für einen Fünfer einen blasen. Eine bessere Drogenpolitik würde vielleicht helfen, aber die würde nicht das Elend lindern und die Scham über dieses Elend und das Bedürfnis, diese Scham irgendwie loszuwerden.

Wenn also der Atheistenbus vorbeifährt und Ihnen mitteilt, dass es Gott wahrscheinlich nicht gibt und dass Sie aufhören sollen, sich Sorgen zu machen, und stattdessen das Leben genießen, dann ist nicht nur der Tonfall des Slogans einfach extrem unpassend, sondern auch die Botschaft. Denn wenn wirklich wahr ist, was er aussagt, dann bedeutet das nämlich, dass jeder, der sein Leben nicht genießen kann, ganz und gar und absolut allein ist. Das gilt zum Beispiel auch für Sie drei da draußen. Sie sitzen alle drei in Ihrer jeweiligen Situation fest, die Sie niemandem wirklich vermitteln können, und sind ein für alle Mal weggesperrt in Zellen, in die kein anderes menschliches Wesen je hineingelangen kann. Und der Atheistenbus sagt jetzt Folgendes: Es kommt keine Hilfe.

Verstehen Sie mich jetzt bitte nicht falsch. Ich glaube auch nicht, dass Hilfe kommt in der großen, konkreten und wichtigen Bedeutung des Begriffes. Ich glaube nicht, dass etwas passieren wird, wodurch sich an der konkreten materiellen Lage dieser drei Personen etwas ändert. Aber lassen Sie uns ganz klar sein in Bezug auf die emotionale Logik der Botschaft auf dem Bus. Die läuft nämlich letztlich auf eine Leugnung von Hoffnung oder Trost in Bezug auf die jeweilige Situation hinaus, es sei denn, man verharmlost und verniedlicht diese auf unmenschliche und groteske Weise. Augustinus hat so etwas vor eintausendfünfhundert Jahren als „grausamen Optimismus" bezeichnet, und daran, dass diese Art von Optimismus grausam ist, hat sich seit damals nichts geändert.

Und wenn Sie ein berühmtes Stück dieses falschen Optimismus sehen wollen, eines, das nicht nur vortäuscht, wie das wahre Leben sein kann, sondern noch weitergeht und eine der am wenigsten überzeugenden Vorspiegelungen darüber bietet, wie die Menschen sind, dann schauen Sie sich das toupierte und frisierte Musikvideo ‚*Imagine*‘ an. Das ist auf jeden Fall ‚Mein kleines Pony‘ unter den philosophischen Aussagen. John Lennon und Yoko Ono ganz in Weiß, John am weißen Klavier, John, wie er durch die weißen Räume einer weißen Villa schlendert und dabei fortwährend süßliche Seichtheiten von sich gibt. „Stell dir vor, *imagine*, es gibt keinen Himmel. Stell dir vor, es gibt keine Hölle. Stell dir all die Menschen vor, die in Frieden leben …"

Hallo? Entschuldigung? Nehmen Sie die Religion aus dem Bild weg, und plötzlich und ganz spontan lebt jeder in *Frieden*? Ich weiß ja nicht, wie es bei Ihnen ist, aber meiner Erfahrung nach ist Frieden genauso wenig Normalzustand und Standard bei Menschen, wie es in New York Standard ist, in einer Wohnung von der Größe von der von Joey und Chandler aus *friends* zu leben.

Friede ist nicht der Daseinszustand, in den wir immer wieder von selbst zurückgelangen wie Wasser, das jedes Mal bergab fließt, wenn es dabei nicht gestört wird. Frieden zwischen Menschen ist eine Errungenschaft, ein Zustand, den wir uns angesichts konkurrierender Interessen, der Dynamik im Dominanzverhalten von Primaten und der sich daraus entwickelten Tendenz, an den Grenzen unseres eigenen Stammesgebietes unser Mitgefühl aufzugeben, mühsam erarbeiten müssen. Frieden bei Menschen wird dadurch – gelinde gesagt – erschwert, dass wir dazu neigen, ein tatsächliches – Sie wissen schon, was ich meine – *Gefühlsleben* am Laufen zu haben statt eines Hohlraumes zwischen den Ohren, in den ein Sonnenstrahl fällt und in dem eine einsame Motte immer im Kreis herumflattert. Frieden ist nicht die Norm; Frieden ist selten, und wo wir es schaffen, ihn in der menschlichen Gesellschaft zu institutionalisieren, liegt das normalerweise daran, dass wir auf kluge Weise pessimistisch sind in Bezug auf menschliche Vorlieben und Neigungen; daran, dass wir einen Weg finden, sie in einem System zu bändigen, das von heftigem gegenseitigem Misstrauen geprägt ist. Wie beispielsweise die US-Verfassung eines ist, ein Dokument, das davon ausgeht, dass absolut jeder korrupt und machthungrig ist, wenn er auch nur den Hauch einer Gelegenheit dazu bekommt.

Und was die innere Version von Frieden angeht: Ich persönlich habe nicht besonders oft inneren Frieden, und ich bezweifle, dass es bei Ihnen anders ist. Und ich bin absolut verflucht sicher, dass John Lennon auch keinen hatte. Der andere Teil seiner Persönlichkeit, der großmäulige junge Kerl aus Liverpool, der Typ in Leder, der angeblich einmal in Hamburg seinem besten Freund gegen den Kopf getreten hat, der ja genauso zu ihm gehörte wie der geniale Songwriter, war ja nicht einfach weg, nur weil er in einen weißen Anzug schlüpfte.

Was in „*Imagine*" anscheinend passiert, ist die Vorstellung – die immer bei denen besonders beliebt ist, die Angst vor sich selbst haben –, dass wir eigentlich von Natur aus gut wären und schlimme Dinge nur deshalb tun, weil wir von irgendeiner äußeren Kraft, einer Art bösartigen Seite der Macht, dazu gezwungen werden. (Im konkreten Fall von John Lennon wahrscheinlich durch die Erziehung, die die *Christian Brothers* in den 50er Jahren in Liverpool Kindern und Jugendlichen angedeihen ließen; diese zeichnete sich besonders durch Tritte, Flüche und durch liebevolle Beschreibungen der Qualen und Folterungen der Verdammten aus.) Es handelt sich bei der besagten Vorstellung des eigentlich guten Menschen um eine Theorie, die nicht falsifizierbar ist, weil es immer Machtstrukturen gibt, denen man die Schuld geben kann, wenn Menschen sich schlecht benehmen. Genau wie die Theorie, dass Märkte vollkommen gerechte Ergebnisse erbrächten, wenn man sie nur sich selbst überließe (wo doch Märkte nie sich selbst überlassen werden), ist diese Theorie immun gegen Widerlegung. Aber, und ich möchte das so behutsam wie möglich sagen – sie ist nicht sehr wahrscheinlich. Wir möchten es gern glauben, weil es das ist, wie wir gerne wären. Wir träumen von dem Frieden, den wir nicht haben. Und um so auszusehen, als hätten wir ihn, schmücken wir uns mit der Bildsprache des Himmels, von dem wir gerade behauptet haben, wir hätten ihn abserviert. Die weißen Gewänder, das gleißend himmlische Licht eines überbelichteten „Imagine" sieht aus wie ein Teil *Irrtum im Jenseits (A Matter of Life and Death)* und ein Teil *Kirchengesangbuch*. Nur dämlicher.

Heilige (Un)Vernunft!

Ein Trost, den man ernst nehmen und glauben könnte, wäre einer, der nicht ferngehalten werden müsste von peinlichen Bereichen der Realität. Einer, der nicht von einer mehr oder weniger kitschigen Fantasie über uns selbst abhinge und der deshalb ein wirklicher Trost wäre; einer, bei dem nicht die Gefahr bestünde, dass er beim Kontakt mit den ganz gewöhnlichen Wahrheiten über uns selbst – ob gute, schlechte oder indifferente – wie eine Seifenblase zerplatzen würde. Ein Trost, dem man trauen könnte, wäre einer, der auch das schwierige Zeugs zugäbe, statt ständig auf der Flucht davor zu sein; und einer, der einem den Boden unter den Füßen wiedergibt, wenn man ganz bewusst die Finger aus den Ohren genommen hat, um all die Geräusche der komplizierten Welt nicht mehr leugnen zu müssen.

Ich erinnere mich an einen Morgen vor ungefähr fünfzehn Jahren. Es war ein besonders schlimmer Morgen nach einer besonders schlimmen Nacht. Wir waren völlig festgefahren gewesen in einer dieser Auseinandersetzungen, die wie Wellen anschwellen und wieder abebben, um sich immer wieder neu aufzubauen, jedes Mal, wenn man gerade dachte, dass es aus purer Erschöpfung zu Ende wäre – weil die Sache, die sie auslöst, keine Ruhe lässt, auch wenn man versucht, sie einfach zu ignorieren. Zwischen Mitternacht und sechs Uhr morgens, als wir endlich kapitulierten und aufstanden, hatten wir uns wie in einer Endlosschleife von Tränen zu den Nachwehen der Tränen bewegt, dann wieder zurück zu der Art von Streit, bei dem man sich gegenseitig die Augen auskratzt, jedes Mal mit unveränderter Heftigkeit, weil die Bitterkeit des Verrates, um den es ging (meiner), ebenfalls unvermindert da war. Jede Vertrautheit und Intimität waren vergiftet.

Während wir uns in dieser Auseinandersetzung im Kreis drehten und immer wieder von vorne anfingen, wussten wir eigentlich schon immer im Voraus, was der andere als Nächstes sagen würde, und sogar, was er dachte, und das machte alles nur noch schlimmer. Es fühlte sich an, als wären wir nur noch ein Paar ineinandergreifender Abläufe, Zahnräder mit scharfen Zähnen, die einander weiterdrehten. Als es Tag wurde, schien die ganze Welt völlig ausgelaugt. Wir standen auf, und sie ging zur Arbeit. Ich ging in ein Café – wie ein echter Schriftsteller eben, Sie wissen schon, Drückeberger, die wir ja alle sind – und pflegte mein Elend bei einem Cappuccino. Ich konnte keinen Ausweg aus dem Kummer erkennen, der nicht irgendeinen offensichtlichen Selbstbetrug beinhaltet hätte, irgendeine Lüge darüber, wie weit es mit uns gekommen war. Sie saß mir zwar nicht gegenüber, aber in meinem Kopf mahlte immer noch dieser Kreislauf weiter, der die ganze Nacht in Gang gewesen war. Und dann legte die Servicekraft in dem Café eine Kassette ein, und zwar Mozarts Klarinettenkonzert, den mittleren Satz, das Adagio.

Falls Sie es nicht kennen, es ist ein sehr geduldiges Musikstück. Es zieht auf seine Weise stetig die gleichen Kreise, beginnt wieder von vorn, spielt leicht moduliert dieselbe Melodie immer und immer wieder: die Klarinette allein, dann mit dem Orchester, nimmt als Soloklang wieder dieselbe gemächlich beschwingte Melodie auf und unterlegt sie, wenn die Streicher dazukommen, in intensiven Wellen mit einer

Heilige (Un)Vernunft!

Art Zärtlichkeit ohne spezielle Botschaft. Das Stück ist absolut unangestrengt. Es klingt nicht so, als ob Mozart hier etwas getan hätte, das er nur so eben gerade bewältigen konnte, und es klingt auch nicht so, als ob die Musik Mühe hätte, ein Gewicht zu heben, das sie nur so eben gerade stemmen kann. Gleichzeitig ist es eine Musik, die nichts leugnet. Sie drückt eine absolut unangestrengte Freude aus, tut aber nicht so, als gäbe es keinen Kummer. Im Gegenteil, sie klingt, als käme sie aus einer Welt, in der Kummer etwas absolut Normales ist, in der es aber trotzdem noch mehr zu sagen gibt.

Ich hatte das Stück schon oft gehört, aber dieses Mal fühlte es sich an, als hätte es mir etwas völlig Neues zu sagen. Es sagte: Alles, was du befürchtest, ist wahr. Und dennoch. Und dennoch. Alles, was du falsch gemacht hast, hast du tatsächlich falsch gemacht. Und dennoch. Und dennoch. Die Welt ist größer, als du fürchtest. Sie ist größer als die sich wiederholenden Tiraden in deinem Kopf, und zu dieser Welt gehört *das hier*, genau so, wie auch dein Unglücklichsein dazugehört. Halt den Mund, hör einfach zu und gestehe dir nur ein kleines bisschen zu, auf diesen Frieden zu bauen, den du allein und für dich selbst einfach nicht herstellen konntest. Denn hier ist er – einfach so, und du bekommst ihn großzügig angeboten. Du machst dir immer noch selbst etwas vor, sagte diese Musik, wenn du die Möglichkeit *dessen* hier nicht zulässt. Hier passiert mehr als das, was du verdienst oder nicht verdienst. Es gibt auch *das hier*. Und dann folgte noch einmal diese Melodie. Mit allen Sorgen der Welt.

Der Romancier Richard Powers schreibt, dass das Klarinettenkonzert von Mozart so klingt, wie Gnade klingen würde, und genau so habe ich es 1997 erlebt. Aber „Gnade" ist auch wieder eines von diesen Worten, die eine Definition erfordern. Gnade bedeutet nicht nur die Befugnis eines Tyrannen, eine Strafe auszusetzen, die er selbst verhängt hat. Gnade kann nicht nur bedeuten – und tut es in diesem Fall auch –, etwas Freundliches zu bekommen statt der spürbaren Folgen eines bestimmten Handelns, sondern sie kann auch bedeuten ... die spürbaren Folgen eines Handelns tatsächlich zu spüren zu bekommen. Gnade ist keine Angelegenheit irgendeines düster dreinblickenden Richters, der beschließt, einen nicht zu bestrafen. Gnade ist auch etwas Besseres, als man eigentlich hätten erwarten können, der Umstand, dass man schleichend in einen Prozess hineingeschoben wird, der ohnehin im Gang war. Gnade ist ...

Ich stelle mir vor, dass sich mittlerweile bei einigen von Ihnen beim Lesen so etwas wie Unwillen breitmacht. Ich weiß natürlich nicht, wer Sie sind, mein(e) liebe(r) konkrete(r) Leser(in) mit diesem konkreten Exemplar des Buches in Ihren konkreten Händen, und ich weiß auch nicht, was Sie über Religion und Glauben denken. Vielleicht sind Sie Atheist(in) mit streitlustigem Funkeln in den Augen, vielleicht aber auch ein Mitchrist, der auf eine überzeugende Darstellung dessen hofft, was wir gemeinsam glauben; vielleicht gehören Sie zu der großen Zahl Nicht-Gläubiger, die auf tolerante Art ein wenig neugierig sind, wie sich Glaube möglicherweise von innen anfühlen kann in einer Welt, die in Ihren Augen natürlich deutlich erkennbar post-religiös ist. Vielleicht gehören Sie aber auch in eine ganz andere Kategorie. Ich weiß es nicht, und ich hoffe, Sie entschuldigen, wenn ich Sie in meinem dringenden Bedürfnis, einigen der derzeit lautesten und häufigsten Reaktionen auf den christlichen Glauben zu widersprechen, in eine Ecke stelle, in die Sie gar nicht gehören. In diesem Fall meine ich mit „Sie" all diejenigen von Ihnen, die bildlich gesprochen aufspringen, wenn ich anfange, von Gnade zu schwärmen, und die dabei das starke Gefühl haben, dass ich gerade an etwas sehr Wichtigem vorbeigerast bin (schnell Schlittschuh über dünnes Eis laufen, wie es der Dichter Ralph Waldo Emerson ausdrückt).

Verständlich: Wenn ich Herrn Lennon unterbrechen darf, dann dürfen Sie natürlich auf jeden Fall auch mich unterbrechen. Moment mal, Moment mal, sagen Sie; einmal abgesehen von der Frage, wie Sie Gnade definieren, wie definieren Sie denn überhaupt Glauben (Religion)? Soll das etwa Glaube sein, sich in irgendeinem Café ein Stück von Mozart anzuhören? Sie haben etwas erlebt, das wir in der Welt der Ungläubigen einfach als „ein Gefühl" bezeichnen würden, und zwar ausgelöst durch ein künstlerisches Ausdrucksmittel, das ja doch ziemlich bekannt dafür ist, Gefühle hervorzurufen. Sie haben kein Zeichen von Gott bekommen, oder was auch immer Sie damit sagen wollten; wenn überhaupt, dann haben Sie ein Zeichen von Herrn Mozart bekommen, dem bekannten Österreicher mit der Perücke. Ich hoffe, das ist nicht Ihre Grundlage für religiösen Glauben, sagen Sie vielleicht, denn Sie beschreiben da gar nichts, das nicht mit einer ganz und gar naturalistischen Sicht des Universums vereinbar wäre, bei der es *niemanden gibt*, der vom Himmel herab irgendeine magische Barmherzigkeit anbieten könnte. Sondern nur Zeugs, jede Menge erstaunliches, einigermaßen interessantes Zeugs, von der Quantenskala bis hin zur Bewegung von Galaxien.

Der Punkt, um den es geht, ist doch, dass Glaube von außen betrachtet aussieht wie eine Reihe von Vorstellungen über das Universum, für die der Anspruch auf Wahrheit erhoben wird; Glaube besteht aus Standpunkten, die man als gläubiger Mensch bejaht; und wenn praktizierende Gläubige nicht über diese Punkte reden, wenn es um ihren Glauben geht, dann sieht das so aus, als ob sie aalglatt wären und auf ärgerliche Art und Weise das eigentliche Thema geflissentlich umgehen würden. Wenn ich sage, dass es von innen betrachtet viel mehr Sinn ergibt, über den Glauben als eine typische Reihe von Gefühlen zu sprechen, dann werden Sie daraus schließen, dass ich versuche, mich herauszureden, oder vielleicht sogar, dass es mir völlig egal ist, ob der Mist, den ich von mir gebe, überhaupt wahr ist. Aber ich glaube tatsächlich, dass es so ist. Nur fürs Protokoll – ich wende hier nicht den ultraliberalen Anglikaner-spielt-Atheist-Trick an, indem ich sage, dass das alles nur eine schöne und interessante Metapher ist (Gähn, schnarch) und dass religiöse Begriffe genau das bedeuten, was ich möchte, das sie bedeuten (auch wenn ich mir das Recht vorbehalte zu behaupten, dass glaubende Menschen etwas mehr darüber zu sagen haben, was Glaube bedeutet, als Ungläubige. Schließlich ist es *unserer*. Treten Sie ein, wenn Sie glauben, dass Sie hart genug sind). Ich bin ein ziemlich orthodoxer Christ. Jeden Sonntag sage und tue ich mein Bestes, das komplette Glaubensbekenntnis auch wirklich zu meinen, das ja *tatsächlich* aus einer Reihe von Behauptungen besteht. Kein Herumgeeiere; kein bewegliches Ziel – ehrlich. Es ist aber dennoch ein Fehler, zu glauben, dass man ein gläubiger Mensch wird, indem man diesen Behauptungen zustimmt. Es sind die Gefühle, die zuerst da sind. Ich stimme den Ideen zu, weil ich die Gefühle habe; ich habe nicht die Gefühle, weil ich den Ideen zugestimmt habe.

Für mich ist also das, was ich 1997 beim Hören von Mozarts Klarinettenkonzert empfunden habe, nicht irgendeine Wischi-Waschi-Metapher für eine Idee oder Vorstellung, an die ich glaube, und es ist auch keine Fassade, hinter der das eigentliche „Glaubensgeschäft" abläuft, sondern es ist die Sache selbst. Mein Glaube besteht aus solchen Gefühlen und wird durch sie aufrechterhalten. Das ist es, was ihn real macht. Natürlich habe ich auch eine Deutung für das, was da in dem Café mit mir passiert ist, und das ist genau so ein Gerüst aus Ideen und Vorstellungen, wie es sich jeder Theologe oder Richard Dawkins wünschen würde.

Ich denke – und bitte beachten Sie hier das Wort „denke"–, dass ich nicht gezielt und gut getimt die Wiedergabe des Klarinettenkonzertes zu hören bekam durch ein göttliches Wesen, das den Kosmos bis ins Kleinste lenkt und dabei Auslöser jedes noch so kleinen Ereignisses ist (das würde besagtes göttliches Wesen nämlich zu einem unsterblichen Mistkerl machen, wenn man bedenkt, welcher Art viele solcher Ereignisse sind.)

Heilige (Un)Vernunft

Ich glaube, dass es Mozart vor zwei Jahrhunderten gelungen ist, eine wunderschöne und exakte Wiedergabe eines Aspektes der Wirklichkeit zu schaffen.

Ich glaube, der Grund dafür, dass die Wirklichkeit so ist, wie sie ist; dass sie letztlich ebenso gnädig ist, wie sie auch eine Reihe von physikalischen Gegebenheiten und Zusammenhängen ist, die alle von selbst ablaufen ohne Hoffnung auf Einspruch; und zwar von der Quantenmechanik bis hin zur relativen Geschwindigkeit von Galaxien durch eine „tollpatschige, niedere und entsetzlich grausame Biologie" (Darwin), besteht darin, dass das Universum von einem andauernden und unendlich geduldigen Akt der Liebe aufrechterhalten wird.

Ich glaube, dass es durch Liebe am Leben gehalten wird.

Ich glaube, dass Dantes Kosmologie zwar Mist war, er aber recht hatte mit der Aussage, dass es „die Liebe ist, die die Sonne und all die anderen Sterne bewegt".[1]

Ich glaube, dass das Universum für sich selbst steht, dass es ganzheitlich, zuverlässig und stimmig ist und nicht durchlöchert durch Irrationalität oder seltsame Ausnahmen, dass es aber gleichzeitig niemals verlassen ist, und zwar kein einziges Quark, Proton, Atom, Molekül, keine Zelle, kein Geschöpf, kein Kontinent, kein Planet, Stern, Schwarm, keine Galaxie darin.

---

[1] Ich habe an dieser Stelle eine kleine Änderung vorgenommen. Dante hat in Wirklichkeit am Ende des *Paradiso* gesagt „die Sonne und all die *geringeren* Sterne", weil er unter dem Eindruck stand, dass die Sonne ein Feuer ist, welches um die Erde kreist, und die Sterne eine Sammlung kleinerer glitzernder Objekte, die in der inneren Hülle einer rotierenden kristallenen Sphäre steckten. Wie gesagt, seine Kosmologie war Mist.

Heilige (Un)Vernunft!

Ich glaube, dass ich nicht irgendein kitschiges Bild von einer sich einmischenden Himmelsfee zu bemühen brauche, um meine Fähigkeit zu erklären, die Gnade jenes Augenblicks zu spüren. Gott ist doch sowieso ständig überall da und liegt unaufdringlich allen Cafés, allen Kassetten und allen Komponisten zugrunde, wenn Gott der „Grund unseres Seins" ist, wie Paulus sagt, oder, wie der Koran es mit einer leicht beunruhigenden anatomischen Genauigkeit formuliert, Gott „einem so nah ist wie die Adern im eigenen Hals".

Das ist es, was ich *denke*. Aber das ist alles völlig zweitrangig. Das alles hinkt meiner emotionalen Gewissheit hinterher, dass da Gnade war und ich sie gespürt habe. Und deshalb ist für mich die Diskussion, die im Zusammenhang mit dem Glauben von den meisten Leuten erwartet wird, die Diskussion nämlich, ob die Vorstellungen wahr sind oder nicht, ebenfalls zweitrangig.

Nein, ich kann es nicht beweisen. Ich weiß nicht, ob irgendetwas davon wahr ist. Ich weiß nicht, ob es einen Gott gibt. (Und Sie wissen es auch nicht und Professor Dawkins auch nicht, und auch sonst niemand weiß das. Das ist nämlich nichts, das man wissen kann.) Aber dann ist es bei mir auch wieder nicht so – wie bei jedem Menschen –, dass ich nur solche Gefühle habe, die ich auch belegen kann. Wenn das so wäre, dann wäre ich ein absolut komischer Vogel. Gefühle können ganz sicher irreführend sein. Sie können einen dazu verleiten, Sachen zu glauben, die nachweislich unwahr sind. Aber Gefühle sind

Heilige (Un)Vernunft

auch unser unentbehrliches Navigationswerkzeug, um unseren Weg durch Dinge und Situationen hindurchzufühlen, durch viel größere Bereiche von Zeugs, das sich Beweis und Gegenbeweis entzieht und nicht anhand des physikalischen Universums überprüfbar ist.[2] Wir träumen, hoffen, staunen, haben Kummer, wüten, trauern, sind entzückt, argwöhnen, scherzen, verabscheuen; wir gestalten so unbeweisbare Spekulationen wie Romane oder Klarinettenkonzerte; wir *imaginieren* – denken uns etwas aus. Und Religion ist in gewisser Hinsicht nur ein Teil davon. Sie ist nur eine Form des Imaginierens, absolut funktional, absolut menschlich-normal. Deshalb käme es einem doch geradezu pervers vor, den Vorschlag zu machen, dass diese eine spezielle Ausdrucksform des Imaginierens als empörend gelten und entfernt werden sollte, wenn (was zweifelhaft ist) wir das schaffen.

Erst seit relativ kurzer Zeit hat sich in unserer Kultur die Vorstellung etabliert, dass Gefühle, die mit religiösem Glauben zu tun haben, anders sein müssen als Gefühle, die bei allen anderen Arten von Imaginieren, Hoffen, Träumen etc. entstehen. *Diese* Emotionen müssen seltsam fremdartig sein, freakig, traurig, peinlich, demütigend, unreif und pathetisch. *Diese* Gefühle haben mit unserem gesunden Menschenverstand nichts zu tun. Aber das ist nicht so. Die Gefühle, von de-

---

2 Und es auch nie sein wird, so groß der Fortschritt in der Wissenschaft auch sein mag. Die Wissenschaft wird uns beispielsweise niemals eine Grundlage dafür verschaffen, sichere Urteile zu fällen über Werke menschlicher Vorstellungskraft wie Gerechtigkeit oder Gnade. Eine hervorragende Diskussion über diesen Punkt bietet Richard Dawkins' Erklärung seiner „anti-darwinistischen" politischen Ansichten in *A Devil's Chaplain*.

nen religiöser Glaube gestützt und getragen wird, sind sogar alle zutiefst normal und zutiefst wiedererkennbar für jeden, der jemals die Gemeinsamkeiten menschlicher Erfahrungen als Erwachsener durchlaufen hat. Sie sind äußerst vertraut und äußerst einleuchtend, und das nicht nur, weil unsere Kultur immer noch gesättigt ist mit dem verschütteten Inhalt des Christentums, der aus dem zerbrochenen Behälter des Glaubens herausgeschwappt ist und alles durchtränkt hat. Hier ist etwas Grundsätzlicheres im Gang, eine gar nicht rätselhafte Blutsverwandtschaft mit dem Rest der Erfahrungen.

Es ist allerdings so, dass die Gefühle, um die es beim Thema Glaube geht, nicht in ganz normaler Sprache beschrieben werden, ohne Spezialvokabular; und normalerweise wird gar nicht über sie gesprochen, es sei denn, sie werden zu Ideen rationalisiert. Aber genau das werde ich hier tun. Meine Damen und Herren! Ein Schauspiel, das man noch nie auf die Bühne zu bringen versucht hat! Vor Ihren Augen werde ich vom Fundament an das einfache und nicht überraschende Gebäude des Glaubens aufbauen. Ich habe nichts im linken Ärmel, nichts im rechten Ärmel außer dem gesamten Material der Alltagserfahrung. Keine Tricks und Kniffe, meine Damen und Herren, und keine Fußangeln; keine Irreführung und keine billige Rhetorik. Sie können an vielen anderen Stellen ganz einfach nachschlagen, an was Christen glauben. Sie können woanders jede Menge Verteidigungen der christlichen Grundgedanken nachlesen. Aber das hier ist eine Verteidigung christlicher Gefühle – ihrer Verständlichkeit und ihrer Erwachsenenwürde. Dieses Buch ist eine Apologetik (das ist der Fachbegriff für die Verteidigung von Ideen), aber entschuldigen will ich mich dafür nicht, denn es tut mir nicht leid.

2
DER RISS IN ALLEM

Wenn man vermitteln möchte, wie sich Glauben anfühlt, besteht dabei eines der Haupthindernisse darin, dass man nicht mit einem unbeschriebenen Blatt arbeitet. Unsere Kultur ist völlig überschmiert mit halb lesbarem religiösem Gekritzel. Das Vokabular, mit dem einst religiöse Gefühle beschrieben wurden, ist nicht weg oder einfach in eine Vergessenheit geraten, aus der man es wieder hervorholen und vorsichtig neu einführen könnte (natürlich müsste man bei jedem unbekannten neuen/alten Begriff, der dabei auftaucht, ein paar Erklärungen abgeben). Nein, dieses alte Vokabular ist immer noch im Umlauf, aber es wird für neue Zwecke genutzt, hat neue Bedeutungen, die durch neue Anwendungsarten entstanden sind; Bedeutungen, die Menschen glauben lassen, sie wüssten, worüber Gläubige reden, auch wenn das eindeutig nicht der Fall ist.

Ein typisches Beispiel dafür ist der Begriff „Sünde", dieser bekannte zeitgenössische Ausdruck für Eiscreme und teure Schokoladentrüffel, für Dessous, bei denen die Farbe Rot dominiert, für Sexspielzeuge und für Cocktails. In Australien gibt es eine Agentur für Markennamen-Management mit dem Namen *Sin* (Sünde). Es gab einmal – Hilfe! – eine Burleske für Erwachsene mit Jim Davidson in der Hauptrolle, die den Titel *Sinderella* trug. Steuern auf Zigaretten und Schnaps werden auch als „Sündensteuern" bezeichnet. *Sin City* ist in Frank Millers gleichnamigem Comic und dessen Verfilmung ein Schauplatz, an dem die Bevölkerung völlig in Stripteasetanz und extremer Gewalt aufgeht. Wenn man weiter solche Beispiele sammelt, dann entsteht dabei ein Bild, eine zu einer Bedeutung erstarrte pointillistische Wolke. Sie ist nicht aufgeräumt-klar, diese Definition-durch-Anwendung, und das Bedeutungsfeld hat eindeutig eine helle Seite (die Pralinen) und eine dunkle (Frank Miller), aber sie ist dennoch verständlich.

Sie sehen, dass sich „Sünde" immer auf den lustvollen Konsum von etwas bezieht. Der Begriff erhält außerdem immer eine Verbindung zu Sex, weshalb es einem auch richtig gruselig vorkäme, wenn er in einem Markennamen für ein Produkt erschiene, dessen Zielgruppe Kinder wären. Manchmal ist der Sex dabei wortwörtlich zu verstehen, aber normalerweise ist er körperlos, reduziert auf den Kitzel einer Atmosphäre des Verlangens und, im übertragenen Sinne, in Bezug auf andere körperliche Befriedigung gemeint – zum Beispiel aufs Essen oder Trinken oder gierige lüsterne Blicke (was alles leichter in Form von Massenware zum Verkauf angeboten werden kann als Sex als solcher). Der andere allgemeingültige Aspekt des Begriffes besteht darin, dass bei „Sünde" immer die Erinnerung an eine frühere Verdammung der Sache mitschwingt; allerdings eine ferne Erinnerung, eine sehr blasse und unerklärliche Erinnerung, eine Erinnerung, die gerade eben noch so stark ist, dass sie dem Vergnügen, um das es geht, einen Tick bewusster Unanständigkeit verleiht. Ob es sich bei der Sache, die Sie konsumieren, um gesättigtes Fett in Kombination mit stimmungsaufhellenden Theobrominen handelt (also wieder Pralinen) oder um das in Schwarzweiß dargebrachte Schauspiel fehlender Impulskontrolle (da haben wir wieder Frank Miller) – irgendwie weiß man, dass man es lieber lassen sollte. Aber nicht wirklich ernsthaft. Das Vergnügen entsteht gerade dadurch, dass man einen Verstoß begeht (gegen die Regeln guter Ernährung oder den langweiligen alten guten Geschmack), der allerdings zu albern und geringfügig ist, um sich deshalb großartig Gedanken zu machen.

Jeder weiß also, dass „Sünde" im Grunde „Genuss" bedeutet oder „prickelnde" – also gar nicht so unangenehme – „Unanständigkeit". Würde man sich tatsächlich Gedanken über die betreffende Sache machen, dann nähme man einen anderen Begriff dafür. Dann spräche man von „Essstörungen" oder von „Süchten"; man würde sich eines ganz anderen Bedeutungsfeldes bedienen. Die Folge dieser Bedeutungsentwicklung des Begriffes besteht darin, dass, wenn man jemandem begegnet, der versucht, den Begriff „Sünde" in seiner alten, ursprünglichen Bedeutung zu verwenden, man zwar vielleicht theoretisch ganz genau weiß, dass er damit etwas meinen muss, das nicht in erster Linie schokoladig ist, aber dennoch ist einem die heute gängige Bedeutung des Wortes so hartnäckig präsent, dass man nur ganz schwer etwas anderes darunter versteht als den Aufruf zu einem unanständig angehauchten trivialen Vergnügen. Und wenn jemand ganz ernsthaft dar-

41

über spricht, was für eine leidvolle Last eine konkrete Sünde ist, dann wahrscheinlich mit der Folge, dass dieser Jemand schnell für sehr, sehr viel erschreckender gehalten wird als die Sache, über die er sich solche Gedanken macht. Denn was erscheint Ihnen wohl als das größere Problem, als die größere Bedrohung für das Glück der Menschheit: eine Schachtel Pralinen oder ein fanatischer, religiöser Spielverderber, der Sie anschwärzt?

Wenn ich das Wort „Sünde" zu Ihnen sage, dann bin ich im Grunde schon am Arsch (wie wir in der Anglikanischen Kirche zu sagen pflegen). Es klingt nämlich so, als hätte ich auf irgendeine verquere Weise etwas gegen ein bisschen Spaß, und wegen der besagten allgegenwärtigen Verknüpfung von „Sünde" und Sex ist natürlich die Wahrscheinlichkeit groß, dass die Wurzel meines Problems mit dem Spaß ein Problem mit Sex ist. Sie werden mich als körper- und lustfeindlichen Christen diagnostizieren und mich in die Schublade der Feinde ganz normaler Freuden stecken. Sie werden mich mit den heiligen Lebenshassern in einen Topf werfen, an die William Blake in dem Gedicht aus seinen *Songs of Experience* denkt, in dem eine Kapelle vorkommt, die plötzlich dort steht, *where I used to play in the green* – wo ich im Grünen zu spielen pflegte – *And tombstones where Flowers should be* – Und da waren Grabsteine, wo Blumen sein sollten – *And Priests in black gowns were walking their rounds* – Und Priester in schwarzen Gewändern, die ihre Runden drehten – *And binding with briars my joys and desires* – Die mit Dornenruten meine Freuden und Verlangen zähmten!

Und deshalb werde ich das Wort nicht sagen. Das ist nämlich absolut nicht das, was ich damit meine. Was ich, und was die meisten anderen Gläubigen, unter diesem Begriff verstehen, den ich Ihnen gegenüber nicht ausspreche, hat nur sehr wenig mit trivialen pikanten Verfehlungen zu tun. Für uns bezieht es sich eher auf den menschlichen Hang, es so richtig in den Sand zu setzen. Oder lassen Sie uns noch ein weiteres Wort hinzufügen: den menschlichen Hang, *Dinge* in den Sand zu setzen. Denn wir sprechen hier nicht nur über unseren Hang zu straucheln, zu stolpern und versehentlich etwas zu vermasseln, also über unsere passive Rolle als Ausführende des galaktischen Plans. Sondern hier ist unser aktiver Hang gemeint, Dinge kaputtzumachen, wobei „Dinge" auch für Stimmungen steht, für Versprechen, für Beziehungen, an denen uns etwas liegt, für unser eigenes Wohl und das anderer, aber auch für materielle Gegenstände, deren Hochglanz dazu einlädt, ihnen einen dicken, fetten Kratzer zu verpassen.

Ich hoffe, dass wir jetzt eine gemeinsame Basis haben. Am Ende erkennt das jedenfalls fast jeder als eine der Wahrheiten über sich selbst. Man kann in seinem Erwachsenenleben ein ganzes Stück weit kommen, ohne den eigenen Hang zum etc. etc. eingestehen zu müssen; vielleicht kommt man sogar ganz und gar hindurch, wenn man jemand ist, der überdurchschnittlich vergesslich ist, oder jemand mit der seltenen Eigenschaft, auch dann noch Sonnenschein zu sehen, wenn um ihn her schon schwere Sturmböen heulen. Die meisten Menschen gelangen irgendwann an den Punkt, an dem sie wenigstens

Heilige (Un)Vernunft!

eine Stunde oder einen Tag oder eine bestimmte Phase lang merken, dass sie ihren MHDidSzs (wie ich ihn, glaube ich, lieber nennen werde, den menschlichen Hang, Dinge in den Sand zu setzen) zur Kenntnis nehmen müssen. Das passiert meistens in den klassischen Momenten des Versagens und Scheiterns im Erwachsenenleben: wenn eine Ehe endet, wenn eine Karriere ins Stocken gerät oder zerbröselt, wenn die Beziehung zu einem Kind, das man nur noch alle vierzehn Tage am Wochenende sieht, langsam schwindet, oder wenn klar wird, dass das gelegentliche Koksen zur Entspannung längst ein Vetorecht besitzt, jeder Hoffnung und jedem Traum den Garaus zu machen. Aber so dramatisch braucht es gar nicht zu sein. Die Erkenntnis kann auch in einem ganz beliebigen Augenblick kommen, in dem man sich wieder einmal auf angenehme Weise treiben lässt, an einem Morgen wie jedem anderen beispielsweise, in einem Moment, der einem auf ganz stille Weise deutlich macht, wie man eigentlich wirklich ist: Sie liegen etwa in der Badewanne und stellen fest, dass Sie neununddreißig sind und dass Ihr Leben kaum Ähnlichkeit hat mit dem, wovon Sie immer geglaubt haben, dass Sie es sich eigentlich wünschen. Aber Sie sind hier, weil Sie sich so entschieden haben. Sie sind hier aufgrund einer langen Reihe von Entscheidungen für Dinge, die in irgendeinem beliebigen Moment vorübergehend andere Dinge übertrumpft haben, von denen sie meinen, Sie hätten sie sich eigentlich am meisten gewünscht. Und während das Wasser in der Wanne abkühlt und das Licht des sommerlichen Samstagmorgens herzlos in ihr Bad scheint, erhaschen Sie einen ganz kurzen Blick auf ein nicht besonders schmeichelhaftes Bild von sich selbst, von sich selbst als einem Wesen, dessen Wünsche keinen Sinn ergeben, nicht harmonieren; als einem Wesen, dessen Sehnsüchte im tiefsten Inneren disharmonisch angeordnet sind, sodass Sie etwas wirklich und wahrhaftig haben wollen, es gleichzeitig aber wirklich und wahrhaftig nicht wollen. Ihnen wird klar, dass Sie eher für eine Farce prädestiniert sind (oder sogar für eine Tragödie) als für Happy Ends. Ihnen dämmert, dass es so etwas wie den MHDidSzs gibt. Sie haben es wirklich vermasselt. Natürlich haben Sie das. Sie sind ein Mensch, und so leben wir Menschen nun mal; das ist unsere ganz normale Erfahrung.

(Was nebenbei bemerkt auch der Grund dafür ist, dass ich mit meiner Führung durch die wiedererkennbaren religiösen Gefühle an dieser Stelle beginne mit diesem nicht zu leugnenden traurigen Scheiß. Dabei hätte ich doch genauso gut bei Nacht mit Ihnen auf einen Berggipfel gehen und die Sterne betrachten können, die zahlreicher wären als die Sandkörner an einem Strand, und das rotverschobene Erlöschen sich von uns wegbewegender Galaxien. Ich hätte unser Herz zum Sprechen bringen und uns mit Ehrfurcht über die Größe all dessen erfüllen können, was wir sehen; hätte betonen können, wie großartig das alles ist in der numinosen [göttlichen] Carl Sagan'schen Sichtweise der Dinge, von der sogar Richard Dawkins sagt, dass sie uns bis in die tiefsten Tiefen bewegen sollte [obwohl das, wozu sie uns wirklich bewegen sollte, eine Karriere in den empirischen Wissenschaften ist]. Der Ehrfurcht werde ich später noch die gebotene Achtung erweisen, aber wenn man Ehrfurcht als Ausgangspunkt nimmt, besteht das Problem dabei darin, dass sie von ihrem Wesen her ein ziemlich isoliertes Gefühl ist, gekennzeichnet durch ihren plötzlichen selbstvergessenen Fokus auf ein Objekt, welches sich außerhalb von uns selbst befindet, sowie durch ihre Abkoppelung vom Alltagseinerlei. Wenn Ehrfurcht stark ist, dann wird sie leicht zu einem Zustand, aus dem wir nach einer Weile völlig geschlaucht wieder herausfallen, weil wir die Intensität nicht aufrechterhalten können. Wenn sie eher moderat ist, verblasst sie von ihrem Wesen her sowieso wieder, um auf demselben Berggipfel abzuklingen, auf dem sie eingesetzt hat. Und weder im einen noch im anderen Fall ist klar zu erkennen, in welcher Beziehung Ehrfurcht zu den anderen Erfahrungen stehen soll. Ich halte Ehrfurcht für eine Art Museumsdorf unter den Gefühlen: Man kann es ab und zu einmal besuchen, aber es ist kein Ort, an dem man leben kann.)

Der MHDidSzs ist eine schlechte Nachricht, und wie alle schlechten Nachrichten ist er nicht besonders willkommen, besonders wenn man bereit ist, die Schlussfolgerung daraus ernst zu nehmen: dass wir die destruktiven Dinge, die wir tun, wirklich tun wollen. Sie sind nicht nur ein Unfall, der uns Ärmsten zustößt, sondern sie gehören zu unserem Wesen. Wir sind wirklich grausam, genau so, wie wir wirklich zärtlich, wirklich liebevoll sind, und gleichzeitig ist die Wahrscheinlichkeit wirklich relativ groß, dass wir ein schnelles, garstiges kleines Vergnügen daran haben, unsere Liebe zu vertun oder kaputtzumachen, sie wissentlich verbrennen zu lassen als Treibstoff für irgendein heißeres oder aufregenderes Gefühl. Insgesamt gesehen wäre es uns wahrscheinlich lieber, wenn das nicht wahr wäre, und unsere Kultur trägt sehr dazu bei, dem Stich, den uns diese Erkenntnis versetzt, so gut wie möglich aus dem Weg zu gehen, ihn hinauszuzögern und ganz zu ignorieren. Die Lieferanten schmeichelhafter Darstellungen tun ihr verdammt Bestes, um zu erreichen, dass wir weiterhin das Gefühl haben, so sein zu können, wie wir es uns wünschen.

Es ist nicht besonders cool (oder hilfreich in Bezug auf unseren sozialen Status), wenn wir uns vorstellen, dass unsere Biografien aus irgendeinem heiklen Material geformt werden, über das wir nur begrenzt die Kontrolle haben. Im idealen Land des Marketing kann man sich aussuchen, wer man ist. Jede einzelne Minute soll das Lösungsmittel für die vorhergehende sein. Alles, was fest ist, soll zerschmelzen und formbar werden. Wenn man sich über einen Aspekt des eigenen Handelns erschreckt, dann bekommt man den Rat, sich nicht so lange dabei aufzuhalten, ja, ihn zu verscheuchen, indem man seine Fähigkeit zu relativieren einsetzt. Denk doch lieber an all das Gute an dir, das ist doch auch wahr! Nun ja, aber die eigenen Tugenden und guten Seiten klar zu sehen ist aus genau demselben Grund schwierig, wie den eigenen MHDidSzs zu sehen, also läuft der Rat im Grunde darauf hinaus, sich abzulenken. Beschäftigen Sie sich mit allem möglichen Zeugs. Schauen Sie nicht nach innen. Shoppen Sie. Leihen Sie sich eine DVD aus. Killen Sie ein paar Zombies auf Ihrer Xbox. Lassen Sie sich von dem unendlichen Geflatter von

Meinungen im Internet kitzeln, und sorgen Sie dafür, dass dieser Kitzel anhält.

Wenn unsere Wünsche und Begierden drastisch genug im Widerspruch zueinander stehen, um so viel Unglück zu bewirken, dass Ablenkung nicht mehr ausreicht, um es zu vertreiben, dann gibt es heutzutage die starke Tendenz zu glauben, dass es doch eigentlich möglich sein müsste, durch eine Änderung der Regeln, eine Veränderung dessen, was erlaubt ist und was nicht, die Situation in den Griff zu bekommen.

Ich meine Folgendes: In jüngster Zeit erzählen wir uns selbst eine ziemlich beliebte Geschichte, und zwar die Geschichte von einer Person, die innerlich richtig zerfressen ist von Ängsten und Selbsthass, weil sie glaubt, dass ihr etwas verboten wird, das jedoch von entscheidender Bedeutung für ihre Gesamtpersönlichkeit ist; und dann stellt diese Person fest, dass besagtes Verbot unsinnig ist, dass es sich um ein völlig sinnloses Tabu handelt, ein Relikt aus weniger aufgeklärten Zeiten, das deshalb ausrangiert werden könnte und auch sollte. Und so tut diese Person also das, was sie sich gewünscht, was sie aber gleichzeitig auch gefürchtet hat – sie geht mit jemandem vom selben Geschlecht ins Bett oder sie verlässt den gewalttätigen Ehemann, der sie kleinmacht und herabsetzt, oder sie erkundet den polyamourösen Lebensstil – und es ist okay. Der Himmel stürzt gar nicht ein. Der Boden, auf dem die betreffende Person steht, ist immer noch fest und wankt nicht. Und die besagte Person entspannt sich in die Freiheit hinein. Denken Sie beispielsweise an Stephen Fry in dem Film Wilde (über Oscar Wilde), als er zum ersten Mal neben einem Mann im Bett liegt und sagt: „Ich fühle mich wie eine Stadt, die jahrelang belagert war, und plötzlich gehen die Tore auf ..."

Das ist ein starker zeitgenössischer Mythos, und wie alle starken Mythen enthält er einen hohen Anteil an Wahrheit. In den vergangenen fünfzig Jahren sind wir als Kultur tatsächlich eine ganze Reihe von grausamen und einengenden Regeln losgeworden, ganz besonders Regeln im Zusammenhang mit Sexualität und Geschlechterrollen, die (ja, es stimmt) von der Religion gebilligt wurden. (Nicht dass die Religion insgesamt verursacht hätte, dass es diese Regeln überhaupt gab, sondern es gab einen heimtückischen kulturellen Konsens zugunsten dieser Regeln, und Religion war ein Teil davon.) Aber die Tatsache, dass manche Probleme widerstreitender Wünsche und Begierden sich auf diese Weise lösen lassen, manche dieser Fälle, in denen wir etwas tun möchten, es gleichzeitig aber auch nicht tun wollen, heißt nicht, dass sich alle diese Probleme so lösen lassen. Genauso wenig, wie die Möglichkeit, bestimmte Verhaltensregeln abzuschaffen, bedeutet, dass man alle Verhaltensregeln abschaffen kann. Es gibt zwangsläufig immer Dinge, bei denen es in Ordnung ist, sie zu tun, und Dinge, bei denen das ausdrücklich nicht in Ordnung ist. Genau so schnell, wie wir alte Formen von Unmoral abschaffen, entdecken wir sehr ernst zu nehmende neue. Genau wie unsere Vorfahren, allerdings bei anderen Dingen, sind wir sicher, dass Menschen zu Recht entsetzt sind, wenn sie bei sich selbst bestimmte Gefühle feststellen. Machen Sie in Gedanken doch nur einmal aus dem Mann, der

Sex mit einem Mann haben möchte, es gleichzeitig aber auch nicht möchte, einen Mann, der Sex mit Kindern haben möchte, es gleichzeitig aber auch nicht möchte. Da ist doch unser Gefühl auf der Stelle wie weggeblasen, dass das Problem bei der Sache das Vorhandensein eines Verbotes ist. Und nein, ich sage damit nicht, dass diese beiden Wünsche und Begierden in irgendeiner Weise moralisch gleichgestellt sind. Ich sage, dass lösbare Probleme widerstreitender Wünsche und Begierden nur eine Untergruppe einer weit größeren Kategorie unlösbarer Probleme sind, Zustände verwirrten Wünschens, die wir nicht wegformieren werden. Es kann niemals nicht so sein, dass Menschen es nicht für absolut notwendig halten, sich in irgendeinem Bereich ihres Daseins zu verändern, dass sie es sich nicht wünschen, anders zu sein, dabei aber merken, dass sie es nicht schaffen. Wir sind Geschöpfe, die nicht entscheiden können, was wir sind, deren Persönlichkeit teilweise vor unserem bewussten Verstehen verborgen ist, Geschöpfe, die immer gleichzeitig in mehrere Richtungen streben. Das ist eine Erkenntnis, die auch in radikal andere analytische Begriffe umformuliert werden kann, für das Erleben aber immer noch dasselbe bedeutet und dieselben Implikationen hat.

Man kann es wie Freud formulieren und sagen, dass es unbewusste Prozesse gibt, die den bewussten Absichten entgegenwirken und sie unterwandern. Man kann auch evolutionsbiologisch an die Sache herangehen, und in dem Fall ist eine der besten Formulierungen dieses Zusammenhangs die des Genetikers Bill Hamilton, der das menschliche Tier so wunderbar als „einen Botschafter" beschreibt, der „von einer unbeständigen Koalition entsandt wurde". Oder man kann Paulus zitieren: „Was ich nicht tun will, das tue ich. Was ich tun will, tue ich nicht." Wo auch immer die Linie zwischen Gut und Böse gezogen wird, zwischen Annehmbarem und Unakzeptablem, zwischen freundlich und grausam, zwischen sauber und schmutzig, wir werden immer für beide Seiten votieren, trotz unserer selbst. Natürlich nicht alle immer und bei jedem Thema; sondern alle hin und wieder bei einigen Themen.

Und das ist eine Sachlage, angesichts deren wir derzeit überwiegend ratlos sind, gegen die wir keine Mittel haben und der gegenüber wir eher mit ängstlicher Leugnung reagieren als auf eine nützlichere oder hoffnungsvollere Weise. Es ist gar nicht so, dass wir uns als Kultur nicht für das Böse interessieren würden. Wir interessieren uns sogar schrecklich intensiv dafür, besonders wenn es in sensationeller und extremer Form auftritt. Denken Sie nur an den rasanten Aufstieg von Romanen über Serienmorde, die Thomas Harris in ihrer modernen Form mit *Das Schweigen der Lämmer* erfunden hat, und dann die Erweiterung dieses Genres zum Folterporno. Es gibt inzwischen viel mehr erdachte Serienmörder, als es jemals echte Mörder gegeben hat, die Jagd auf Fremde machen. Aber die Funktion des Serienmörders als moderner mythologischer Gestalt besteht ja auch darin, eine Angst zu verdichten, die weit verbreitet, ja sogar fast universal ist – unsere Angst, unter Fremden zu leben und uns beängstigend stark auf das Verhalten von Unbekannten verlassen zu müssen, unter denen wir uns tagtäglich bewegen. Die Serienmördergeschichte

51

Heilige (Un)Vernunft!

findet einen Weg, einzugestehen, dass menschliches Verhalten ein Kontinuum ist, vielleicht eines mit einer gauß'schen Normalverteilung in der Mitte und ein paar Merkwürdigkeiten an den beiden Enden. Aber außer durch Wahrscheinlichkeit sind wir nicht isoliert vom gefährlichen Rand, jedenfalls nicht, wenn wir in einer Stadt leben, die groß genug ist, uns in einem Netzwerk bewegen, das eng genug miteinander verknüpft ist, oder in einer Welt, die groß genug ist, um die ganze Bandbreite dessen zu beherbergen, was Menschen tun. Da draußen am Rand – daran werden wir immer wieder erinnert –, dort draußen am äußersten Rand menschlicher Wahrscheinlichkeit, da gibt es einen Horror, den die Serienmördergeschichte in aller ekligen Genauigkeit wiedergibt, sodass man nicht wegschauen kann, wenn sie sich mit chirurgischem Gerät oder Kettensägen oder mit Messer und Gabel über uns hermachen. Wenn es darum geht, dass uns in unserem Keller jemand die Haut vom Leib ziehen will, dann stimmen wir bereitwillig zu, dass dafür „das Böse" der passende und richtige Begriff ist.

Die ziemlich schwerwiegende Einschränkung hinsichtlich der Art, wie die Serienmödergeschichte uns das Böse nahebringt, besteht aber darin, dass sie es uns immer wieder – genau – als etwas präsentiert, das da draußen passiert, als etwas, das weit weg ist von uns, das, wenn man Pech hat, knurrend und sich die Lefzen leckend auf uns herniederkommt, auf uns ganz normale Leute, die sich in der ganz normalen netten Mitte der bereits erwähnten Verteilungskurve befinden. Das Böse ist der Jäger, wir sind die Beute. Das Böse ist das, was Schaden anrichtet. Wir sind es, denen angetan wird, was, oberflächlich betrachtet, zwar gruselig ist, aber dann auch wieder sehr, sehr behaglich.

Aber der MHDidSzs ist hier in uns drinnen und nicht da draußen. Die schlechte Nachricht ist eine schlechte Nachricht über uns selbst und nicht nur über andere. Und wenn sich langsam der Gedanke setzt, dass wir überführt sind, wenn wir in eine dieser Phasen im Leben gelangen, in denen der Kummer über unser Scheitern und Versagen uns wie eine schwere Last auf der Brust liegt und in denen das Aufwachen am Morgen schmerzlich ist, weil jedes Mal die Erinnerung an das, was nicht in Ordnung ist, wieder über das wundervolle Vergessen der Nacht quillt – Sie wissen genau, was ich meine, wenn Sie auch schon mal in dieser Situation waren –, dann ist die Vorstellung, es könnte vielleicht helfen, sich an das behagliche Gefühl des Ich-bin-ja-nur-das-Opfer zu klammern, genauso verrückt wie der Versuch, durch das Wedeln mit einem Spielzeuglaserschwert eine Grippe zu verscheuchen. In solchen Momenten fühlt sich die schlechte Nachricht an wie die ganze Wahrheit über einen selbst.

Aber das ist sie nicht. Es ist nur *eine* Wahrheit über uns selbst. Der Weg zurück zur Wiederentdeckung des Restes dessen, was auch wahr ist, ist möglich – beginnt jedoch mit dem Eingeständnis, dass man sich dieses konkreten Teils des MHDidSzs, aufgrund dessen man sich jetzt wie ein Stück Scheiße fühlt, tatsächlich schuldig gemacht hat. Wenn man diese Last auf der Brust nicht ganz konkret beim richtigen Namen nennt, dann kann man nicht einmal anfangen. Es ist Schuld, die einem wie Blei an den Beinen hängt, es ist Schuld, die den Morgen schwarzmalt. Meiner Erfahrung nach lässt sich zumindest das Bedürfnis, sich in Zeiten heftigen Elends selbst zu beschuldigen, dadurch beenden, dass man seine Schuld wirklich Schuld sein lässt; und in besseren Zeiten, in Zeiten, in denen man sich mehr oder weniger munter durchwurstelt, so habe ich herausgefunden, ist das Eingeständnis, dass auf dem Farbspektrum meiner Psyche auch ein wenig Schwarz vorhanden ist, nicht automatisch eine Einladung an diese schwarze Stelle, größer zu werden. Und auch nicht, ihr mehr düstere Macht über mich zu geben, als sie haben sollte. Das Gegenteil ist der Fall: Zuzugeben, dass in der Mischung auch etwas Schwarz vorhanden ist, bewirkt, dass dieses Schwarze nicht mehr so extrem wichtig ist. Dadurch wird es leichter, die Aufmerksamkeit auf die Tatsache zu richten, dass der Rest eine Mischung ist. Es hilft dabei, die Zeit nicht mehr mit Leugnung zu vergeuden, und deshalb hilft es einem auch, damit aufzuhören, zwischen unrealistischem Eigenlob und unrealistischer Selbstbezichtigung hin- und hergeworfen zu werden. Es hilft einem, freundlich zu sich selbst zu sein.

Nun ist es aber leider so, dass „Schuld" und „Schuldgefühle" eine ausgesprochen schlechte Presse haben. Viel schlechter jedenfalls als die seichte, eher frivole „Sünde". Unsere Kultur nimmt Schuld zwar sehr wohl ernst, allerdings mehr als Ursache für Unglücklichsein an sich, als schamlosen, willkürlichen Angstmacher. Es ist, als ob sich in einen Satz, in dem dieser Begriff vorkommt, immer automatisch das Wort „unbegründet" einschleicht und unsichtbar direkt danebensetzt. Als handelte es sich bei Schuld oder Schuldgefühlen um ein falsches Signal, als würde jemand, der sich doch eigentlich nicht wegen irgendwelcher nebensächlichen Kinkerlitzchen fertigzumachen bräuchte, zu viel Wirbel machen wegen nichts. Noch einmal, unsere Verwendung des Begriffes „Schuld" geht von einer Welt aus, in der wir nie etwas tun, auf das die angemessene Reaktion ein schlechtes Gefühl bzw. Schuldgefühle wäre(n). Die alten Ausdrücke für Schuld klingen also nicht mehr wie zweckmäßige Reaktionen auf real existierende Situationen, sondern sie werden zum Indiz für einen irgendwie verqueren Selbsthass. Und jetzt bitte Ton ab von der New Orleans Big Band:

Amazing grace, *Erstaunliche Gnade,*
how sweet the sound *wie süß der Klang,*

That saved a wretch *die einen Halunken*
like me ... *wie mich errettete ...*

Da haben wir es! Haben Sie das gehört? Er hat sich gerade als Halunke bezeichnet. Er macht sich öffentlich selbst fertig. Sorry, Kumpel, echt schöne Melodie, aber bekloppter Gedanke. Ganz abgesehen davon, dass „Halunke" noch ein sehr höflicher Begriff ist für das, was John Newton, der Verfasser von „Amazing Grace", im achtzehnten Jahrhundert war. John Newton war nämlich Sklavenhändler. Er verdiente seinen Lebensunterhalt damit, Schiffsladungen gekidnappter Menschen unter absolut menschenunwürdigen Bedingungen und unendlichem Leid an Orte zu verfrachten, wo ihre Kinder und Kindeskinder dann ihr Leben lang wie Gegenstände behandelt wurden, indem sie gekauft und verkauft und brutal behandelt wurden. Manche Zeitgenossen von John Newton (diejenigen, die nicht in der eigenen Scheiße unter Deck angekettet waren) haben vielleicht gedacht, dass sein Beruf nur ein bisschen unehrenhaft war; uns dagegen ist klar, dass er an einem der großen, mit dem Holocaust vergleichbaren Verbrechen dieser Erde beteiligt war. Ein Halunke? John Newton war der Horror.

Aber wenigstens gelangte er an den Punkt, an dem er das erkannte. Wenigstens nahm er den Weg von behaglicher Duldung dieses Horrors zu einem realistischeren, zutiefst erschreckenden Bild von sich selbst. Wenigstens erkannte er, dass etwas nicht in Ordnung war. Und „Amazing Grace" ist die Beschreibung des Prozesses, der ihn zum Aufwachen brachte. Der kleine Schönheitsfehler an der Sache ist allerdings, dass er das Lied schrieb, bevor er den Sklavenhandel aufgab. Er schrieb es unter dem Eindruck, dass er alles, worüber er sich Gedanken machen sollte, bereits erkannt habe – Schnaps und Zügellosigkeit vermutlich und Flohhüpfen-Spielen am Sonntag wahrscheinlich und sein Sklavenschiff ohne eine Kasse am Mast zu betreiben, in die die Besatzungsmitglieder für jedes Mal Fluchen Geld werfen mussten. Wenn man bei dem Vergleich mit dem Holocaust bleibt, könnte man vielleicht sagen, dass es in etwa so war, als ob ein Aufseher im Todeslager in eine moralische Krise geriet, weil er beim Pokern mit seinen

Kollegen schummelte, er aber ohne mit der Wimper zu zucken weiter seine Arbeit an den Verbrennungsöfen verrichtete – dabei allerdings zitternd gelobend, ein besserer Mensch zu werden. Doch als Newton seine Schuld erst einmal erkannt hatte, ließ sie ihn nicht mehr los. Sie offenbarte ihm nach und nach finstere, sehr präzise Bilder von ihm; sie veränderte ihn weiter, bis er schließlich die Finsternis dessen, was er tagtäglich tat, nicht mehr aushalten konnte. Und endlich gab er schließlich den Sklavenhandel auf, um sein Leben als reumütiger Aktivist gegen die Sklaverei zu beenden. In jeder Phase dieser Entwicklung war es dasselbe hartnäckig-geduldige Schuldgefühl, das ihn weiterbrachte, und deshalb ist „Amazing Grace", in dem das erste Nagen seines Gewissens protokolliert ist, wirklich wahr, auch wenn ihm gar nicht klar war, was danach noch alles auf ihn zukam. „T'was grace, that taught my heart to fear" („Es war Gnade, die mein Herz das Fürchten lehrte"), sagt er in der zweiten Strophe, und das, worüber Newton hier berichtet, ist ein Gefühl, ein Gefühl des Erstaunens, dem wir unter den gegebenen Umständen wahrscheinlich eher nicht widersprechen wollen, denn ihm wurde ja tatsächlich eine gewaltige, unverdiente Gunst zuteil. Ihm wurde gewährt, vor sich selbst zu erschrecken. Die nächtlichen Schweißausbrüche, unkontrollierbare, plötzlich über ihn hereinbrechende Erinnerungen, das Aufwachen am Morgen, bei dem sofort das alte Elend wieder da war – das alles war in seinem Fall wirklich ein Geschenk, eine Belohnung, die er sich niemals hätte verdienen können. (Zur Definition von Gnade kommen wir später noch.) Es gibt beim Menschen ein paar Zustände, auf die schuldbewusste Furcht eine absolut angemessene Reaktion ist; Zustände, im Vergleich zu denen schuldbewusste Furcht eine ungeheure Verbesserung darstellt; Zustände, bei denen schuldbewusste Furcht der erste Schritt zur einzig möglichen Rettung ist. Der Choral „Amazing Grace" ist seit zweieinhalb Jahrhunderten beliebt. Millionen von Menschen, die dieses Lied gehört oder selbst gesungen haben, bestätigen, dass es ihren eigenen Erfahrungen entspricht – weil es sozusagen (unabsichtlich) überprüft worden ist an den Extremen dessen, wofür Menschen sich schuldig fühlen sollten. Wenn John Newton die Chance und den Raum bekommt, Frieden zu schließen mit dem erschreckenden Ausmaß seines MH-DidSzs, dann gibt es diese Chance und den Raum für jeden.

Ich würde darüber hinaus sogar behaupten, sich schuldig zu fühlen ist auch in Bezug auf sehr viele andere, sehr viel geringfügigere Anlässe eine absolut sinnvolle und probate Reaktion. Ja, ich würde sogar so weit gehen, dass das Empfinden von Schuld ein Instrument der Selbsterkenntnis ist, das uns etwas Neues zu sagen hat über Aspekte von uns, die von anderen vielleicht sogar über den grünen Klee gelobt werden.

Nehmen wir als Beispiel dafür einmal die schlimme Nacht, die der achtundachtzig Jahre alte Feldmarschall Montgomery 1976 kurz vor seinem Tod erlebte. Seine beunruhigte Haushälterin rief einen alten Freund, einen seiner ehemaligen Bataillonskommandeure, an, und als dieser Freund bei Montgomery eintraf und fragte, was denn los sei, antwortet Montgomery: „Ich werde Gott gegenübertreten und eine Erklärung abgeben müssen für all die Männer, die ich bei

El Alamein getötet habe." Jetzt schieben Sie bitte für einen Augenblick die Frage beiseite, ob es einen Gott gibt und ob verstorbene Menschen ihm gegenübertreten werden, und konzentrieren Sie sich stattdessen auf den Grund der Beunruhigung des Generals. Der Grund lag in seiner Biografie und nicht in seiner Theologie. Bemerkenswerterweise war es ein Schuldgefühl, das aufgrund einer seiner größten militärischen Tugenden entstand.

Montgomery hatte als General sicher seine Mängel gehabt. Er war ungeheuer eitel, brachte so ziemlich jede ebenbürtige Person, mit der er es zu tun hatte, gegen sich auf, und manchmal scheiterten seine Pläne absolut spektakulär, so wie beispielsweise in Arnheim. Aber er vergeudete nie, niemals, das Leben seiner Soldaten. Wenn es darum ging, Feinde zu töten, dann hatte er in dieser Hinsicht von Natur aus weniger Skrupel, aber selbst dann war er immun gegen die napoleonische, Hitler'sche oder Stalin'sche Vorliebe für grandioses Blutvergießen. Er war ein spektakulär guter General für eine Demokratie, die mit einem Notfall fertig werden musste, weil er wusste, wie man zum Militärdienst eingezogene Bürger zu wirksamen Bestandteilen einer Armee machen und sie dann, wenn er damit fertig war, weiter als kostbar und wertvoll ansehen konnte. Das wusste Montgomery auch, und er war stolz darauf. Bis zu diesem sehr späten Zeitpunkt in seinem Leben war er auch moralisch mit sich im Reinen gewesen. In der zweiten Schlacht von El Alamein im Oktober-November 1942 war seine Strategie so schlicht und einfach gewesen, wie es die Situation eben zuließ: Die achte Armee, zu deren Kommandant er gerade befördert worden war, war nach seinem Maßstab nur halb ausgebildet, und deshalb war diese Truppe für eine offene Schlacht nicht geeignet, ganz im Gegensatz zum deutschen Afrikakorps. Weil Montgomery aber in Bezug auf Truppen und Panzerzahl überlegen war, setzte er auf eine Zermürbungstaktik, wobei seine eigenen Soldaten durch Minenfelder vorrückten, um den Feind in seinen eigenen Verteidigungsstellungen zu beschäftigen. Montgomery vergeudete zwar keine Menschenleben, aber er verbrauchte sie. Sein Sieg kostete 13500 Verluste (Tote und Verwundete zusammen) von 220000 alliierten Soldaten auf dem Schlachtfeld. Alamein war blutig, aber es war eher gemäßigt blutig im Vergleich mit dem Gemetzel, das zur selben Zeit in Stalingrad stattfand, oder im Vergleich mit anderen Frontalangriffen bei den Grabenschlachten des Ersten Weltkrieges, die von britischen Generälen geführt wurden und an denen Montgomery als junger Offizier teilgenommen hatte. In erster Linie funktionierte seine Strategie. Die Leben, die er opferte, hatte er nicht ohne Grund geopfert.

Was war ihm also jetzt klar geworden, wofür er sich hätte schuldig fühlen müssen? Es gibt wohl nichts Vermesseneres, als Spekulationen über das Gewissen anderer Leute anzustellen, aber ich werde es trotzdem tun. Ich vermute, dass Montgomery in den frühen Morgenstunden dieser schlimmen Nacht angefangen hatte, über die persönlichen Schicksale der einzelnen Soldaten nachzudenken, die er durch die Minenfelder vorgeschickt hatte, und darüber, wie wenig der Umstand, dass dieses Vorrücken zweckdienlich war, wahrscheinlich geholfen hatte, wenn plötzlich vor einem von ihnen der Sand aufspritzte und eine Kugel Beine, Arme, Augen und Gesicht wegriss. Anders ausgedrückt: Ich vermute, dass zwar die Notwendigkeit dieser Schlacht auch rückblickend immer noch dieselbe war, er diese Notwendigkeit aber nicht mehr als absolute Rechtfertigung sehen konnte. Montgomery war klar geworden, dass egal, wie viel weniger Menschenleben seine Strategie gefordert hatte, und egal, wie viele Soldaten mehr getötet worden wären, wenn ein weniger umsichtiger Stratege das Sagen gehabt hätte, und egal auch, wie entscheidend es war, dass überhaupt jemand das Sagen hatte – die Tode, die er verursacht hatte, trotzdem absolut gewesen waren in ihrer Bedeutung für diejenigen, die umgekommen waren. Generäle müssen statistisch denken, müssen denken, dass vier Tote besser sind als fünf, aber Menschen sterben nun mal nicht statistisch, sondern sie sterben einzeln, und für jeden Menschen ist der Verlust seines Lebens absolut und unvergleichbar. Der Tod eines Einzelnen ist das Auslöschen der gesamten Summe von Dingen, die ihn ausmachen, das Auslöschen seiner ganzen Welt, und das wird nicht durch das Wissen besser, dass dieser Tod Teil einer kleineren Statistik ist.

Abgesehen vom technischen Können und der Ethik, die mit dem Generalsrang verbunden sind, gab es eben auch noch diese Überlegung. Abgesehen von der Tatsache, dass Krieg das Morden zugunsten eines höheren Zweckes organisiert, war da auch die Tatsache, dass Morde eben immer noch Morde waren. Man konnte tun, was getan werden musste, und man konnte es so gut wie möglich erledigen, aber es war immer noch

Heilige (Un)Vernunft!

so, dass vor Ort, Körper für Körper, die Folgen grausam und traurig waren und das Gebilde einer zerfetzten, blutbesudelten Welt hinterließen, in der ein Briefträger nicht wieder nach Hause nach Carmarthen kam oder in der in Adelaide um einen großgewachsenen Lehrer geweint wurde. Ich glaube, dass Bernard Montgomery im Februar 1976 so erschrocken war, weil er begriffen hatte, dass auch notwendiges Handeln zu einer elenden Gesamtsumme des MHDidSzs beitragen kann. Und ich glaube auch (wenn ich mit meiner Mutmaßung richtigliege), dass ihm sein Erschrecken hoch angerechnet wurde. Er hatte ganz am Ende seines Lebens eine echte Entdeckung gemacht, als er diesen neuen Aspekt bemerkte, der ihm Sorgen bereitete. Seine Angst in dieser Nacht war ein Zeichen dafür, dass sich im letzten möglichen Moment noch etwas bei ihm bewegte: Ein alter verwitterter General entwickelte einen frischen grünen Trieb. Seine Biografie gibt keinen Aufschluss darüber, was der herbeigerufene Freund damals zu ihm sagte. Wir können also einfach nur hoffen, dass er Montgomery in seinen Gedanken bestärkt hat.

Nehmen wir aber einmal an, dieser Freund hätte versucht, Montgomery die Angst mit der Aussage zu nehmen, dass er sich alles nur einbilde – hätte das dem General geholfen? Nein, ganz sicher nicht. Wenn man jemandem sagt, dass er als anständiger Mensch nichts Fragwürdiges getan hat, dann will man damit vielleicht einfach nur nett sein, aber in Wirklichkeit verweigert man dem anderen dadurch das Mitgefühl. Man weigert sich, dem anderen an der Stelle zu begegnen, an der er sich gerade befindet, man weigert sich, mit ihm zusammen in dieses Gefühl hineinzukommen, das er als so schmerzlich empfindet. Wenn sich jemand selbst für etwas anklagt, dann kann er sich natürlich faktisch oder auch moralisch in dieser konkreten Sache irren; aber nicht, weil er/sie unfähig wäre, Unrecht zu tun. Niemand ist außerstande, Unrecht zu tun, und wenn man einen Menschen wirklich ernst nimmt, muss man ihm seinen Teil am MHDidSzs zugestehen. Das ernst zu nehmen, was Menschen falsch gemacht haben, bedeutet, sie ernst zu nehmen. Dazu gehört zuzulassen, dass ihr Handeln Gewicht hat. Dazu gehört, ihre Taten wirklich Taten sein zu lassen und nicht beliebige Entscheidungen beim Shopping. Dazu gehört, ihr Leben eine Lebensgeschichte erzählen zu lassen, mit Folgen und Verlusten und Gewinnen, statt einfach nur einen Wirbel von Ereignissen. Es gehört dazu, die Menschen echt und real genug sein zu lassen, um es wert zu sein, geliebt zu werden, statt einfach nur attraktiv oder glamourös oder hübsch oder charismatisch oder cool.

Aber das ist auch schwierig und unbequem, es sei denn, jemand hat etwas so spektakulär und absolut Abstoßendes getan, dass es gefahrlos in den abgetrennten Bereich des Bösen verbannt werden kann, wo die Serienmörder und Kinderschänder geifern und sabbern. Es fällt uns schwer, die Ernsthaftigkeit ganz normalen Vermasselns einzugestehen, weil uns der Gedanke beunruhigt, dass wir dadurch ja über Menschen „urteilen" könnten, denn „urteilen" ist auch so ein ganz, ganz böses Wort unserer Zeit – ebenso wie, „über sie zu Gericht zu sitzen", was auf der Stelle die Vorstellung nach sich zieht, dass man sich über sie erhebt und von einer Art Gerichtsthron mit zornig gefurchter Stirn auf sie hinabblickt. Und ist Religion nicht genau dafür bekannt, dass sie Menschen zu so etwas ermutigt? Dass sie dazu ermutigt, zu beurteilen, zu kritisieren, zu nörgeln, zu meckern und Fehler zu finden? Nein, ist sie nicht (auch wenn viele religiöse Menschen meckern und nörgeln und urteilen und Fehler suchen – siehe MHDidSzs. Also – vielleicht neige ich sogar selbst ein bisschen zum Fehlersuchen).

Ironischerweise ist das Tabu, „urteilend" zu sein, in unserer Kultur nicht als Reaktion auf Religion entstanden; es gehört gar nicht zum großartigen Weg zur säkularen Erleuchtung, auf dem A.C. Grayling unser Führer ist und dabei seine wuschelige Lockenpracht schüttelt. Nein, dieses Tabu ist selbst ein kleines Stück übernommenen Christentums, ein speziell christliches Verbot, das sprichwörtlich geworden ist und das sich, aus dem Zusammenhang gerissen, selbständig gemacht hat, weil der Ursprung nicht mehr bekannt ist. Und irgendwann hat es dann in unserer Vorstellung die Bedeutung bekommen, dass wir in Begriffen wie gut und schlecht nicht einmal mehr denken sollen. Die ursprüngliche Bedeutung war, dass wir nicht in Gut und Schlecht unterteilen sollen, wie etwa Gesetze Handlungen in Richtig und Falsch oder Gerichtsprozesse Menschen in Schuldig oder Nichtschuldig einteilen.

Das ist sogar ein entscheidender Punkt, an dem das Christentum einen anderen Weg geht als zwei andere monotheistische Religionen. Im Unterschied zur ältesten Religion, die nur einen Gott hat, dem (Judentum), und der jüngsten (dem Islam) hat das mittlere Geschwisterkind gar kein Interesse daran, eine Reihe tragfähiger Regeln zu entwickeln, nach denen sich leben lässt. Jüdische Gesetze zum Verhalten und muslimische Gesetze zum Verhalten sind vielleicht nur mühsam einzuhalten, aber sie können eingehalten werden. Das ist der springende Punkt an ihnen; dazu sind sie da. *Koscher* oder *halal* zu essen kann zwar erfordern, mit Kochtöpfen zu jonglieren und das Kleingedruckte auf Lebensmittelverpackungen sorgfältig durchzulesen, aber es ist keine echte Last und Entbehrung. Zum Morgengebet aufzustehen kann vielleicht manchmal sehr nervig sein, aber es führt nicht zu chronischem Schlafmangel, wenn man am Abend rechtzeitig ins Bett geht. Am Sabbat nicht zu arbeiten ist vielleicht schwierig, wenn man zur „Arbeit" auch alle Tätigkeiten im Haushalt zählt, und es erfordert einigen organisatorischen Aufwand, aber kein unmögliches Ausmaß davon. Bei den besagten Regeln ist netterweise immer Spielraum eingebaut, sodass man auch damit fertig werden kann, wenn es am Sabbat zu einem Wasserrohrbruch kommt oder wenn man unterwegs ist, und man wirklich nicht genau sagen kann, wo jetzt gerade die Richtung ist, in die gebetet werden muss. Es wird in diesen Regeln nichts Verrücktes oder Übermenschliches von einem verlangt. Der Gedanke dahinter ist der, eine Reihe von Gesetzen zu haben wie einen tragbaren Mantel, einen Mantel, den jeder überziehen kann, wenn er bereit ist, sich die Mühe zu machen. Im Judentum und im Islam muss man kein Heiliger sein, um zu wissen, dass man es schaffen kann, eine hinreichend gute Frau zu sein oder ein hinreichend guter Mann.

Heilige (Un)Vernunft!

Islam und Judentum bekommen diese Lebbarkeit hin, indem sie mehr Aufmerksamkeit auf das richten, was Menschen tun, als auf das Motiv dafür. Sie sind Religionen der Orthopraxie, des richtigen Tuns, nicht der Orthodoxie, des richtigen Denkens oder der richtigen Lehre. Tu das Richtige, und du kannst innerlich Gift und Galle spucken oder dich zu Tode langweilen oder etwas nur automatisch abspulen, um es der Familie recht zu machen, es zählt trotzdem. Man ist trotzdem tugendhaft. Die Folge ist in mancherlei Hinsicht sehr viel moderater und sehr viel stabiler als im Christentum; und diese Grundlage der Orthopraxie kann auch sehr menschlich sein, mit sehr vielen Möglichkeiten für die nicht so Rechtschaffenen oder Ex-Rechtschaffenen, den Rang der Rechtschaffenheit wieder zurückzuerlangen. Aber sie erzeugt eben wirklich ein beurteiltes, ein bewertetes Bild von der Welt. Sie erzeugt eine moralisierte Landschaft, in der man die guten Menschen von den schlechten unterscheiden kann, in der alles menschliche Handeln in zwei Kategorien unterteilt werden kann, rein oder unrein, sauber oder schmutzig, erlaubt oder verboten, koscher oder unkoscher, halal oder haram.

Das Christentum macht etwas anderes. Es stellt ganz klar und offen Anforderungen, die unmöglich einzuhalten sind. Statt bestimmte Verhaltensweisen und konkretes Handeln zu fordern, hat es sehr allgemeine, dafür aber völlig wahnsinnige Grundsätze. Es findet, dass man seinen Besitz weggeben soll; dass man es ablehnen soll, sich zu verteidigen; dass man Fremde genauso lieben soll wie die eigene Familie; dass man sich verhalten soll, als gäbe es kein Morgen. Diese Grundsätze bilden kein tragfähiges Programm. Sie übergehen bewusst die Frage, wie man sie denn überhaupt einhalten soll. Sie verlangen von einem, im ganz normalen Alltag eine radikal nicht berechnende, ungeschützte Großzügigkeit an den Tag zu legen. Und das ist noch nicht alles. Für das Christentum ist es überaus wichtig, was man bei seinem Verhalten denkt. Man kann alles wegschenken, bis man arm ist, sich schlagen lassen, ohne sich zu wehren, sich um Leprakranke kümmern, und es zählt dennoch nicht, wenn man das alles aus den falschen Motiven tut. Das Christentum ist also nicht nur irrsinnig perfektionistisch in Hinsicht auf seine paar wenigen Empfehlungen, es ist auch irrsinnig perfektionistisch in Bezug auf die Motive. Es erkennt Großzügigkeit nicht als solche an, wenn sie aus Eigeninteresse praktiziert wird. Es sagt, dass, wenn Altruismus nicht ganz und gar und von Grund auf Altruismus ist, er überhaupt nicht als Altruismus zählt.

So weit, so begeisternd unpraktisch. Aber jetzt beachten Sie einmal die Folgen, die ein Verhaltensideal hat, das nicht dem menschlichen Leben angepasst ist: Jeder versagt und scheitert. Ausnahmslos jeder. Denn niemand meint es nur gut; niemand meint es immer nur gut. Aus dieser Perspektive betrachtet, legen alle Menschen unterschiedliche Arten von *in den Sand setzen* an den Tag. Und plötzlich wird das Christentum mit seinem extremen Mangel an Realitätssinn doch sehr realistisch, wird intelligent resignierend in Bezug auf das gewaltige Spektrum von Mängeln und Fehlern und hat mehr Interesse an dem, was wir tun können, um mit diesen Fehlern

Heilige (Un)Vernunft!

und Mängeln zu leben, als an Gesetzen, die dazu gedacht sind, diese Fehler und Mängel außen vor zu halten. Das Christentum führt keine Liste von rein und unrein, weil es nicht glaubt, dass rein möglich ist, genauso, wie es nicht glaubt, dass Gesetze jemals ganz und gar bedarfsgerecht sein können oder dass Gutsein zuverlässig erreicht werden kann, indem man sich an ein Lehrbuch hält. Die moralische Landschaft, die das Christentum sieht, ist – nun, sie ist im Wesentlichen so, wie Leonard Cohen sie beschreibt. Mit aller gebotenen Entschuldigung *Mr. Golden Voice* gegenüber, der, da bin ich sicher, der Meinung war, in seinem Song „Anthem" Glauben satirisch darzustellen und eine atheistisch-jüdisch-buddhistische Alternative zu scheinheilig-frömmelnder Gewissheit zu bieten.[3] Wenn man jedoch Christ ist, funktioniert der Song „Anthem" stattdessen als mitfühlender Bericht über unsere kläglichen Orthodoxien. Wir versuchen sehr wohl, die Glocken zu läuten, die noch läuten können, obwohl viel von dem Glockenspiel schon verrostet ist (oder durch Materialermüdung verlorengegangen oder sonst irgendwie versaut ist). Wir

---

3 Für diejenigen, die den Songtext nicht im Ohr haben, hier ein Auszug (Anm. d.Ü.):
Läutet die Glocken, die noch läuten,
Vergesst euer perfektes Opfer,
Da ist ein Riss in allen Dingen,
nur so kommt überall Licht hinein.
(...)
Ich kann nicht mehr weitergehen,
mit der gesetzlosen Masse,
während die Killer da oben
laut ihre Gebete sprechen.
(...)

Der Riss in allem

vergessen unser vollkommenes Opfer – sagen uns selbst, dass wir es doch besser vergessen, weil ja Vollkommenheit sowieso in Ewigkeit unerreichbar ist. Wir stimmen ganz und gar zu, dass alles einen Riss hat. (*Nur so kommt überall Licht hinein?* Na klar, das natürlich in erster Linie.) Die Sicht ist die eines an sich unvollkommenen Kosmos, der übersät ist mit Macken und Fehlern, der ramponiert und geflickt ist.

Also im Christentum geht es gerade nicht darum, die guten Leute zu sammeln (wunderbar! glücklich! quietschsauber!) und die schlechten Leute (erschreckend! fremd! abstoßend!) auszuschließen, und zwar einfach deshalb, weil es keine guten Menschen gibt. Jedenfalls keine, die mit Sicherheit als solche bezeichnet werden könnten. Es kann im Christentum nicht darum gehen, die gesitteten Vororte zu umgarnen und sich die renitente Innenstadt vom Leib zu halten. Aber das, und das ist mir schon klar, geht diametral gegen das gegenwärtig vorherrschende Image des Christentums als etwas, das es nur in braven, anspruchsvollen kleinen Enklaven gibt, weit weg von den chaotischeren Gegenden, denen gegenüber man gern ganz und gar „urteilend" ist. Noch einmal, natürlich gibt es Christen, die so sind, siehe den MHDidSzs. Religion kann sicher langsam zu einer Art Club verkommen oder zu einem behaglichen Grüppchen Gleichgesinnter oder einem Schutzwall gegen die böse Welt. Aber das soll sie nicht sein, sondern sie soll eine Liga der Schuldigen sein. Nicht alle darin sind derselben Dinge schuldig oder auf dieselbe Weise oder im selben Ausmaß, aber wir sind uns darin doch ähnlich genug, um einander zu erkennen. Denn der MHDidSzs ist schließlich keine Aufzählung verbotener Taten, die man vermeiden könnte.[4] Dinge in den Sand zu setzen ist unter Einbezug unserer Absichten eine zu komplexe Angelegenheit, als dass wir es so definieren könnten. Ein und dieselbe Tat kann eine heimliche Nettigkeit, eine gleichgültige Belanglosigkeit oder ein extrem zerstörerischer Beitrag zum Ruinieren von etwas Zartem und Kostbarem sein, je nachdem, was wir mit dieser Tat meinen. (Manche Bemerkungen, die das endgültige Ende einer Ehe bedeuten, sind oft deshalb so extrem vergiftend, weil sie exakt aus diesem Grund gemacht werden, weil sie so absolut unschuldig und normal klingen, wenn sie in der Öffentlichkeit geäußert werden, keine große Sache und auch widerlegbar, die aber gezielt und absichtlich einen wunden Punkt anrühren, der nur bekannt ist, wenn man sich sehr gut kennt und vertraut miteinander ist.)

Worauf wir achten müssen, um sagen zu können, ob etwas Teil des MHDidSzs ist oder nicht, ist eher so etwas wie eine Familienähnlichkeit. Wir definieren es anhand unserer Vertrautheit mit Beispielen, wir bezeichnen es anhand dessen, was diese Beispiele gemeinsam haben, so, wie wenn wir „gelb" als das definieren, was das große Fritten-M von MacDonalds mit einem Senftopf gemeinsam hat. Ähnlich erkennen wir dann, dass MHDidSzs das bedeutet, was das Lenken eines riesigen Passagierflugzeugs in einen Wolkenkratzer und das Mobben eines dicken, pickeligen Kindes durch fiese Sprüche

---

[4] Selbst die ordentlich arrangierten Sieben Todsünden, Produkt des mittelalterlichen Christentums in seiner gesetzlichsten Form, könnte da nicht erschöpfend sein oder mehr als eine Handreichung zu einigen der Hauptausprägungen des MHDidSzs.

gemeinsam haben. Es ist das, was das Konsumieren von Crystal Meth und eine Affäre mit jemandem gemeinsam haben, den man noch nicht einmal mag. Es ist das, was ein Mord (nicht so ein Krimi-Mord, sondern ein richtig echter, der durch einen Tritt zu viel gegen den Kopf bei einer besoffenen Prügelei zur Sperrstunde zustande kommt) gemeinsam hat mit dem Erzählen einer Geschichte über einen gemeinsamen Freund bei einem Essen, einer Geschichte, von der man weiß, dass sie dem betreffenden Freund richtig wehtun wird, wenn er davon erfährt, man die Geschichte aber trotzdem erzählt, weil sie wirklich sehr, sehr komisch ist. Ob klein, groß, entschuldbar, tödlich, heiß- oder kaltblütig, aktiv begangen oder einfach aus Nachlässigkeit oder Gleichgültigkeit nicht verhindert – einen Aspekt gibt es, den alle Beispiele des MHDidSzs gemeinsam haben, eine Miene, die sich zwar einer konkreten verbalen Beschreibung entzieht, aber unverkennbar ist, wenn man sie vor sich hat, und das ist ein gewisses selbstgefälliges Grinsen. Das Christentum möchte, dass wir diesen Blick erkennen, wenn wir in den Spiegel schauen, und dass wir ihn auch erkennen, wenn er uns von anderen Menschen entgegengrinst. Christen sollten verstehen, dass uns die Familienähnlichkeit zur Familie macht, auch mit den fiesesten und erschreckendsten Brüdern und Schwestern. Wir sollen unser fehlbares, fehlerhaftes Bestes tun, um andere schlechte Menschen als Verwandte wahrzunehmen.

Durch den Schmerz der Selbsterkenntnis und das Unbehagen gegenseitigen Erkennens zu der Gelassenheit zu gelangen, die auf der anderen Seite liegen kann – das ist das Ziel. Und das ist wirklich möglich; man kann dort drüben wirklich eine reumütige, aber nicht beklommene Freude erleben. Doch jetzt greife ich weit vor. Zuerst muss man es durchleben; und während man das tut, während man sich noch mit der ersten rohen Erkenntnis des Ausmaßes abmüht, in dem man Dinge in den Sand setzt, ist keine Entschlossenheit zu haben, kein praktischer Plan, an den man sich halten könnte. Der Kern der Erfahrung, über die ich in diesem Kapitel zu reden versuche, ist chaotisch. Man versucht gar nicht mehr, sich selbst zu verstehen. Man stellt fest, dass man nicht die Person ist, die man zu sein geglaubt hat, sondern etwas sehr viel Vielschichtigeres und Rätselhafteres und Selbstuntergrabenderes, und diese Entdeckung katapultiert einen nicht unbedingt in ein neues Verständnis der Dinge, sondern sie katapultiert einen in einen Zustand, in dem man gar nichts mehr versteht. Weil man nicht mehr in der Lage ist, all die behaglichen Dinge über sich selbst zu glauben, die man normalerweise über sich selbst geglaubt hat, erwägt man eine Reihe wechselnder Karikaturen als Bild von sich selbst. Das Bild, das einen aus dem Spiegel seiner Vorstellung anschaut, grinst sinnlos, schaut finster, heult, gähnt oder starrt reglos wie ein Klumpen Lehm zurück, zerfällt zu Pixeln, die den Grund dafür vergessen haben, weshalb sie überhaupt zusammenhängen. Hier eine Beschreibung dieses Zustandes aus einem 2600 Jahre alten hebräischen Gedicht: „Ich bin ausgeschüttet wie Wasser, / alle meine Knochen haben sich voneinander gelöst; mein Herz ist in meinem Leibe wie zerschmolzenes Wachs" (Psalm 22,15-16). Und hier eine Beschreibung von John Bunyon aus den

Der Riss in allem

1660er Jahren: „Und so wand ich mich und schrumpfte unter der Last, die auf mir lag; der Last, die mich auch so drückte, dass ich weder stehen noch gehen noch liegen konnte, weder still noch ruhig sein konnte." Und hier eine Beschreibung des Psychologen William Jones aus dem Jahr 1902: „Der normale Lebensprozess enthält Momente, die genau so schlimm sind wie jeder, der mit ungesunder Melancholie erfüllt ist, Momente, in denen radikal Böses Raum gewinnt."

Und hier dann die Beschreibung von Marilynne Robinson in einem Roman aus dem Jahr 2008: „Dellas Vater ... erzählte mir, dass ich nichts als Probleme machen würde. Ich spürte, dass das wahr war. Ich bin wirklich ein Nichts ... Ein Nichts mit einem Körper. Während ich durch die Welt gehe, bewirke ich in meinem Umfeld eine Art von Vertreibung, die zu Recht als Problem bezeichnet werden kann. Das ist ein Geheimnis, ich glaube ... deshalb bleibe ich lieber für mich. Wenn ich kann."

Es variiert also nicht besonders stark, das Chaos. Ich gehe hier ein Risiko ein, und zwar das Risiko, dass Sie beim Lesen dessen hier den Zustand, den ich mir solche Mühe gegeben habe, als universell menschlich zu beschreiben, gar nicht wiedererkennen. Aber ich glaube nicht, dass es viele Erwachsene gibt, denen so etwas noch nie passiert ist. Wenn Ihnen also dieser Zustand nicht im Geringsten bekannt vorkommt, dann unterstelle ich, dass Sie entweder a) nicht aufpassen oder b) ganz, ganz viel Glück haben.

Ich möchte dem Chaos hier gerecht werden, möchte es ungeschönt, ungetröstet darstellen, nicht schon wieder zu einem

73

neuen Status quo geglättet, sondern genau so roh, wie es am ersten Abend ist, nachdem Sie aus der gemeinsamen ehelichen Wohnung ausgezogen sind. Denn genau in dem Chaos, dieser echten Erkenntnis einer echten Formlosigkeit in Ihrem Inneren, kann die Not beginnen, die eines der starken Motive für den Glauben ist, eines der grundlegenden Gefühle, aus denen sich dann der Rest ergibt. Aber es ist auch nur eines dieser Gefühle. Es gibt gewiss noch mehr, andere starke Bedürfnisse, die als Ausgangspunkt dienen könnten: das Bedürfnis nach Trost in Kummer; nach Gesellschaft in der Isolation; nach Führung und Orientierung in Verwirrung. Und diese Ausgangspunkte sind auch nicht alle schlecht. Menschen können manchmal auch aus einem starken Glück heraus anfangen, über Glauben nachzudenken, einem Glück, das wie ein Sturm angefegt kommt und sich dennoch so körperlich anfühlt, dass sie die Erfahrung machen, dass man sich darauf stützen, sich darauf verlassen und darauf bauen kann. Und ich stimme widerwillig zu, dass hin und wieder Ehrfurcht – ja, ja – nicht unbedingt nur immer wie ein Museumsdorf sein muss, das wir lediglich besuchen und besichtigen können. Hin und wieder können Dinge mit Bestand daraus entstehen, wenn man wie gelähmt ist, zum Staunen gebracht wird durch eine machtvolle Verschiebung der normalen Wahrnehmung. Aber es ist das schuldhafte Chaos des MHDidSzs, dem ich hier nachgehen will, weil sich so viel im christlichen Glauben daraus ergibt.

Denn was tun wir denn mit dem Wissen, dass wir es vermasselt haben, dass wir uns selbst nicht mehr verstehen. Erst einmal wenden wir uns einander zu. Eine Gemeinschaft anerkannter Vermasseler sollte, zumindest theoretisch, freundlicher miteinander sein. Und es gibt auch Dinge, für die wir unsere Unvollkommenheit nutzen können, wenn wir sie denn erst einmal eingestanden haben: Strukturen, die aus unzuverlässigen Teilen aufgebaut werden, selbst aber dennoch zuverlässig sein können, wie z.B. die verfassungsgemäße Ordnung der amerikanischen Republik oder die wissenschaftliche Methodik oder das Internet. Aber das, was wir füreinander tun können, hat eine Grenze; eine Grenze darin, wie viel MHDzv wir gegenseitig aushalten können – ja, wie viel wir darüber auch nur zu hören aushalten können –, während es sich oft so anfühlt, als gäbe es gar keine Grenze in Bezug darauf, wie weit und wie lange sich die Auswirkungen unseres vielfachen Vermasselns fortsetzen können oder wie kompliziert sie weiterhin kollidieren und eingreifen und zu Kollateralschäden in unserem Leben führen können. Denken Sie nur an die Folgen von John Newtons MHDidSzs, die selbst nach zweihundert Jahren immer noch frisch und heftig sind. In diesem Fall und in vielen anderen, in denen der Schaden dauerhaft ist, wäre es nicht einmal richtig, um Hilfe zu bitten bei den Nachwehen, die dieses Zufügen von Schaden hat.

Hätten die Opfer von John Newton darum gebeten werden sollen, dafür zu sorgen, dass er sich besser fühlte in Bezug auf das, was er ihnen angetan hatte? Ich finde nicht. Wir müssen uns genau sosehr um Gerechtigkeit kümmern wie um Gnade, und wir sind endliche Geschöpfe mit begrenzter Macht, wiedergutzumachen, was kaputt ist. Auch mit dem besten Willen der Welt können wir nicht immer die Last des schlimmen Zeugs anderer Leute auf uns nehmen, können oft nicht einspringen und es ihnen abnehmen. Der Riss in allem ist da, um zu bleiben.

Also eine Sache, die wir tun, wenn wir es vermasselt haben, wenn wir uns selbst nicht mehr verstehen, besteht darin, dass wir uns dem Raum zuwenden, wo die Möglichkeit existiert, dass es jemanden gibt, der uns hört, der nicht zu einer der Parteien unserer endlosen millionenfachen, generationsübergreifenden Klage gegeneinander gehört. Dass wir uns an einen Raum wenden, in dem mit ziemlicher Wahrscheinlichkeit niemand ist – in dem wahrscheinlich, wie wir herausfinden, während wir das tun, wirklich niemand ist.

Und wir sagen: Hallo? Hallo? Ich glaube, ich halte das nicht mehr aus. Ich glaube nicht, dass ich das ertrage. Keine Nacht mehr wie die letzte Nacht. Keinen Morgen mehr wie diesen Morgen. Hallo? Kann ich vielleicht ein bisschen Hilfe bekommen, bitte?

3
BIG DADDY

Und nichts geschieht. Fast immer geschieht nichts; überhaupt nichts. Null. Es meldet sich keine Stimme aus dem Schallraum unseres Schädels. Der Morgen, den Sie nicht ertragen können, kommt trotzdem. Es wird Nacht, und schon ist die Finsternis der eigenen Schuldgefühle, der Kummer oder der Verlust wieder da. Wenn Sie bei der Durchführung Ihres Gebetsexperimentes zufällig gerade in einem Bombenkrater auf einem Schlachtfeld gekauert haben, nach dem Motto: In-Schützengräben-gibt-es-keine-Atheisten, dann zischen die Kugeln trotzdem auf alten, unveränderten Flugbahnen weiter in Ihre Richtung. Sie können mit den Fäusten gegen die Tür schlagen, aber sie bleibt geschlossen, vielleicht weil das, was Sie geöffnet haben möchten, gar keine Tür ist, sondern eine Wand. Es ist nur eine harte, glatte Fläche. So sind die Dinge nun mal.

Wir sind also bei Gott angekommen. Oder beim Nichtvorhandensein Gottes. Ich habe Sie warten lassen. Ich habe einen Schritt früher angefangen, als Sie vielleicht gedacht haben, weil ich wollte, dass, wenn wir an diese Stelle kommen, das so geschieht, wie es normalerweise bei Menschen geschieht, nämlich im konkreten Erleben. Nicht als philosophische

Heilige (Un)Vernunft!

These, als abstrakte Möglichkeit, sondern als Antwort auf ein Bedürfnis, als etwas, wonach wir uns sehnen (etwa weil wir uns eindeutig schuldig gemacht haben), und zwar völlig unabhängig davon, ob es etwas gibt, das diese Sehnsucht stillen kann. Noch etwas mehr hebräische Lyrik: „Wie der Hirsch lechzt nach frischem Wasser, so schreit meine Seele, Gott, zu dir."[5] Der Hirsch, mit dem hier die Seele verglichen wird, wird von jemandem gejagt. Er wird gehetzt, er schwitzt und ist verzweifelt. Er ist schon lange gerannt. Er möchte ohne stehen zu bleiben einen Schluck kaltes Wasser trinken, um noch ein wenig weiter zu kommen. Er ist nicht auf der Suche nach einer Weltanschauung, sondern er wünscht, er braucht, er hofft, er sehnt sich.

Und welche Reaktion bekommt er darauf? Was bekommen Sie, wenn Sie fragen oder gar bitten? Nichts. Ihnen wird kein Becherchen mit kaltem Wasser an Ihre durstigen Lippen geführt. Viele Leute ziehen daraus den nicht besonders verwunderlichen Schluss, dass es dumm von ihnen war, überhaupt zu bitten. Sie ziehen sich zurück und fühlen sich einfach nur dumm und auch ein bisschen zurückgewiesen. Man bittet um Hilfe, und man bekommt nichts – auf einer bewussten Ebene kommt man in einer solchen Situation vielleicht zu dem Schluss, dass einfach niemand zum Helfen da war, aber unbewusst fühlt es sich an, als wäre einem Hilfe verweigert worden, denn man hatte ja schließlich darum gebeten. Daher diese zornige Schärfe, die manchmal den Unglauben noch

---

5 Psalm 42,2

verstärkt, wenn er durch solche Episoden vergeblichen Bittens wieder erneuert wird. Um es mit den Worten von Samuel Beckett zu sagen: „Es gibt ihn gar nicht, diesen Bastard!"

Ein Leben mit Glauben hat genau so viele Es-gibt-ihn-gar-nicht-den-Bastard-Momente wie ein Leben ohne Glauben. Wenn überhaupt, dann gibt es in einem Leben mit Glauben wahrscheinlich sogar noch mehr solcher Momente angesichts der Tatsache, dass wir Gläubigen ja dazu neigen, öfter auf dieses Thema zurückzukommen, und daraus ergeben sich natürlich viele Gelegenheiten, enttäuscht zu werden. Auch uns geht es so, dass nichts passiert, wenn wir um Hilfe bitten. Das Nichts, das passiert, ist universell – eine Erfahrung, die Gläubige und Ungläubige gleichermaßen machen. Es stimmt, dass wir das Nichts unterschiedlich verstehen, aber nicht, weil wir von einer unterschiedlichen Erfahrung ausgehen.

Vielmehr ist es so, dass sich aus der gleichen Erfahrung, langsam, auftürmend und irgendwann überwältigend, eine unterschiedliche Wahrnehmung entwickelt. (Ich werde jetzt großzügig anhand meiner eigenen Erfahrungen verallgemeinern müssen, weil ich hier ausschließlich innere Vorgänge behandle, und ich habe natürlich keinen direkten Zugang zum Inneren von irgendjemand anderem. Ich bin niemand anderer und bin es auch noch nie gewesen, sondern ich war immer nur ich selbst.) Aber bei den meisten Menschen, die irgendwann zum Glauben kommen, ist es so, dass sich der Moment, in dem wir um etwas gebeten haben und nichts passiert ist, rückblickend verändert. Rückblickend wird dieser Moment zu einem Teil der Geschichte, in der schließlich doch noch

Hilfe kam, wenn auch so gar nicht auf die Art, wie wir es erwartet hätten.

Wir blicken irgendwann auf diesen Moment zurück und stellen fest, dass er sich verändert hat. Er hat jetzt etwas Bedeutsames, fast Zeichenhaftes durch die Art, wie er auf etwas verweist. Es ist nicht so, dass die Geschichte umgeschrieben worden wäre durch ein Stück eingebildeter Ursache und Wirkung, das von einem glücklicheren Punkt in der Zukunft aus hineinprojiziert wird, und zwar durch ein unzuverlässiges Gedächtnis, das die Enttäuschungen der Vergangenheit auslöscht, indem es einfach einen Phantomhelfer handeln lässt. Nein, das ist nicht das Gefühl. Es bleibt absolut klar, dass im Augenblick des Bittens nichts passiert ist, dass sich nichts auf der Welt geändert hat, nichts in Gang gesetzt worden ist. Aber wir erkennen langsam, dass dieser Moment trotzdem bedeutsam, ja geradezu zeichenhaft gewesen ist, weil wir genau in dem Augenblick, als wir gefragt haben, in der Lage waren, etwas zu bemerken, das bereits im Gang war. Etwas, das nicht zu beginnen brauchte, weil es nie aufgehört, nie innegehalten, nie geschwankt hatte. Etwas, das (wie wir noch sehen werden) begann, eine Antwort darzustellen; etwas, das unbemerkt die ganze Zeit im Gang war, so stetig und durchgängig, dass wir es vor dem allgemeinen Hintergrund des lauten Getöses der Welt gar nicht bemerkt haben. Mit Getöse meine ich den Lärm unserer Gedanken sowie das buchstäbliche Rasseln, Mahlen, Summen und Brummen der Dinge. Wir leben an einem lärmenden Ort, und zwar innerlich wie äußerlich, und der Lärm, den wir hören, mündet in den Lärm, den wir selbst erzeugen. Es ist unglaublich schwer zuzuhören, selbst wenn das eigene Elend einen anstupst, es wenigstens zu versuchen.

Glücklicherweise übersät die internationale Liga der Schuldigen ja die Landschaft mit speziellen Gebäuden, die es einem erleichtern, genau hinzuhören. Die Ruhe hier drinnen ist keine Leugnung, sondern ein alter, gleichmütiger Mangel an Überraschtheit angesichts menschlichen Verhaltens. Nur dazu ist dieses Gebäude errichtet worden, um zu jeder nur denkbaren Tat, die man vielleicht begangen hat, zu sagen: „Ach so, das also hast du getan; ja. Möchtest du dich vielleicht setzen?" Ich setze mich. Ich schließe die Augen.

Kirchen sind neben allem, was sie sonst noch sind, auch Räume der Stille, und wenn ich die visuellen Ablenkungen ausschalte, dann ist die Stille dort beinah schockierend laut. Sie singt in meinen Ohren. Also nein; Metaphern sind hier zwar unvermeidbar, aber wir können wenigstens versuchen, sie möglichst präzise zu benutzen und die Implikationen zu entfernen, die wir nicht haben wollen. Die Stille hat keine Melodie. Sie singt nicht. Sie zischt; sie greint in einer stetig hohen Tonlage, als hätte die Welt ein Hintergrundgeräusch, das wir normalerweise nicht hören. Sie knistert wie bei den letzten Ringen am Ende einer Vinylschallplatte, wenn das Stück zu Ende und nichts anderes mehr zu hören ist als das Medium, die Technik selbst. Und das ist mir sehr recht, denn ich bin hergekommen, um eine Pause zu bekommen von diesem endlosen Lied meines Selbst.

Ich atme ein, ich atme aus. Ich atme ein, ich atme aus. Ich atme ein, ich atme aus, merke, wie meine Lunge arbeitet, wie sie sich zusammenzieht und dann wieder ausdehnt, sich zusammenzieht, dann wieder ausdehnt, und ich nehme das sehr viel intensiver wahr als sonst, und weil ich etwas haben muss, worauf ich mich konzentriere, konzentriere ich mich eben darauf, nur darauf, auf das Ein und Aus meines Atems, und versuche an nichts anderes zu denken als daran, wie die Luft bewegt wird. Wenn Gedanken kommen, tue ich mein Möglichstes, um sie weiterziehen zu lassen und sie nicht festzuhalten. Hin und wieder merke ich, dass ich vom Atmen abschweife zu irgendwelchen Gedankenassoziationen oder Erinnerungen, aber das ist völlig in Ordnung. Wenn ich merke, dass das gerade geschieht, dann steige ich aus dieser Gedankenschleife wieder aus, lasse die Gedanken ziehen und kehre wieder zu dem einfachen Vorgang des Atmens zurück. Ich weiß, dass mein ganzes verklumptes kompliziertes Selbst, das ich nur halb kenne, immer noch da ist, aber ich versuche nicht, es in Ordnung zu bringen; ich versuche nicht, es vorteilhaft aussehen zu lassen, damit es irgendeine glaubhafte Geschichte über mich erzählt, oder – was genauso schlimm ist, genauso mühsam – es unvorteilhaft aussehen zu lassen, sodass es mich absolut präzise anklagt. Ich gebe bewusst das Unterfangen auf, mich selbst verstehen zu wollen. Ich atme ein, atme aus. Die Stille zischt, aber sie zischt weder erwartungsvoll noch völlig ohne Erwartung.

Und dann höre ich immer mehr Geräusche heraus, die zuvor zu leise waren, um ihnen meine Aufmerksamkeit zu schenken. Sehr intensiv bemerke ich jetzt die kleinen, für mich nicht sichtbaren Dinge in diesem Raum um mich her.

Big Daddy

Ich höre einen Brummer vorbeifliegen; ich höre, wie die Tür sich mit einem Seufzer öffnet und dann mit einem Seufzer wieder schließt. Ich höre das Knarren einer Kirchenbank, wenn sich irgendwo jemand setzt. Ich höre das unablässige Gemurmel von Gesprächen in der Sakristei. Ich höre, wie eine Seite umgeblättert wird, ein Geräusch wie ein flatterndes Segel oben auf dem Orgelboden, und ich beginne auch Dinge außerhalb der Kirche zu hören: ein Flugzeug, das vorbeifliegt; einen Vogel in einem Baum; ein Auto, das stotternd anspringt; das Geräusch eines belaubten Zweiges, den der Wind immer wieder gegen eines der Kirchenfenster drückt. Zwei alkoholisierte Personen auf der Straße, die sich streiten; fernes Motorengeräusch von der Autobahn, das ich eigentlich ständig hören müsste, das ich aber normalerweise aus dem Bewusstsein ausfiltere. Schicht um Schicht von Geräuschen in der Nähe und der Ferne sind das, die ohne bestimmten Grund beginnen und wieder aufhören, von denen keines für mich vorhersehbar ist, von denen ich keines unter Kontrolle habe. Die akustische Welt kommt absolut ohne mich aus. Die Welt hört sich genau so an wie in der Zeit, bevor ich geboren wurde, und sie wird sich immer noch so anhören, wenn ich tot bin.

Ich dehne mich aus. Jetzt, wo ich nichts sehe, spüre ich die Maserung des Hartholzes, auf dem ich sitze, die Kompaktheit der Sandsteinsäule, die meinen Arm berührt. Ich fühle ihr wahres Gewicht, spüre die Arbeit, in der sie entstanden ist, erkenne, wie sie getrennt von mir ist. Meine Gedanken wandern hinaus nach draußen, zu den tatsächlichen stofflichen Dingen außerhalb der Kirchenmauern, die nicht-ich sind. Ich fühle

Heilige (Un)Vernunft!

das Gras auf dem Kirchhof, die millionenfache Wiederholung jedes einzelnen weichen grünen Halmes, den Teer auf der Straße, der verdichtet ist wie kaltes, hart gewordenes Kaugummi, das kratzig Raue jedes einzelnen roten Backsteins, aus dem die Vorstadthäuser gebaut sind. Immer weiter hinaus geht es, und die Straßen der Stadt spulen sich immer schneller vor meinem Inneren ab, bis daraus dieses spezielle Kästchenmuster aus Feldern wird, wenn man sie von weit oben sieht, das Muster, das schwindet, höher und immer höher; die britische Insel ist zu sehen, gefleckt in Grün- und Brauntönen; der Rand des Planeten in Stahlblau; der aschefarbene Mond; die brodelnden chemischen Wolken der Gasriesen; der leuchtende Punkt unseres Sterns; die strahlenden Verwehungen des westlichen Spiralarms der Galaxis; der Sog der Galaxis, wie der Strudel beim Badewannenabfluss; die fliegenden Kleckse anderer Galaxien, unzählig vieler, die hinausgeschleudert sind in eine Dunkelheit, welche sich ihrerseits wiederum ausdehnt; und das alles so real und stabil wie das im Laufe der Zeit nachgedunkelte, von Hosenböden blankpolierte Eichenbrett unter mir. Einatmen, ausatmen. Ja, die Zeit. Dehne dich wieder aus, aber nicht von dieser speziellen Stelle aus, sondern von diesem speziellen Moment aus, diesem Punkt eines realen Augenblickes in der Flut realer Augenblicke. Einatmen, ausatmen. Der Tag öffnet die Gänseblümchen, saugt Kohlenstoff in jedes Blatt, trocknet das Land und lässt die Feuchtigkeit als Wolken aufsteigen. Die Nacht schließt Blumen wieder, legt bei den mobilen Geschöpfen den Proteinschalter auf Ruhe, kondensiert Tau, zieht jetzt die Winde, die der Tag geschoben hat.

Big Daddy

Atmen. Aus Dunkelheit wird Licht, aus Licht wieder Dunkelheit, während sich die Erde dreht, und dieser Zyklus, der in Stunden gemessen wird, läuft wiederum innerhalb anderer Zyklen ab, innerhalb von Wochen und Jahren und Äonen, bildet einen verschachtelten Spirographen der Veränderung, aus dem die Welt besteht, genau so wahr, wie sie aus in einer Sphäre geordneter Materie besteht. Die Felder blitzen je nach Jahreszeit grün-gelb-braun auf. Die Wälder nehmen ab und wieder zu. Die Berge selbst schmelzen wie Wachs. Das Eis rückt vor und zieht sich wieder zurück, und das Meer bedeckt dann diese Stelle mit sonnenbeschienenen Untiefen oder sauerstofflosen schwarzen Tiefen. Der Kohlenstoff, der in einer Trillion von Kalkskeletten winziger Mikroorganismen fixiert ist, verhärtet sich zu Kalkstein und erodiert dann langsam wieder zu Gas. Die natürliche Auslese schnitzt mit stumpfem Messer aus alten Geschöpfen neue. Und das alles ist real. Die Augenblicke, die zufällig schon gewesen sind, sind genau so umfassend, so verstrebt und gestützt durch wahre Existenz gewesen wie dieser eine, in dem ich gerade hier sitze; und die Augenblicke, die zufällig noch nicht gewesen sind, werden einer nach dem anderen genau so wahrhaft und umfassend der einzig existierende Gesamtzustand sein, nur einen Moment lang. Dieser Moment, in dem ich hier sitze, ist eine so dünne Scheibe der Realität des Ganzen, dass sie wie ein Haarriss auf einem Gehweg zu den Sternen wäre. Die reale Unermesslichkeit von Zeit und Raum verschmilzt; ist – und war immer – dieselbe reale Unermesslichkeit.

Aber jetzt wird es unbeschreiblich. Jetzt registriere ich etwas, das all dieser mannigfaltigen Unermesslichkeit vorausgeht, etwas, das nicht ich und dennoch real ist; etwas macht sich fühlbar jenseits oder hinter oder unter alldem. Was kann „jenseits" oder „hinter" oder „unter" bedeuten, wenn alle möglichen Richtungen oder Dimensionen schon in der Summe dessen beinhaltet sind, was so ist? Ich weiß es nicht. Da kann ich nur mit Metaphern arbeiten, und das ist der Punkt, an dem von der Metapher, die ja eine existierende Sache mit einer anderen existierenden Sache vergleicht, verlangt wird, über das hinauszugehen, was sie leisten kann. Wieder einmal – einmal mehr – darüber hinaus; aber ich spreche hier nicht über Bewegung durch die Formen existierender Dinge oder aus diesen Formen hinaus. Ich spreche von einer Bewegung durch Form hindurch oder überhaupt aus ihr hinaus, aber nicht in ein Vakuum, in die Leere hinein, sondern vielmehr hinein in eine Fülle. In eine angrenzende Fülle, die nicht weiter entfernt ist als die Dichte von allem, die sich jetzt anfühlt, als ob sie in diese nicht genauer zu bestimmende Richtung gar keine Dichte ist. So betrachtet fühlt es sich an, als ob jeder feste Gegenstand in seinem konkreten Sein so dünn ist wie ein Film und an ein Medium grenzt, in dem der Weg, den meine Aufmerksamkeit nimmt, zu immer mehr Festigkeit, zu immer intensiverer Präsenz, ein Absolutum erreicht. Was vorn liegt, ist real; was zurückliegt, ist der Grund dafür, dass es real ist, der Ursprung seines realen Seins. Jenseits, hinter und unter allen festen Dingen scheint Festigkeit zu sein. Hinter, unter, jenseits aller Veränderungen, aller im Freilauf stattfindenden und schwirrenden Prozesse fließt alles, scheint das Fließen selbst zu sein. Und obwohl ich mich im Dunkeln befinde hinter meinen geschlossenen Lidern und Licht Teil von allem ist, fühlt es sich an, als ob ich noch darüber hinausfühle, und deshalb kann die Metapher hier anscheinend nur Leuchten sein, diese universelle Stützung der Dinge durch lichtloses Licht oder dunkles Licht; suchen Sie sich Ihr Paradoxon aus.

Es fühlt sich an, als ob alles von Licht unterlegt wird; alles treibt auf einem Meer aus Licht, alles ist nur ein Oberflächenmerkmal des Lichtes. Und das schließt auch mich mit ein. Alles, was mein kompliziertes Selbst ausmacht, meine ausufernden Berge von Erinnerungen und Geheimnissen und Missverständnissen, treiben auf diesem Meer, sind punktuelle Furchen und Windungen mit dem grenzenlosen Licht unmittelbar dahinter. Und jetzt habe ich vergessen zu atmen, weil das strahlende Etwas aus einem unendlich kleinen Abstand aus dem Universum in mir und durch mich atmet. Und obwohl diese Erfahrung so großartig ist, dass ich sie gar nicht vermitteln kann, ist es eine personale Erfahrung.

Nicht etwas, sondern jemand ist hier. Auch wenn das in einer Größenordnung geschieht, die sich der Vorstellungskraft entzieht und ohne Standort existiert (oder aber an allen Standorten gleichzeitig), fühle ich das Gleiche, was ich fühle, wenn jemand neben mir ist. Ich werde angesehen. Ich werde gekannt; gekannt auf eine ganz und absolut genaue und vollständige Weise, die nur möglich ist, wenn der Blickwinkel nicht der eines anderen ortsgebundenen Selbst auf der Welt ist, sondern in dem gesamten Medium leuchtet, in dem ich lebe und mich bewege. Ich werde von außen gesehen, aber ohne eine meiner Illusionen. Ich werde von hinten gesehen, von unten und von außerhalb. Ich werde gelesen von dem, woraus ich gemacht bin.

Auf einer bestimmten Ebene kann ich spüren, dass das absolut sicher ist. So sicher, dass das sichere Gehaltenwerden von den Eltern dagegen nur ein müder Abglanz ist. Ich werde auf den Schultern des Universums getragen.

Auf einer anderen Ebene ist es aber auch erschreckend. Ich kenne in meinem Umgang mit irgendwelchen Jemanden, die mich anschauen, nichts anderes, als durch mein Getrenntsein von ihnen abgeschirmt zu sein. Das hier ist anders. Das hier ist absolut entblößt. Es mag also zwar sicher sein, aber es ist nicht freundlich auf eine der grundsätzlichen Arten, auf die Menschen es gemeinhin anstellen, freundlich zueinander zu sein. Es lässt die Illusionen, die ich über mich selbst habe, ganz und gar unberücksichtigt. Es stellt mich zur Schau, ohne Dach über dem Kopf, ohne Wände, schlimmer als nackt. Es weiß, wo meine Freundlichkeit durchwachsen ist mit geheimen Grausamkeiten oder Spott. Es weiß, wo meine Liebe mit Vorbehalten daherkommt. Es weiß, wo ich hasse und Angst habe und verabscheue. Es weiß, worin ich schwelge, was ich mir gönne. Es weiß, welche parasitären Gewohnheiten ich mir selbst durchgehen lasse. Es kennt das Beste an mir, was durchaus nicht unbedingt das sein muss, worauf ich besonders stolz bin, und auch das Schlimmste an mir, was mir vielleicht gar nicht als etwas vorkommt, wofür ich mich schämen müsste. Es weiß, was ich vergessen habe. Es weiß all das, und es strahlt mich an. Es hört sogar nie auf zu strahlen. Diese Aufmerksamkeit, die es schenkt, ist dauerhaft da. Ich kann es nicht dazu bringen, wegzugehen. Aber ich kann mich davon abwenden; und zwar ganz leicht; ich brauche nur aufzuhören, auf den sanften, unendlich geduldigen Ruf zu hören, den es durch das Gewebe all dessen schickt, was ist. Es zwingt nicht, also brauche ich nicht mehr zu tun, als aufzuhören, darauf zu achten. Und das tue ich nach gar nicht so langer Zeit auch. Ich kann es nicht lange am Stück aushalten, so durch und durch gesehen zu werden. So gesehen zu werden ist schon ein Urteil.

Ein Briefschreiber, der vor langer Zeit gelebt hat, jemand, der eindeutig da war, wo ich gerade gewesen bin, hat es so formuliert, dass es furchtbar ist, dem lebendigen Gott in die Hände zu fallen. Allerdings liegt auch Vergebung in diesem Blick – oder jedenfalls der maßgebliche Beginn von Vergebung; und wenn ich von dem Ort zurückkomme, an dem die Metaphern enden und das Licht hinter dem Licht leuchtet, und ich in der stillen Kirche die Augen öffne, dann strahlt für eine kurze Weile alles, was ich sehe, so, als würde es von innen beleuchtet, und jedes schwebende Teilchen des Ganzen strahlt in seinen einzelnen, separaten Körnchen, glänzt, als wäre es ein Schatz.

Ob es mir jetzt besser geht? Das hängt ganz davon ab, was Sie mit „besser" meinen. Als eine Krankenschwester einmal meinem Patenonkel diese Frage stellte, antwortete er argwöhnisch: „Besser als was?" Ich fühle mich nicht geknuddelt, besänftigt oder geschmeichelt; ich fühle mich nicht abgelenkt oder unterhalten. Meine Phantasie ist nicht angeregt. Mir sind nicht von einer überlebensgroßen Version von Jerry Bruckheimer tolle, coole Sachen gezeigt worden. An mir ist nicht herumgedoktert worden; ich bin nicht umprogrammiert, und auch meine Einstellungen sind nicht optimiert worden; ich habe kein kosmisches Antidepressivum verabreicht bekommen; mir ist nicht wie durch Zauberhand der MHDidSzs entfernt worden; mir ist nicht gesagt worden, dass ich die Dinge einfach ein bisschen leichter nehmen soll, weil ich okay bin und du okay bist, sondern mir ist die authentische schlechte Nachricht über mich selbst aus einer anderen Perspektive gezeigt worden als dem angespannten Fokus meiner eigenen Verzweiflung.

Und schon allein das ist eine gute Nachricht. Mir ist gezeigt worden, dass ich, obwohl ich mich vielleicht selbst in der düsteren Optik von Kummer und Selbstablehnung sehe, die ganze Zeit mit einer Großzügigkeit betrachtet werde, die weiter ist als das Meer – vorausgesetzt, ich kann mich dazu durchringen, das zu glauben. Ich bin behutsam und unermüdlich daran erinnert worden, wie wenig ich eine vollständige Wahrheit über mich kenne. Ich bin mir selbst fremd gemacht worden und damit hoffnungsvoll; der Griff der Verzweiflung ist gelockert.

Die Verzweiflung kann allerdings zurückkommen. Es ist nur kurzzeitig eine kleine Menge von ihr aus dem Stausee der Verzweiflung abgelassen worden. Aber nachgelassen hat sie, weil ich nur für den Augenblick in der Lage bin, darüber hinauszufühlen. Ich habe ein ganz klein wenig an der Freiheit eines Gefühls teil, das jenseits, dahinter, darunter und drum-

Big Daddy

herumfließt.[6] Das ist tröstlich, aber auch unangenehm. Es ist peinlich, würdelos, entblößend, fühlt sich riskant an. Es ist, als fände man heraus, dass etwas in dem Nichts ist, auf das man sich stützen kann, etwas in der Leere – etwas an der Leere –, das einen aufrecht halten wird, allerdings nur, wenn man sich selbst in wahnsinniger Weise direkt nach vorn dagegenfallen lässt und es bittet, einen zu tragen.

Nun kann ich natürlich genauso leicht wie jeder andere eine einfache, rein physikalische Erklärung für das geben, was da gerade in der Kirche mit mir passiert ist. Ja, die leichte Einschränkung in der sinnlichen Wahrnehmung, die ich selbst herbeigeführt habe, indem ich eine halbe Stunde lang mit geschlossenen Augen dagesessen habe, wird in den Teilen meines Gehirns, in denen die visuellen Bilder verarbeitet werden, dazu geführt haben, dass von jedem Input, den meine Zellen bekommen können, aus Erinnerung und Assoziation und Phantasie Bilder hergestellt wurden. Ja, das bewusste Atmen hat wahrscheinlich zu einem leichten Hyperventilieren geführt und dadurch zu einer Überflutung mit anregendem Sauerstoff. Ja, der emotionale Zustand, in dem ich mich zu diesem Zeitpunkt befand, hat mich sicher beeinflussbar gemacht. Ja, das Gefühl der Anwesenheit einer anderen Person ist ein typisches Merkmal seelischer Zustände, die entspannter sind als das ganz normale Bewusstsein. So etwas passiert auch öfter unmittelbar vor dem Einschlafen. Ja, ich weiß, dass

---

6 Ja, ich spreche im Wesentlichen von derselben Erfahrung, die ich im ersten Kapitel mit Mozart gemacht habe. In gewisser Weise benutzt Gott immer denselben Trick.

Heilige (Un)Vernunft!

wir alle einen ausgewachsenen Hang dazu haben, Personalität und Handlungsmacht in unserer Umgebung auszumachen, und zwar egal, ob sie wirklich vorhanden sind oder nicht. Da wir auch Gesichter auf einer Tapete und in Pfützen von verschüttetem Cappuccino erkennen, verlangt meine Entdeckung von Bewusstsein unter der Haut des Universums keine besondere Anstrengung. Ja, ich stelle mir vor, dass die Pupillen meiner geschlossenen Augen erweitert waren und dass die Photonen durch eine ungewöhnlich weite Blende einströmten, als ich sie dann wieder öffnete. Ja, ich bin sicher, dass ich sehr ähnliche Dinge gespürt hätte, wenn sich, während ich dasaß, jemand angeschlichen und ein starkes Magnetfeld an den entsprechenden Bereich meines Kopfes gehalten hätte; oder wenn ich einfach Ecstasy geschluckt hätte – eine „religiöse Erfahrung", geliefert wie bestellt, einschließlich Lightshow. Was das Gefühl angeht, so bin ich sogar sicher, dass das Magnetfeld oder die Pille sehr viel zuverlässiger gewesen wäre, weil ich dann nicht von meinem eigenen kläglichen Gehirnstoffwechsel abhängig gewesen wäre.

Na und? Das sind zwar Erklärungen dafür, wie meine Gefühle rein physisch entstanden sein könnten, aber sie erklären diese Gefühle nicht weg. Sie beweisen nicht, dass meine Gefühle nicht wirklich meine Gefühle waren, und sie beweisen ganz sicher nicht, dass für mich niemand da war, dem gegenüber ich sie hätte haben können. Wenn es Gott wirklich gibt, dann ist aus meiner Sicht schwer zu erkennen, wie ein physisches Wesen wie ich Seine Anwesenheit registrieren sollte *außer* durch eine Reihe physikalisch bestimmter Körperzustände. Ich bin doch kein abstraktes Wesen. Alles, was ich fühle, fühle ich über Hormone und Neurotransmitter und Nervenfasern.

Anzufangen, an Gott zu glauben, hat viel Ähnlichkeit damit, sich zu verlieben, und *dabei* spielen auf jeden Fall biochemische Prozesse eine Rolle. Cocktails von Glückshormonen machen einen gefühlsduselig und vertrauensselig; Fluten von Neurotransmittern sorgen dafür, dass die Gedanken beschwingt hüpfen. Aber ist das ein Beweis, dass die Person, die man liebt, erfunden ist? Nein, ist es nicht. Das Äußerste, was physische Beschreibungen in Bezug auf Gott demonstrieren können, ist, dass Er als Erklärung nicht *nötig* ist. Und ich habe das Gefühl, dass das eigentlich nichts Neues ist. Irgendwie wusste ich sowieso, dass mein philosophischer Ansatzpunkt darauf hinausläuft, dass wir Gott nicht *brauchen*, um irgendeinen materiellen Aspekt des Universums zu erklären, einschließlich unserer seelischen Befindlichkeiten; während umgekehrt keine materielle Tatsache über das Universum jemals für uns entscheiden wird, ob es Ihn gibt. Die Nicht-Notwendigkeit Gottes bei Erklärungen ist für mich unbestreitbar. Für mich bedeutet das, dass ich nur zum Glauben kommen kann durch einen Prozess, der getrennt und unabhängig ist von Beweis und Gegenbeweis; dass ich nur zum Glauben gelangen kann, weil es sich auf eine Weise richtig anfühlt, die nicht der Kraft von Beweis und Gegenbeweis unterworfen ist.

Ihnen dagegen kommt es vielleicht erstaunlich offensichtlich vor – drastisch und überwältigend offensichtlich –, dass ich nicht wirklich *Gott* gespürt haben kann. Denn selbst

Heilige (Un)Vernunft!

wenn letzte Grade von Beweis oder Gegenbeweis außer Reichweite bleiben, wäre so etwas extrem unwahrscheinlich, verglichen mit der Wahrscheinlichkeit, dass einer der oben genannten physikalischen Faktoren mich dazu verleitet hat, irgendeinem Hokuspokus Raum zu geben. Wenn das so ist, dann würde ich Sie respektvoll auffordern, Ihre Überzeugung zu überprüfen und dabei besonders einen kritischen Blick auf die relativen Rollen zu werfen, die Logik und Emotionalität dabei spielen. Es gibt wirklich Diskussionen über Gott, die rein auf Wahrscheinlichkeit beruhen[7], aber für vie-

---

[7] Obwohl die Guten nicht den dampfenden Haufen von „Evolutions"-Mist beinhalten, der von Richard Dawkins oder Bertrand Russells Teekanne zusammengeharkt wird. Du liebe Güte, muss ich denn wirklich mit denen in Wettstreit treten, angesichts der Tatsache, dass ich nicht versuche, das Spiel von Beweis und Gegenbeweis zu spielen? Aber wahrscheinlich muss ich das wohl. Ich bin vielleicht nicht an Beweis interessiert – man kann das Vorhandensein eines Gefühls nicht widerlegen –, aber ich bin interessiert an der philosophischen Würde des Gefühls. Ich möchte unbedingt den Standpunkt vertreten, dass es nicht gleichbedeutend ist mit Realitätsleugnung, dass es nicht in offenkundiger Missachtung irgendeines offensichtlichen Beweises seiner Unhaltbarkeit existiert. Also dann schnell: Richard Dawkins behauptet, dass die Existenz Gottes unwahrscheinlich ist, weil der Erschaffer des Universums wirklich kompliziert sein müsse. Die einzige Art, von der wir wissen, wie man komplizierte Geschöpfe bekommt, ist durch natürliche Auslese, und natürliche Auslese kann vor Beginn des Universums nicht stattgefunden haben. QED? Ach was! Wenn wir Menschen, die an Gott glauben, über Gott sprechen, dann meinen wir nicht, dass ein Wesen existiert, das ein Tier ist wie wir, nur größer und schlauer und komplexer. Wir glauben nicht, dass Er in dem Universum lebt. Wir glauben noch nicht einmal, dass Er überhaupt in einer Umgebung lebt; wir glauben nicht, dass Er sich entwickeln oder erscheinen oder entstehen musste durch irgendeinen Prozess. Es ist genau umgekehrt. Wir glauben, dass alle Prozesse durch Ihn überhaupt erst existieren; wir glauben, dass Er die Umgebung des Universums ist. Vielleicht irren wir uns, sind durchgeknallt, plemplem, sind gefangen in unseren Illusionen, aber zu zeigen, dass Gott als entwickelter Organismus unwahrscheinlich ist, sagt gar nichts aus über die Wahrscheinlichkeit der anderen Sache, die wir wirklich glauben. Mit Leuten zu streiten zwingt zu der unglücklichen Notwendigkeit,

Big Daddy

le Menschen funktionieren sie als nachträgliche Rechtfertigung für eine tiefe und emotionale Überzeugung, dass das Universum einfach kein Ort ist, wo *so etwas* sein kann. Für viele Menschen ist die Welt aus stabilen, verlässlichen, vertrauten Sinneserfahrungen beschaffen, und da ist kein Platz für eine radikale Andersartigkeit, für Brüche im Zusammenhang. „Ich glaube nicht an irgendwelche Götter", sagen manche Neue Atheisten gerne und machen damit geschickt aus einer ziemlich umfassenden Behauptung über das Universum (dem Glauben) eine Art zoologischer Kategorie, die in naturwissenschaftlichem Sinne natürlich nicht gefüllt werden kann.

---

herausfinden zu müssen, was sie denken, bevor man selbst die Klappe aufreißt, um zu widersprechen.

Als Nächstes die Teekanne. Russell hat gesagt, dass diejenigen, die die intellektuelle Integrität des Glaubens an der Unmöglichkeit festmachen, die Existenz Gottes zu widerlegen, Ähnlichkeit hätten mit Menschen, die behaupten, dass es eine unauffindbare Teekanne auf einer Umlaufbahn zwischen Erde und Mars gäbe. Kein vernünftiger Mensch würde die Behauptung als etwas anderes als extrem unwahrscheinlich betrachten. Nur weil man nicht mit Bestimmtheit zeigen könne, dass die Kanne nicht da sei, ihre Tülle nicht langsam Kreise zöge, während Sonnenwinde bliesen, ihre Glasur nicht schwach glänzte im Sternenlicht, das sich darin widerspiegeln würde, hieße das doch noch längst nicht, dass man es ernst nehmen müsste. Man könne sicher genug sein, dass es die Teekanne dort nicht gäbe, um die Sache auf sich beruhen zu lassen; dasselbe gelte für Gott.

QED? Wieder nein, weil das Russell'sche Teekannenargument den Fehler macht, von dem Zustand des Universums auszugehen, den es nachweisen will. Russell hätte *gerne* Behauptungen über Gott gehabt, die so offensichtlich trivial und irrelevant gewesen wären wie die Teekanne. Aber die Angemessenheit des Vergleichs beruht auf einer vorausgegangenen Wertung: und wenn es wirklich so wenig darauf ankommt, ob es Gott gibt oder nicht, dann muss man sich fragen, warum er es wert ist, ganze Bücher darüber zu verfassen, um zu versuchen, ihn zu zerstreuen. Es ist ja nicht so, dass irgendjemand sich die Mühe gemacht hat, *Der Teekannen-Irrtum* zu verfassen.

Sie sagen, „ich glaube nicht an irgendwelche Götter, weil ich *stattdessen* an die gefühlte Vollständigkeit, die erlebte Zulänglichkeit einer Welt von Supermarkteinkaufswagen, Katern, Vorstadtsonntagen, Zahnschmerzen, Drum n'bass, romantischer Liebe, nachlassendem Grenznutzen und dem Geruch frischer Farbe glaube. Diese Welt ist stabil, ja, sie ist sogar behäbig. Sie macht keine plötzlichen Bewegungen. Sie verkörpert eine absolut strenge Unterscheidung zwischen einer nüchternen, von Gesetzen regierten äußeren Realität und einem persönlichen inneren Ort der Phantasie, der keine Wirkung auf die prosaische Realität ausübt außer durch prosaische Methoden – zum Beispiel durch die Veröffentlichung von Fantasy-Romanen."

Diese Sicht auf die Welt glaubt, dass sie die Wissenschaft auf ihrer Seite hat. Ja, durch einen Akt unbeirrter metaphorischer Verdauung neigt sie sogar zu der Überzeugung, dass sie Wissenschaft *ist*. Sie glaubt, dass das, was sie um sich herum sieht, die nackte, entzauberte, unmittelbare, ungefärbte Wahrheit ist, übermittelt durch wissenschaftliche Methode. Seht ihr – keine Götter! Und auch keine Feen, keine Einhörner, keine Greife, keine Kobolde. Eine schnelle Erfassung der örtlichen Fauna bestätigt es: Fall gelöst.

Aber diese Wahrnehmungswelt *ist nicht* Wissenschaft. Sie ist ein kultureller Bildfehler, der durch eine Lesart des kulturellen Einflusses der Wissenschaft, besonders in den vergangenen beiden Jahrhunderten in Europa und Nordamerika, verursacht wurde. Diese Wahrnehmungswelt ist alles andere als ein direktes und unmittelbares Bild der Realität. Sie ist eine extrem menschzentrierte, von Menschen bestimmte Auswahl aus dem physikalischen Universum, das bequem reduziert ist auf die Ordnung der Realität, die innerhalb der Hülle der Gesellschaft stattfindet. Sie erwähnt kaum den Aspekt, wie die Welt abgesehen von uns Menschen ist. Sie gesteht nicht die radikale Fremdheit der Quantenmechanik unten im Keller der Realität ein; sie befasst sich nicht mit der beunruhigenden Unermesslichkeit des Kosmos oben auf ihrem Dachboden; sie gesteht die außergewöhnliche Vergänglichkeit selbst der vertrauten Dinge nicht ein, die wir im Zwischengeschoss des Universums sicher zu besitzen glauben. Sie behandelt uns lebendige Geschöpfe als die unkündbaren Herren über alles, was wir genau untersuchen, anstatt als kurze Wellen von Information, die wir in Wirklichkeit letztlich sind.

In Wirklichkeit ist die schwerfällige „Wissenschaft" dieser offensichtlich gottlosen Welt eher achtzehntes Jahrhundert. Unnötig zu erwähnen, dass keine der bewiesenen Merkwürdigkeiten des physikalischen Universums die Existenz Gottes wahrscheinlicher (oder unwahrscheinlicher) macht. Sie sagen darüber absolut gar nichts aus. Ich gehöre nicht zu den hirnigen New-Age-Vertretern, die sagen, dass, wenn ein paar merkwürdige Dinge wahr sind, alle merkwürdigen Dinge, die man sich vorstellen kann, wahr sind. Ich möchte lediglich darauf hinweisen, dass, wenn Ihre Überzeugung, dass es Gott nicht gibt, auf der vermeintlich behaglichen Vertrautheit des Universums beruht, das zu einem kleinen Problem werden könnte, wenn sich herausstellt, dass dieses Universum in Wirklichkeit überhaupt nicht vertraut ist.

Heilige (Un)Vernunft!

Was ich allerdings beunruhigend finde, ist die Unsicherheit dieser Erfahrung, von der ich spreche; einfach die Art, wie sie ist, zitternd, nur eben gerade vorhanden, immer wieder entwischend; die Art, wie sie sich einer Definition entzieht. Schon allein meine Beschreibung dieser Erfahrung macht sie ja schon stabiler, greifbarer, als sie in Wirklichkeit ist. Ich habe sie in Worte gefasst, obwohl sich diese Erfahrung gar nicht in Worten zugetragen hat, und dadurch habe ich ja schon redigierend eingegriffen, und zwar zu einem Zeitpunkt, an dem ich gar nicht eingreifen oder Entscheidungen treffen konnte.

Wenn ich jetzt lese, was ich geschrieben habe, fürchte ich, dass ich daraus einen *Effekt* gemacht habe, einen Spezialeffekt in Prosa, der von mir kontrolliert wird. Aber es war kein Effekt, und er wurde auch nicht von mir kontrolliert, sondern es war nur der Schimmer einer Sinneswahrnehmung. Und das ist ja wohl eine etwas schwache Grundlage, um darauf etwas zu stützen, schon gar nicht etwas so Gewaltiges und Gewichtiges wie eine organisierte Religion: zweitausend Jahre christlicher Gedanken und Geschichten und Gebräuche, die eine gewaltige, umgekehrt auf der Spitze balancierende Pyramide ergeben, und das dann noch auf einem Hebelpunkt nur aus Gefühl. Das scheint nicht viel, um darauf eine Institution zu errichten. Das scheint nicht viel, um darauf einen Lebensstil zu stützen. Aber so ist es. Die ganze Sache bis hinunter zur Wurzel – ungewiss. Die ganze Sache muss so hauchdünn bleiben, wie man die Erfahrung der Gegenwart Gottes beurteilt.

Wenn ich in einem beliebigen Augenblick versuche, mich an das Gefühl dabei zu erinnern – zum Beispiel jetzt in diesem Moment –, bin ich persönlich oft ziemlich sicher, dass es keine Rolle spielt; dass das alles Unsinn und Einbildung ist; dass da gar nichts ist; dass es ihn nicht gibt, diesen Bastard. Aber wie es sich angefühlt hat, als ich es *gefühlt habe*, das lässt sich nicht einfach beiseiteschieben. Diese Erfahrung wirkt in mir weiter, egal, welche und wie viele wechselnde Meinungen ich dazu haben mag; diese Erfahrung hat meine Überzeugung darüber verändert, wie das Universum ganz tief im Inneren ist, zu tief, als dass es durch das Es-gibt-den-Bastard-gar-Nicht ausgelöscht werden könnte. Diese Erfahrung hat Folgen in meinem Inneren hinterlassen.

Folgendes ist es, was ich vermitteln muss, aber wahrscheinlich nicht vermitteln kann: dass es sich dabei um etwas so schwer Fassbares handelt, dass man nicht den Finger darauf legen kann, es aber gleichzeitig so stark zu spüren ist, wenn man es spürt, dass es die Welt erhellt und das Leben umkrempelt. Es ist schwer fassbar, aber es ist ein Fundament. Das, wovon man glaubt, dass das gesamte Gebäude darauf ruht, ist ein Hauch von einer Präsenz, so widerlegbar wie Dunst. Es ist eine Präsenz, die vielleicht gar nicht da ist, die einem aber ein Vertrauen entlocken kann, wenn man sie spürt, ein Vertrauen, dass sie das ist, was allem vorausgeht, uns eingeschlossen; dass sie das Erste und das Letzte und das Größte und das Niedrigste ist; dass sie ohne Bedingungen existiert; dass man in Not zu ihr kommen kann und weiß, dass einem vergeben ist[8]; dass sie leuchtet.

---

8 Ich habe einen extrem wichtigen Aspekt dessen, wie das funktioniert, ausgelassen. Ich komme darauf dann in Kapitel 5 zu sprechen. Gute Güte, ich redigiere Gott um der Effektivität der Erklärung willen.

Heilige (Un)Vernunft!

Und was kommt als Nächstes – wenn man das gefühlt hat? Nun, wie ich ja bereits gesagt habe, wird diese Präsenz einen nicht behelligen, wenn man sie nicht behelligt. Sie ist so leicht zu ignorieren wie die Luft. Aber wenn man seinen Weg zu ihr zurückfindet, dann ist sie wieder da. Man kann lange dort bei ihr bleiben, aber sie bleibt für immer. Sie ist unermüdlich; sie ist von Dauer. Und es ist (meistens) so, dass der Weg dorthin (meistens) leichter wird, je öfter man ihn findet, bis im eigenen Innern, im eigenen Kopf, die ganz persönlichen Wegweiser zum Weg dorthin ein Teil dessen werden, was man erwartet.

Man gewöhnt sich an das leise Flüstern der Präsenz in die Richtung, die Keine-Richtung ist. Man beginnt zu versuchen, die Dimensionen dieser Erfahrung zu erspüren, man versucht herauszufinden, was aus dieser beunruhigenden Sache folgt; was man darüber erfahren kann; was (wenn überhaupt etwas) man dagegen tun sollte; was es bedeutet. Und an dieser Stelle kann zum ersten Mal das organisierte Gut der Religion in Erscheinung treten, weil das, was man erlebt hat, ein absolut stinknormales Stück Transzendenz ist, das in allen Kulturen bekannt ist, aus dem sich in verschiedenen Zeiten und an unterschiedlichen Orten unterschiedliche Bedeutungsstrukturen entwickelt haben. Das Licht-ohne-Licht, dieses Gefühl, verstanden zu werden – es ist das, was Hindus spüren und Buddhisten und Zoroastrier und Jainas und Shinto-Anhänger und diejenigen von uns in den Dreieinigkeitsreligionen, die diese Präsenz als Gott bezeichnen.

Big Daddy

Der Prozess, durch den diese universelle Erfahrung die Konturen einer bestimmten Religion annimmt, ist zum Teil passiv. Es geschieht dadurch, dass die umgebende Kultur einfach abfärbt, dadurch, dass die Interpretation übernommen wird, die in ihrer unmittelbaren Umgebung vorherrscht. Aber es ist auch ein Prozess des Zusammenwirkens, ein Dialog zwischen der Erfahrung und einer Tradition, in der etwas anhand der Frage geprüft wird, ob man es wiedererkennt. Erkennen Sie in dem, was Sie erleben, das wieder, wovon in der Überlieferung die Rede ist? Gibt es daran etwas, das Ihnen Mut macht, dem, was Ihnen die Überlieferung Ihres Umfelds sagt, was Sie aber bisher noch nicht persönlich erfahren haben, eine vorsichtige, vorläufige und provisorische Glaubwürdigkeit zuzusprechen?

Wenn Sie eine unabhängige erwachsene Person sind, dann pflichten Sie nicht einer Doktrin bei, weil es Ihnen von einer Autorität gesagt wird. Was den Befehl blinden Gehorsams angeht, bin ich froh, dass wir inzwischen in der kostbaren Lage sind, Autoritäten sagen zu können, dass sie sich verpissen sollen. Nein, es ist folgendermaßen: Sie fangen an zu überlegen, dass Sie eventuell bereit sind, sich einer bestimmten Idee anzuschließen, weil diese Idee Ihrer Meinung nach etwas in eine Aussage übersetzt, das die Prüfung durch das Gefühl bestanden hat. Sie fangen an zu glauben, dass es da etwas gibt, das es wert wäre, es auch schriftlich zu besitzen, weil es (neben allem anderen, was es vielleicht außerdem noch sein könnte) auch spürbar ein Bericht (oder eine Reihe von Berichten) von einem Ort ist, an dem sie auch schon auf eigene Faust gewesen sind. Ich persönlich bin Christ und nicht Moslem oder Buddhist aus einer Mischung aus diesen beiden unterschiedlichen Begründungen; als Resultat beider Arten von Prozess.

Auf der passiven Seite ist das Christentum meine Kindheitsreligion. Es ist die historische Religion meiner Familie seit etwa vierzig Generationen und die Religion des Ortes, wo ich herkomme. Diese Religion ist die Matrix meiner Kultur. Aber sie ist auch etwas, zu dem ich als Erwachsener nach etwas über zwanzig Jahren Atheismus freiwillig zurückgekehrt bin, weil ich Stück für Stück herausgefunden habe, dass sie meinen Bedürfnissen entspricht und für mich mit meiner emotionalen Realität übereinstimmt. Ich stelle außerdem fest, dass die ausgetüftelte Bedeutungsstruktur, die diese Religion darstellt, dass die Geschichte, die sie erzählt, diese Realität angemessener, grundlegender, genauer und plausibler erklärt als jede andere Erklärungsalternative. (Ob ich sicher bin, dass ich recht habe? Natürlich nicht. Wird es Ihnen denn nicht langweilig, diese Frage zu stellen?)

Vieles von dem, was man lernt, kommt direkt aus dem Gefühl. Man denkt darüber nach, und man bringt etwas darüber in Erfahrung. Man findet heraus, welche Arten von Beschreibung dieser Sache vielleicht zutreffend sein könnten. Man findet heraus, welche Beschreibungen davon unmöglich wahr sein können. Zum Beispiel: Ist es so, wie wenn man einen ausgedachten, unsichtbaren Freund hat? Also – ja und nein. Ja insofern, als nicht zu leugnen ist, dass, wenn man genau darauf achtet, das Flüstern dieser Präsenz im Kopf einem das Gefühl gibt, in Gesellschaft zu sein, obwohl man rein physikalisch allein ist. Aber auch nein insofern, als diese Präsenz, die in Abständen im eigenen Geist leuchtet, nicht gemütlich vor sich hin plappert, Konversation treibt, den Urteilen und Beurteilungen beipflichtet, die man hat, einem dabei hilft, im dunklen Wald zu pfeifen, und genau das ist, was man von einem verständnisvollen Freund erwarten würde. Diese Präsenz sagt nicht: Die sind alle richtig gemein, aber *ich* hab dich lieb. Sie sagt nicht: Ja, Tony, ja, George, ich möchte, dass du *jetzt sofort* in den Irak einmarschierst. Ja, meiner Erfahrung nach spricht sie sogar überhaupt nicht. Und sie fühlt sich auch kein bisschen so an, als stünde sie als Bauchrednerpuppe zur Verfügung. Man kann nicht seine metaphorische Hand in ihren metaphorischen Rücken stecken, metaphorische Mundbewegungen mit ihr machen und dabei eine Botschaft auf sie projizieren, die man gerne hören möchte. Von allen Persönlichkeiten, denen man gern Kopfraum leihen würde, wenn sie nicht körperlich anwesend sind – die kleinen inneren Simulakren der Menschen, die wir lieben; die Toten, an die wir uns erinnern; Mr Knightly; Obi-wan Kenobi –, ist dies die eine, bei der es am wenigsten plausibel ist, ihr die eigenen Worte in den Mund zu legen. Es steht uns nicht zu, damit zu spielen. Sie ist anders.

Das scheint als Aussage vielleicht ein bisschen seltsam, wo ich doch am Anfang dieses Kapitels so fest behauptet habe, dass Menschen auf der Suche nach Gott sind, weil sie auf seine Existenz hoffen, sich danach sehnen, sie sich wünschen. Impliziert das nicht auch, dass sich der Gott, den wir uns wünschen, dann wie der erhoffte Wunsch verhält, wenn wir ihn gefunden haben? Dass er uns zufriedenstellt, dass er so ist, wie wir ihn uns wünschen? Dass er sich nach unseren Erwartungen gestaltet? Das ist ganz sicher das kindliche Bild von Gott, das die Neuen Atheisten vertreten und verbreiten – Gott als Bild unserer eigenen Bedürftigkeit, auf das weiche Gelee des Universums geprägt. Aber – nein, so ist es nicht. Wir wünschen uns zwar, dass es Gott gibt, aber wir wünschen uns ihn nicht wie einen Wunschtraum, bei dem wir bloß etwas Feenstaub verstreuen müssen, um ihn befehligen.

Und jetzt Achtung – bleiben Sie dran: Ob Gott existiert oder nicht, ist nicht zu beweisen, und deshalb ist die Frage, ob es ihn gibt oder nicht für den Einzelnen eine Sache des Glaubens. Aber gleichzeitig gibt es ihn entweder, oder es gibt ihn nicht, egal, ob an ihn geglaubt wird. Er ist eine Tatsache oder eine Nicht-Tatsache über das Wesen des Universums. Wenn Sie also glauben, dann wetten Sie darauf, dass es Gott gibt, und zwar unabhängig davon, ob an ihn geglaubt wird oder nicht. Wenn Sie glauben, dann nehmen Sie Gott nicht als Schöpfung Ihres Glaubens wahr, die durch diesen Glauben erst zustande gekommen ist und die genau so kommt und geht, wie dieser Glaube kommt und geht, sondern Sie nehmen eine Beschaffenheit des Universums wahr. Vielleicht irren Sie sich, aber wenn Sie sich irren, dann irren Sie nicht, weil Sie schwach und leichtgläubig sind. Sie irren sich einfach nur. Wenn Sie recht haben, dann haben Sie entsprechend nicht recht aufgrund von irgendetwas, das Sie getan oder gefühlt haben oder weil Ihre Gefühle irgendetwas Verdienstvolles oder Bewundernswertes hätten. Sie hatten einfach recht. Mir ist klar, dass das für Sie vielleicht ein Schock ist, aber nichts entsteht dadurch, dass man es sich wünscht – oder hört deshalb auf zu existieren. Wenn etwas existiert, dann gestaltet der Wunsch nach diesem Etwas es nicht im Sinne des Gewünschten.

Aber die Logik gibt hier nur eine abstrakte Darstellung dessen, was man meiner Erfahrung nach als ein sehr unabstraktes Gefühl besitzt. Einer der wenigen Aspekte dieser Präsenz, von dem man das Gefühl haben kann, sich dessen sicher sein zu können, ist der Umstand, dass diese sich nicht verhält wie eine Art direkter Projektion eigener Merkmale und Eigenschaften. Sie lässt sich nicht auf diese Weise festlegen oder beschränken. Sie bleibt nicht innerhalb der Grenzen irgendeines konkreten Bereiches der Vorstellung, die man von ihr hat. Sie übersteigt jede Beschreibung. Sie ist immer anders, als man es erwartet hat; nicht unbedingt, weil die Erwartungen falsch waren, sondern weil die Wirklichkeit immer mehr ist als die Erwartungen. Sie bietet einen Ozean, wenn man um ein Glas Wasser bittet. Sie fühlt sich an, als ob schon die Spur eines Hinweises, einer Ahnung davon, eine Verzerrung aller räumlichen Dimensionen erfordert, sodass Großes plötzlich im Kleinsten enthalten ist. Wenn man versucht, sich aus der Perspektive dieser Präsenz vorzustellen, wie die Welt aussieht, dann taumelt man in Ehrfurcht, völlig vor den Kopf gestoßen.

Dieses Gefühl widerspricht dem Eindruck, den Menschen oft haben – dass nämlich „Gott" ein selbstgemachtes Mittel ist, um den gewaltigen kalten Kosmos mit tröstlichen menschlichen Eigenschaften zu versehen. Der Science-Fiction-Autor Adam Roberts stellt diesen Punkt sehr originell in seinem jüngsten Roman dar: „Ich genieße es, Beefsteaks zu essen, und weil Beefsteaks dem nützlichen Zweck dienen, mich am Leben zu halten, erkläre ich, dass Gott ein Beefsteak ist, Gott ist ein Beefsteak, und Beefsteak ist der universelle Grundwert von allem." Er macht sich hier eigentlich lustig über den Hang der Menschen, der Liebe einen so hohen Wert beizumessen und dann unreflektiert auf Gott zu übertragen. Eine kleine Spezies projiziert eifrig ihre Anliegen nach außen auf eine scheinbar gewaltige, völlig gleichgültige Materie und sagt: Hey, lass uns über Herzschmerz reden.

Aber noch einmal: So fühlt es sich nicht an. Es fühlt sich – wenigstens meiner Erfahrung nach – nicht so an, als ob so etwas wie eine Proklamation stattfindet oder ein Sich-selbst-Versichern oder ein Auswählen oder irgendeine der Aktivitäten, die daran beteiligt wären, Religion zu einer Art Handspiegel zu machen, den wir hochhalten, um unser eigenes Gesicht anzuschauen.

Und hier kommt der große Unterschied zwischen Monotheismus und Polytheismus ins Spiel: Im Polytheismus hat man nämlich eine Form der Religion, die menschliche Eigenschaften projiziert; weil es dort tatsächlich um das Projizieren von menschlichen Eigenschaften geht. Die heidnischen Religionen der Griechen und Römer und der nordischen Völker boten – und bieten manchmal auch heute noch in der modernen Wicca-Sonderform – eine Möglichkeit, die Macht unserer inneren Impulse anzuerkennen, indem wir daraus Mächte mit einem Namen machen. Religionen mit vielen Göttern filtern und veredeln menschliche Eigenschaften und bündeln diese dann in mythologischen Gestalten, die jede dieser Eigenschaften in flammender, drastischer, unmittelbarer Form verkörpern. Für die Liebe eine Göttin der Liebe. Für den Zorn einen Kriegsgott. Für Mutterschaft, Vaterschaft, Weisheit, Gerechtigkeit, Tod, Rache, Handwerk, Abgrenzung, Jugend, Musik, Heilung, Sprache – für jedes einen Gott oder eine Göttin. Das kann ein sehr wirksames Mittel sein, um sich selbst zu verstehen, und zwar nicht auf einer analytischen Ebene, sondern ganz konkret und unmittelbar in der Tiefe, dort, wo die Geschichten leben. Die Götterhimmel des Polytheismus geben einem so etwas wie einen Satz Tarotkarten mächtiger Gestalten in die Hand, der von den Mythen immer wieder ausgeteilt wird, und jedes Austeilen, jede Anordnung, jede Geschichte hat dabei das Potenzial, irgendeinen lesbaren Aspekt der Beziehung zwischen den Mächten zu offenbaren, die in uns wühlen und sich bekriegen. Ein Polytheismus erkennt die ganze Bandbreite dessen an, was wir sind. Das ist schön, aber es ist auch ziemlich egozentrisch. Und so fühlt sich das Leuchten der Präsenz in meiner Seele auch nicht an mit ihrem durchgängigen Beistand bei allem, mit ihrer unerschütterlich gleichen Unterstützung in einem Seinsgefüge, das weit über unsere Voreingenommenheit hinaus und von ihr wegreicht. Was auch einer der Gründe dafür ist, weshalb es für mich einen Sinn ergibt, dieses Leuchten nicht als Präsenz irgend*eines* Gottes zu interpretieren, sondern als *den* Gott, Ha Schem, Ho Theos, Al-Lah, unscharf wahrgenommen als Er (Sie, Es), der Seiner unvorstellbaren Beschäftigung nachgeht, Grund und Ursprung von allem zu sein.

Wobei „von allem" hier wirklich alles bedeutet und nicht

irgendeine liberal klingende, aber insgeheim erbauliche Auswahl von allem meint. Ein Monotheismus kann sich nicht die schönen Brocken herauspicken – oder die interessanten Teile oder die beeindruckenden Teile oder überhaupt irgendeine spezielle Kategorie von Teilen der Existenz. Eine seiner unerwarteten Konsequenzen besteht darin, dass er nicht geschmackvoll sein kann. Oder lassen Sie es mich ein bisschen eindringlicher formulieren, weil „geschmackvoll" vielleicht so klingt, als würde ich hier irgendeine Art von *Épatez-les-bourgeois*-Tugend für mich in Anspruch nehmen. Lassen Sie es mich so formulieren: Monotheismus kann nicht schön sein, oder er kann nie nur schön sein, je nachdem, welchen ernsthaften Maßstab für Schönheit man vorgibt. Was er kann, ist Folgendes:

„Unter den vergänglichen Sternzeichen erfüllt sie das von Schiffen schwere Meer und die fruchtbare Erde mit ihrem Sein; durch sie werden Generationen empfangen und stehen auf, um die Sonne zu sehen; vor ihr fliehen die Sturmwolken; ihr opfert die Erde, die kunstvolle Erschafferin, Blumen. Die Weiten des Meeres lächeln sie an, und der ganze stille Himmel strahlt und verströmt Licht ..."

So der römische Dichter Lucretius, der die Göttin Venus preist – in einer kürzlich erschienenen Übersetzung der amerikanischen Schriftstellerin Ursula Le Guin. Der Gott von allem kann nicht nur wunderschön zusammenpassende Abfolgen von Naturstimmungen für sich in Anspruch nehmen. Eine Fruchtbarkeitsgöttin kann die friedvollen, lächelnden Teile natürlicher Fruchtbarkeit für sich herauspicken; sie kann sich zuschreiben lassen, wie sich Wachsen und die Vermehrung alles Lebenden auf der Welt an einem stillen, sonnigen Frühlingstag anfühlen. Aber der Gott von allem muss sich wirklich *in allem* manifestieren.

Um im Bereich lebendiger Prozesse und deren Reproduktion zu bleiben: Der Gott von allem muss nicht nur hinter der Existenz von Rosen und kleinen Kätzchen stehen und sie erhalten, sondern auch hinter der von Bandwürmern, nekrotisierenden Bakterien, die Fleisch in eine Eiterlache verwandeln, und parasitären Wespen, die sich durch ihren Wirt fressen. Jede Zelle, die sich in irgendeinem Organismus teilt, muss das im Leuchten universaler Aufmerksamkeit tun. Was wir schön und nützlich und wünschenswert finden, ist dabei völlig ohne Belang. Krokusse vermehren sich, und Anthraxsporen tun es auch, und der Gott von allem lächelt über beides gleichermaßen. Dasselbe muss auch für alle Taten und Ereignisse menschlicher Gesellschaften gelten; und für alle Orte und alle Zeiten; und sogar für jede Konstellation von Materie und Energie überall – ununterbrochen. Der Gott von allem muss für alles gleichermaßen präsent sein, für wirklich alles. Er ist genauso präsent in einem Raum in einer heruntergekommenen Ladenzeile, in dem eine schlecht funktionierende, flimmernde Glotze läuft, die allen Zuschauern Kopfschmerzen macht, wie er in einer Kathedrale präsent ist. Er achtet auf die ganz eigene Art, wie jeder einzelne der Milliarden einzelnen Kiesel an einem Kieselstrand liegt – und die Kiesel an jedem anderen Strand. Er kennt und hält die genaue

Platzierung jedes einzelnen Moleküls gefrorenen Kohlenstoffes auf der nördlichen Polkappe des Mars aufrecht; und auch die jedes anderen Moleküls jedes anderen Planeten, um jeden anderen Stern herum. Alles. Für jedes beliebige Pünktchen Existenz – geduldiges Leuchten.

Nun komme ich anscheinend doch dem unterwürfigen Gebet in *Monty Pythons Sinn des Lebens* gefährlich nah. Sie wissen schon, welches ich meine: „Oh Gott, du bist so, so groß. So absolut riesig. Oh Herr, du bist wirklich gigantisch ..." Aber, so unbegreiflich der Gott von allem für die menschliche Vorstellungskraft sein muss, scheint es meiner Erfahrung nach doch nicht so, dass man auf Ihn (Sie, Es) reagiert wie auf irgendeinen bedrohlich aufragenden Riesen, der bewundert und gepriesen werden will und dem wir Honig um den Bart schmieren sollen, weil er verängstigte Komplimente für seine Größe braucht.

Sicher, da ist zwar einiges an Furcht vorhanden, aber das ist nicht die Art von Furcht, die man hier auf dieser Welt hat, wenn man auf eine mächtige Kraft oder eine mächtige Person trifft. Es ist eher die Art von (Ehr)Furcht, die man bei einer überwältigenden Landschaft verspürt, durch die einem klar wird, dass man sich inmitten von etwas befindet, das außerhalb der eigenen Grenzen agiert. Diese Erfahrung kann genauso gut durch die Allgegenwart Gottes in der Zeit wie auch durch seine Allgegenwart im Raum hervorgerufen werden; Ersteres vielleicht sogar noch eher, betrachtet man die kurze Haltbarkeitsdauer von Ehrfurcht im Vergleich zu unserer ständigen Beschäftigung mit der zeitlichen Begrenztheit unserer Existenz. Wenn es eine Zuwendung, eine Beachtung gab, die schon vollständig vorhanden war in dem Augenblick, als das Universum begann, dann muss, was noch wichtiger ist, diese Zuwendung auch stetig dafür gesorgt haben, dass alles bestehen blieb in dem Augenblick, als Sie entstanden; und sie wird immer noch weiter leuchten, unverändert, alterslos, ungealtert und nicht erschöpft in dem Augenblick, wenn Sie in Ihrem Hospizbett den letzten Atemzug tun. Und auch alle weiteren Zeitalter danach. Etwas, das nicht beginnt und nicht endet, kann für Geschöpfe wie uns, bei denen beides der Fall ist, schon eine beängstigende Aussicht sein. Aber hier noch mehr hebräische Lyrik:

Ein Mensch ist in seinem Leben wie Gras, er blüht wie eine Blume auf dem Felde, wenn der Wind darübergeht, so ist sie nimmer da, und ihre Stätte kennt sie nicht mehr.
    Die Gnade aber des Herrn währt von Ewigkeit zu Ewigkeit über denen, die ihn fürchten, und seine Gerechtigkeit auf Kindeskind ...

Demut ist hier eine Option – der Drang, auf die Knie zu gehen oder ganz still dazusitzen, sich der eigenen mikroskopisch geringen Kürze im Verhältnis zu dem bewusst zu werden, was einen da besucht. Eine andere Option ist Feindseligkeit dieser unergründlichen, unsterblichen *Sache* gegenüber, die immun ist gegen unsere Sterblichkeit. (Und die es noch nicht einmal gibt, dieser Bastard.) Wobei dabei aber Demütigung – das Gefühl, gewaltsam durch eine Macht herabgesetzt oder heruntergedrückt zu werden – offenbar keine Rolle spielt. Es scheint nicht dem Wesen dieser Präsenz zu entsprechen, die Sie da spüren, Ihnen das Gefühl zu geben, zerquetscht oder erbärmlich zu sein. Sie hat es nicht auf Ihre Würde abgesehen, vielleicht wegen der Art, wie sich die Macht des Gottes von allem von allen anderen Ausprägungen und Manifestationen von Macht unterscheidet, denen Sie jemals begegnen werden. Diese Macht wird nicht von der obersten Position irgendeiner Hierarchie aus ausgeübt. Sie strahlt gar nicht von irgendeinem örtlich festzumachenden Punkt im Universum aus. Sie wirkt ganz und gar durch Präsenz.

Könige und Kalifen, Kaiser und Päpste, Fernsehevangelisten und Haustyrannen möchten alle gern für sich in Anspruch nehmen, dass ihre Autorität eine lizensierte Ausgabe der universalen Reichweite dieser Macht ist, aber ihr Anspruch muss bestenfalls immer unvollständig bleiben, denn letztlich sind Seine Macht und ihre unterschiedlich – nicht von derselben Art. Menschliche Macht ist konkurrierend im ökonomischen Sinne. Sie ist groß, weil die Macht anderer klein ist. Sie muss aus der Unterwerfung anderer Affen gewonnen werden. Aber Seine Macht braucht nichts, konkurriert mit nichts, erzwingt nichts und existiert nicht auf Kosten von irgendjemandem. Man könnte von Ihm (Ihr, Ihm) genauso wenig gedemütigt werden, wie man durch die Höhe des Himalajas, von der Tiefe des Atlantiks oder von der Anzahl der Sauerstoffatome in der Luft gedemütigt werden kann. Es mag Sinn machen, ihn mit einem König zu vergleichen, wenn ein König das bestmögliches Bild für beispiellose Majestät ist, das man zur Verfügung hat, aber selbst wenn er wie ein König ist, so sind Könige nicht wie er.[9] Er ist mehr als jeder König. Er ist so einfach und normal wie die Luft zum Atmen; so geläufig wie der Boden unter den Füßen. Und dennoch eine Präsenz. Und dennoch eine Person.

Wann kann man sagen, dass man glaubt? Das ist verzwickt, weil Glaube ja oft so sporadisch ist; er ist so durchwachsen mit Unglauben; er ist so oft etwas, auf das man eher stößt oder das man aus dem Augenwinkel erspürt, als dass man es sicher besitzt. Ist es dann Glaube, wenn man das Gefühl hat, etwas gefunden zu haben? Oder schon viel früher, wenn man diese Bedürftigkeit hat, die einen dazu bringt, sich auf die Suche zu begeben? Wenn man nichts findet und dennoch irgendwie die Hoffnung nicht aufgibt, eines Tages vielleicht doch noch etwas zu finden? Vielleicht ist es ja sogar schon Glaube, wenn man überhaupt irgendetwas in diese Richtung hofft.

Aber ein Punkt, an dem man *wissen* kann, dass man angefangen hat zu glauben, ist der Punkt, an dem es eigene emotionale Folgen hat, wenn man dem Gott von allem zögerlich Raum gibt. Problematische Konsequenzen; unbequeme Konsequenzen; unangenehme Konsequenzen. Denn wenn es den Bastard *wirklich* gibt, wenn der Gott von allem *wirklich* geduldig in jeden Raum hineinleuchtet, dann kommt man nicht um die Wahrheit herum, dass er auch an einigen grausigen Stellen leuchtet. Dann muss er seine erhaltende Kraft,

---

9 Eine Entdeckung, die grundlegende historische Konsequenzen hat. Es gibt eine direkte Linie von „Lang lebe Christus, der König" zu „Kein König außer Jesus Christus!" zur Wiederentdeckung des Republikanismus in Europa und Nordamerika.

die keine Unterschiede macht, auch Räumen angedeihen lassen, in denen die abscheulichsten Dinge passieren. Auch dort muss er dann sein, wo der Fluss der Neutronen durch die rostigen Leitungen aufrechterhalten wird, durch die in irgendeiner Folterkammer 240 Volt in die Weichteile einer armen schreienden Seele gejagt werden. Auch da muss er sein, freundlich schweigend, wo eine Wanderarbeiterin auf einem LKW-Rastplatz vergewaltigt wird. Auch da muss er sein, stillvergnügt leuchtend, in der völlig überfüllten Notaufnahme, wo die Kinder sterben, die einen Schulbusunfall hatten.

Und wenn Sie merken, dass Sie bereit sind für den nächsten Akt des emotionalen Dramas des Glaubens, dann lesen Sie das hier.[10] Und das ist natürlich entsetzte Abscheu.

---

10 Eines mehrerer möglicher Dramen dieser Art natürlich. Ich kann diesem einen nur deshalb mit speziellem Zutrauen folgen, weil es zufällig mein eigenes ist.

4
HALLO, GRAUSAME WELT

Wenn Sie die Romanfassung von *Das Schweigen der Lämmer* gelesen haben, dann erinnern Sie sich vielleicht, dass Hannibal Lecter Kircheneinstürze sammelt. „Hast du den letzten auf Sizilien gesehen? Einfach großartig! Die ganze Fassade ist bei einer Messe auf fünfundsechzig Omas gestürzt." Dr. Lecter liebt den dumpfen Aufprall und das zermalmende Geräusch herabstürzenden Mauerwerks, weil es den Schluss zulässt, dass, wenn tatsächlich jemand für das Universum zuständig ist, es sich dabei um ein Wesen handeln muss, das genauso grausam und genauso kapriziös erheitert ist über menschliches Leid wie er selbst. Man schaut nach oben in der naiven Hoffnung auf Liebe und Schutz, und dann kommt die Antwort: ein Riesenstück barocken Mauerwerks von der Größe eines Kleinbusses. Und, wie Lecter entzückt bemerkt, wird dieser makabre Witz überhaupt erst durch den Glauben möglich. Ohne den Glauben wäre nur gleichgültige Materie am Werk gewesen. Erst wenn der Gedanke ins Spiel kommt, dass solche Ereignisse einen Urheber haben, wird das Universum grausam statt einfach nur schwer oder schnell oder anfällig für unvorhersehbare Beschleunigung. „War das das Böse? Wenn ja, wer hat es dann getan? Er ist da oben, Er liebt es einfach, Officer Starling. Typhus und Schwäne, alles kommt von derselben Stelle."

Es ist der Glaube, der das „Problem des Leides" hervorruft, wie dieser Problemkomplex in theologischer Kurzschrift bekannt ist: das gesamte Problem der Existenz von Leid, über das angeblich ein liebender und allmächtiger Gott waltet. Wo Gott nicht vorhanden ist, gibt es natürlich immer noch Leid, aber es ist dann kein Problem. Dann ist es nun mal einfach so. Wenn aber der Gott von allem ins Spiel kommt und die Physik und die Biologie und die Weltgeschichte, die wir kennen, letztlich ja irgendwie zu seiner Angelegenheit und Verantwortung werden, dann beginnt der Mangel an Liebe und Schutz in der Ordnung der Dinge laut zu schreien. Wenn das Universum etwas Erschaffenes ist und nicht Produkt des Zufalls, dann braucht man als erwachsener Mensch nur ganz kurz Bekanntschaft damit zu machen, um sicher zu sein, dass es in gewisser Hinsicht sehr schlecht gemacht ist. Es ist kompliziert, schön und wundervoll; aber auch nachlässig, gefährlich und ungeschickt gefertigt. Und es steckt voller Grausamkeit. Darum kommt man nicht herum. Egal, für wie weit entfernt vom Alltagsmanagement des Kosmos man Gott hält – und für mich ist er ihm verdammt fern –, trägt er immer noch die Verantwortung eines Schöpfers für das, was darin vorgeht.

Da hilft auch nicht das Wissen, über das alle Christen seit etwa 150 Jahren verfügen, dass Gott keine fertigen, lebendigen Geschöpfe erschaffen hat. Auch die Evolution lässt ihn da nicht vom Haken. Er ist immer noch der Schöpfer und Erhalter der Prozesse, durch die das Leben seine Myriaden sich verändernder Formen annimmt, und dadurch ist er auch verantwortlich für die Ergebnisse dieser Prozesse. Und für den Preis, den sie haben. Der einzige Weg, um dieses Problem möglichst einfach zu lösen, besteht darin, die Erwartung abzulegen, durch die das Problem hervorgerufen wird, und zwar, indem man den Verursacher selbst streicht. Schließlich gibt es doch ohnehin keine logische Notwendigkeit für ihn. Aber dann ist da eben dieses Leuchten, ist da dieser Schimmer, ist da dieses nie endende Lied liebevoller Absichten, das sich durch das Substrat der Dinge zieht; und wenn man feststellt, dass man *das* nicht streichen kann, dann ist die Grausamkeit der Welt nicht mehr nur eine logische, sondern eine emotionale Herausforderung. Sie kann einen jederzeit platt machen angesichts des Umstandes, dass es uns so sehr an Schutz vor Leid mangelt angesichts der deutlich erkennbaren Tatsache, wie wir jedem Wind des Unglücks, der vielleicht unser weiches und verletzliches Selbst anpustet, schutzlos ausgesetzt sind.

Von Meteoriteneinschlägen bis hin zu Autounfällen, von einstürzendem Mauerwerk bis zu einem früh einsetzenden Alzheimer kann uns und den Menschen, die wir lieben, wirklich alles passieren. Es kann einem jederzeit drastisch demonstriert werden, dass dort, wo wir leben, das, was Menschen zustößt, nicht mit dem übereinstimmt, was sie verdient haben. Als wiederkehrendes Motiv wird die Grausamkeit dieser Welt in der eigenen Geschichte als gläubiger Mensch einem schon ziemlich früh zusetzen, jedenfalls wenn es Ihnen ungefähr so ergeht wie mir damals. Oft ist es sogar das Wissen um die schmerzliche Beschissenheit der Dinge, die einen überhaupt erst dazu bringt, sich auf die Suche nach Trost zu begeben. Man ist auf der Suche nach Hilfe in der düsteren Mischung von Dingen, die man entweder aufgrund des MHDidSzs selbst vermasselt hat, Dingen, die von anderen Leute verbogen oder sogar ganz kaputt gemacht worden sind, und Dingen, die einfach schon bereit fürs Desaster bei einem angekommen sind. Und dabei kommt es einem wahrscheinlich, gelinde gesagt, ein wenig widersinnig vor, ausgerechnet bei dem Trost zu suchen, der letztendlich für die besagte Beschissenheit verantwortlich ist.

Man ist dann nämlich vergleichbar mit einer Romanfigur, die um Mitleid des Autors bittet, weil einem die Handlung der Geschichte nicht gefällt, in der man mitspielt. Aber es ist nun mal (wahrscheinlich jedenfalls) seine Handlung. Und was ist es dann, wenn man glaubt – Masochismus? Eine Variante des Stockholm-Syndroms, einer Reaktion nach einer Entführung, bei der sich die entführte Person mit dem Entführer identifiziert? Oder ist es wie die Idealisierung eines misshandelnden Elternteils durch Verteidigung nach dem Motto: „Papa ist nett; er musste mich hier zurücklassen, damit ich mich mit den Hunden um Essensreste balge ...?"

Als ich an diese Stelle meiner Ausführung gekommen war, wollte ich eigentlich etwas detaillierter zwei, drei Beispiele dafür schildern, inwiefern die Welt bösartig, unsäglich und unhaltbar unangenehm ist. Sie wissen schon, was ich meine.

(Werfen Sie doch nur mal einen Blick in irgendein medizinisches Nachschlagewerk.) Aber das bringe ich einfach nicht fertig, und ohnehin ist es ja so, dass die Grausamkeiten, die uns am tiefsten treffen, ganz individuell sind und für uns selbst ohnehin offensichtlich. Sie brauchen nicht recherchiert oder extra aufbereitet zu werden.

Außerdem gibt es so viele von diesen Grausamkeiten. Es gibt mannigfaltige Rubriken von Gräueln, die alle fest und tief in die Strukturen von Existenz und Erfahrung eingebettet sind.

Zunächst einmal gibt es all die Gräuel der Menschheitsgeschichte, all die Gelegenheiten, bei denen die Schwachen misshandelt werden, all die Momente, in denen das Eingreifen eines allmächtigen Freundes der Hilflosen unbedingt gerechtfertigt wäre, aber dennoch nicht erfolgt. Da scheint es nur fair, hier wieder ein Stück hebräischer Lyrik zu zitieren – „Wenn auch tausend fallen zu deiner Seite und zehntausend zu deiner Rechten, so wird es doch dich nicht treffen ..." –, um zu zeigen, dass das Gottesbild dieses Psalms, das Gott als schützendes Kraftfeld um die herum darstellt, die ihm wichtig sind auf dem Schlachtfeld, *nicht stimmt*. Und es wird einmal mehr klar, dass alle Kriegsgeschichten von Leuten erzählt werden, die *nicht* umgekommen sind. Es ist nachweislich nicht so, dass es jemanden gibt, der mit einer magischen Immunitätsgarantie in den Krieg zieht. (Und selbst wenn es so wäre, was wäre denn dann mit den Tausenden zur Rechten und zur Linken, hä? Was wären denn dann die? Etwa gar nichts? Was ist mit den Lebensgeschichten, deren Mittelpunkt sie sind und in denen sie diejenigen sind, die den Psalm sprechen? Der Gott von allem muss auch der Gott aller Geschichten sein.)

Die Anzahl der Interventionen an den finstersten Punkten der Geschichte ist überwältigend gering. Anzahl der Viehwaggons, die auf dem Weg zu den Gaskammern von einem feurigen Engel aufgehalten wurden: null. Anzahl grinsender Eroberer, Roter-Khmer-Erschießungskommandos, Hutu-Milizionäre, die von einer unsichtbaren Macht sanft zurückgehalten wurden: null. Wir üben ungehindert Gewalt aus. Und wir erleiden sie ungeschützt.

Und dann sind da die Gräuel der Biosphäre. Damit meine ich nicht nur all die konkreten Fälle, wo Schmarotzertum oder Raub ungeheuerliches alltägliches Leid ohne Betäubung bedeuten – angefangen bei der Raupe, die von Darwin beobachtet wurde, wie sie bei lebendigem Leib von einer Wespenlarve gefressen wurde und ihn dadurch zu seiner berühmten Reflexion über die „niedere, entsetzlich grausame Art der Natur" veranlasste. Nein, ich meine auch die Gräuel, die dem gesamten Bereich der normalen Abläufe des Lebens innewohnen. Die Gräuel, die der Natur eigen sind und darin ständig stattfinden.

Die natürliche Selektion ist, wie Richard Dawkins so schön zeigt, ein echter Gestalter, weil sie in der Lage ist, lebende Wesen an die Form fast jeder Umgebung anzupassen. Und all die komplexen Auswirkungen dieser Anpassung werden durch millionenfache Wiederholung desselben Prozesses erreicht; einfach und grausam. Arten passen sich an, untergliedern sich, gedeihen und erlöschen wieder; der Phänotyp schmilzt wie Wachs und taucht dann verändert wieder auf, weil einzelne Organismen mit winzigen Abweichungen durch den Überlebenstest „selektiert" werden. Aber die meisten werden nicht selektiert, weil sonst die Selektion nicht dazu beitragen könnte, adaptive Veränderung herbeizuführen. Die meisten werden ausrangiert. Die meisten Organismen sterben zu Milliarden, Trillionen oder werden abgetötet, bevor sie sich vermehren können, indem sie stumm eliminiert werden, weil ihre Umgebung[11] irgendeine Anforderung stellt und ihnen irgendeine entsprechende Eigenschaft dafür fehlt, was auch immer sie sonst zu bieten haben mögen – zum Beispiel ein schönes Federkleid, schillernde Flügelüberzüge oder interessante mathematische Theorien.

Der moralische Skandal der Evolution besteht nicht darin, dass sie einem schönen alten Mythos widerspricht, nach dem Gott den kleinen Lämmchen Mäntel strickt; sondern er besteht darin, dass sie nur durch ständiges Leiden funktioniert. Leid ist nicht die unmittelbare Folge der Evolution, sondern Leiden ist das Mittel. Die Welt taumelt weiter, so könnte man sagen, auf einer Bahn, die mit lauter kleinen Knochen gepflastert ist. Aber diese Beschreibung spielt das Problem eher noch herunter. Es gibt nämlich gar keine Bahn – es gibt nur den Weg, den die Welt zufällig nimmt, indem sie erst hierhin taumelt und dann dorthin. Die ganze Landschaft besteht aus lauter kleinen Knochen.

---

11 Natürlich alles Metapher: Die Umwelt ist kein bewusst Handelnder, sondern ist nur eine Situation, die wie eine Anforderung wirkt. Verständlich über Evolutionsbiologie zu sprechen erfordert genauso viele Metaphern, wie verständlich über Theologie zu sprechen.

Heilige (Un)Vernunft!

Wir Menschen neigen – intelligent, wie wir sind – dazu, das persönlich zu nehmen und empört zu sein über die Tatsache unserer Sterblichkeit, besonders wenn wir ein metaphysisches Gemüt haben oder ein Dichter wie Philip Larkin sind. Uns gefällt der Gedanke einfach nicht, dass unser Bewusstsein vielleicht nur eine Begleiterscheinung unserer DNA sein könnte, lediglich für ein paar Jahre generiert wegen der taktischen Vorteile, die das bringt, aber überflüssig wird, wenn unsere Kinder allein zurechtkommen und deshalb schnell dem Vergessen anheimgestellt ist. Unser Bewusstsein breitet sich, solange es vorhanden ist, weit aus; es umfasst so viel. Es ist eine solche Lightshow, solange unsere Augen geöffnet sind. So viele unterschiedliche Tagesanbrüche, ein solches Funkeln und ein Verschwimmen unterschiedlichster Art, je nachdem, wie das Tageslicht fällt, sodass man Cézanne sein müsste, um sie alle zu erläutern. Und trotzdem hört es auf. Und trotzdem gehen das Violett und das Schiefergrau und das strahlende Gold und die Farbe des lebendigen Blutes unter der Haut geliebter Gesichter – geht das alles weg. Es kann alles ausgelöscht werden durch eine unzuverlässige Herzklappe, durch eine dünne Stelle in einer Gefäßwand im Gehirn, durch einen einzigen Transkriptionsfehler in einem Zellkern. Dann endet die Lightshow – an die wir uns gewöhnt haben, von der wir geglaubt haben, dass sie ewig bleiben würde.

Vor kurzem ist meine Großmutter gestorben, vier Monate vor ihrem hundertsten Geburtstag, und ich erinnere mich daran, dass ich auf dem Heimweg von der Arbeit dachte, wie seltsam es doch ist, dass dies der erste Abend seit Februar 1911 ist, den sie nicht erlebt. Der ganze mit bunten Lichterketten geschmückte Dampfer kentert und geht endgültig und für immer im dunklen Wasser unter. Das passiert jedes Mal. Jede (Lebens-)Reise endet in einer Katastrophe. Jedes Schiff ist die *Titanic*.

In jüngster Zeit sind offenbar viele Atheisten sicher, dass das für gläubige Menschen eigentlich kein Problem sein dürfte, weil – geschürzte Lippen – wir ja schließlich glauben, dass wir stattdessen in ein magisches Königreich im Himmel geholt werden. So ganz direkt mit der Aussicht auf Vernichtung konfrontiert zu sein ist die exklusive Errungenschaft – Brust raus – des unerschrockenen Ungläubigen. Ich kenne aber nicht viele real existierende Christen (im Unterschied zu den mutmaßlichen Idioten atheistischer Phantasie), die so oder ähnlich empfinden. Die Realität des Todes ist eine selbstverständliche menschliche Erfahrung für jeden, der alt genug ist, um über die pubertäre Illusion von Unsterblichkeit hinaus zu sein. Da ist es, das schwarze Wasser, das nicht abgelassen werden kann durch Proklamationen oder Geschichtenerzählen – egal, welcher Art. Wie auch immer der Glaube den Tod versteht, er muss seine offensichtliche Realität integrieren und darf sie nicht leugnen. Und, um es noch einmal zu wiederholen: Meiner Meinung nach macht der Glaube dieses Problem eher schwerer als leichter. Und jetzt ist der Tod also da, für uns genauso real wie für jeden anderen, und dann müssen wir ihn (wie jedes andere Gräuel unserer grausamen Welt) auch noch mit der zeitweilig empfundenen, ständig übermittelten Zusage zusammenbringen, dass wir geliebt sind. Damit

Heilige (Un)Vernunft!

will ich nicht sagen, dass alle Gläubigen darüber in ständiger Angst sind, aber es gibt kaum einen Gläubigen, der nicht eine Rechnung mit dem darin enthaltenen Widerspruch offen hätte. Auf der einen Seite die grausame Welt – eine Welt, die grausam *gemacht* ist, denn man betrachtet sie ja als erschaffen – und auf der anderen Seite das Gefühl, von ihrem Schöpfer geliebt zu sein.

Wie soll man damit umgehen?

Nun, da gibt es zunächst einmal die Selbsttäuschung. Weil es *immer* Selbsttäuschung gibt, ist sie ein Mittel, das in jeder Situation des Menschseins zur Verfügung steht. Wenn man Glück gehabt hat mit dem Ort, an dem man lebt, und der Zeit, in der man lebt, und der Art, wie man lebt, dann muss das Problem gar nicht allzu dringlich werden. (Bis es das dann plötzlich trotzdem wird.) Dann kann man sein wohlwollendes und angenehmes unmittelbares Umfeld als das Bild dafür nehmen, wie das gesamte Universum ist, denn genau so, wie es kuschelige Atheisten gibt, die ihren eigenen Vorort mit einem ganzen zuverlässig suburbanen Kosmos verwechseln, muss man zugeben, dass es auch bequeme Christen gibt. Wenn leicht zugängliche Impfungen bedeuten, dass die eigenen Kinder nicht durch Masern erblinden[12] infolge des herzlos effizienten Wettrüstens der Evolution zwischen Virus und Antikörpern, dann wird es einfacher, das Leiden zu einem düsteren Abstraktum zu machen und zu behaupten, dass unser Leben in der Hand eines göttlichen Mikromanagers liegt,

---

12 Was ganz offensichtlich etwas *Gutes* ist.

Hallo, grausame Welt

der jede kleinste Kleinigkeit justiert, zurechtstutzt und ihr gut zuredet, damit sie zum Besten dient. Dann macht man schon mal aus einer Situation, in der man einfach nur Glück gehabt hat, einen Beweis für empfangene Gunst. Ich habe einmal einen Gemeindebrief gesehen, in dem dem Allmächtigen gedankt wurde, weil er für die Reparatur des Autos des Pastors gesorgt hatte, und zwar durch einen wundersam niedrigen Reparaturpreis einer Autowerkstatt. Es erfordert allerdings nur ein ganz, ganz klein wenig vom kalten Wind der Widrigkeiten, um solches Zeugs wegzupusten – und nur ein ganz klein wenig Nachdenken. Denn wenn Gott bereit ist, sich in Bezug auf die Zündkerzen des Pastors zu bemühen, aber nicht in die Gänge kommt, um den Holocaust zu verhindern, was ergibt denn das dann für ein Bild? Welcher liebende Gott könnte denn Prioritäten haben von der Art, wie sie diese Welt offenbart, wenn die grausame Welt ein präziser Beleg Seiner Absichten ist, wenn man einmal über die kleinen Inseln der Nettigkeit hinaus die Realität anschaut?

Eine weitere Möglichkeit, mit dem besagten Widerspruch umzugehen, besteht darin zu argumentieren. Man kann sich darauf einigen, dass es Leid wirklich gibt, aber dennoch versuchen, Möglichkeiten zu finden, wie Leid etwas Erträglicheres bedeuten kann, als es den Anschein hat; etwas, das man Gott besser zuschreiben kann. Dabei gelangt man zu einer Reihe traditioneller theologischer Antworten auf dieses Problem, die unter der Bezeichnung „Theodizeen" bekannt sind. Theodizeen betrachten meistens weiterhin alles, was geschieht, als beabsichtigt und gewollt, räumen aber ein, dass für einige der

– wie soll man das jetzt am besten sagen – *weniger offenkundig freundlichen* Aspekte unserer Umwelt eine Rechtfertigung erforderlich ist. Theodizee versucht, Gott zu rechtfertigen, indem sie die grausame Welt rechtfertigt. Theodizeen variieren, aber sie haben eines gemeinsam: Keine von ihnen funktioniert richtig. Keine von ihnen wird gut genug mit der Herausforderung der Erfahrung fertig, dass das Problem als „gelöst" zu den Akten gelegt werden könnte. Jede findet ein paar brauchbare Elemente der Wahrheit, nach denen sie greift, um aber am Ende genauso zu scheitern wie die wundersamen Zündkerzen, indem sie ein Bild des Gottes von allem zeichnet, das inkompatibel ist mit der Liebe, wie wir sie kennen. Und die Liebe Gottes muss eine erkennbare Ähnlichkeit mit dem haben, was es für uns bedeutet, jemanden zu lieben.

Der Philosoph John Stuart Mill aus dem neunzehnten Jahrhundert macht auf etwas sehr Wichtiges aufmerksam, wenn er sagt, er weigere sich, eine Eigenschaft an Gott zu bewundern, die er nicht auch bei einem Freund bewundern würde. Das meint er natürlich nur halb ernst. Es ist eine Möglichkeit, die Größe Gottes herunterzubrechen, eine Art, darauf zu bestehen, dass fromme Ehrfurcht einen nicht davon abhalten sollte, offen und ehrlich alles zu beurteilen, was angeblich Handeln Gottes ist – so, wie es Randolph Churchill tat, als er während des Zweiten Weltkriegs in einer Höhle in Jugoslawien festsaß, als Lektüre nur eine Bibel, und nachdem er sich durch die Plagen und Anfechtungen gearbeitet hatte, sagte: „Was ist Gott doch für ein Scheiß!" Faktisch behauptet Mill mit seiner Aussage, dass die einzigen Definitionen von Güte, die zählen, ganz alltägliche, vertraute, menschliche Definitionen sind. Und das wiederum ist ein Standpunkt, der nicht zu dem passt, was beim Gott von allem eigentlich einzigartig ist, nämlich Seine universelle Verantwortung. Dieser Standpunkt verwirft nämlich die bedeutsame Möglichkeit, dass es auch Formen der Güte gibt, die sich nicht nur durch hungrige, zankende Geschöpfe wie uns manifestieren. Er hat aber den großen Vorteil, dass er das *Wiedererkennen* in den Mittelpunkt der Angelegenheit stellt. Wenn es heißt, dass wir diese „Liebe" wirklich erkennen müssen, wenn Gott sie zeigt, dann ist damit nicht irgendeine eisige, fremdartige Eigenschaft gemeint, die auf abstoßende Weise berechnend ist in Bezug auf Macht und mit unseren Gefühlen nur die Terminologie gemeinsam hat. Wir können wirklich die kleinen Stückchen von Gottes Verhalten, die wir sehen, und unser eigenes Verständnis davon zusammenbringen. Es muss eine Schnittmenge geben. Die Liebe des Gottes von allem muss nicht durch die menschliche Definition von Liebe schon völlig erschöpfend definiert sein, aber wenn er es wert ist, angebetet zu werden, dann darf sie ihr auch nicht widersprechen.

Betrachten wir einmal die Theodizees, zum Beispiel *Wir leiden, weil Gott uns dadurch läutert*. Hier wird die Tatsache aufgegriffen, dass es Tugenden gibt, die wirklich nur durch Durchhaltevermögen entwickelt werden können. In gewisser Hinsicht ist es tatsächlich so, dass wir schlimme Dinge erleben müssen, Dinge, die keinen Spaß machen und kein Vergnügen sind, um ein starkes Selbst zu entwickeln, und zwar ein Selbst, über das wir uns selbst stimmige Geschichten erzählen können. Bis hierher nachvollziehbar; aber die Vorstellung, dass Leid liebevoll als eine Form von Erziehung von Gott verabreicht werden könnte, bekommt Risse und bricht völlig zusammen angesichts der ebenso zu beobachtenden Gegentatsache, dass die schlimmen Sachen mit einer extremen, nicht gerade pädagogischen Unverhältnismäßigkeit ausgeteilt werden. Die Missstände der Welt sind nicht alle genau so dimensioniert, dass wir mit ihnen fertig werden können. Es ist nicht wahr, dass wir nie über unsere Kräfte hinaus geprüft werden. Und wo wir vom Leid überfordert sind, wo wir gedemütigt und zu Opfern werden, da macht es uns nicht stärker, sondern es kommt die entgegengesetzte Wirkung ins Spiel – nach W.H. Auden die Lektion, die alle Schulkinder lernen:

Diejenigen, denen Böses angetan wird,
werden wiederum Böses tun.

Leid adelt uns insgesamt nicht. Normalerweise erniedrigt und deformiert es uns, macht uns immer mehr zu Wesen, die irgendjemandem ihr Leid heimzahlen möchten. Also an dem überprüft, was schon Schulkinder wissen, scheitert diese Theodizee.

Dann gibt es noch die Theodizee *Wir leiden, weil Gott einen Plan hat, in dem unser Leiden notwendig ist.* Sie enthält die Behauptung, dass eine gewaltige weise kosmische Strategie im Spiel ist, die wir aus unserer eingeschränkten Perspektive nicht erkennen können. Hier ist die hilfreiche Wahrheit, dass

Gott, wenn es ihn denn wirklich gibt, nicht durch die Zeit eingeschränkt ist wie wir. Wenn der Gott, an den Sie glauben, wirklich der Gott von allem ist, muss er der Gott aller Zeiten gleichzeitig sein. Entsprechend kann er nicht darauf beschränkt werden, Dinge nacheinander und der Reihe nach wahrzunehmen wie wir. Er muss die ganze vielfältige, vielschichtige Mannigfaltigkeit der Geschichte kennen, und zwar von einer Seite bis zur anderen, von vorne bis hinten, von Ecke zu Ecke – und deshalb auch jede Frage danach beantworten können, warum Dinge passieren und was mit uns passiert, und was es insgesamt bedeuten wird, dass es passiert ist. Und wenn man glaubt, dass das Universum geschaffen wurde, ist es zwangsläufig logisch, dass es in gewisser Weise geplant gewesen sein muss. Es muss grundsätzlich beabsichtigt gewesen sein, dass es so ist, wie es ist, mit einer Disposition zur Komplexität und zum Bewusstsein und zur Erzeugung von Wesen wie uns, an denen sich der Gott von allem anscheinend freut. Das muss eine Möglichkeit gewesen sein, die von Anfang an eingebaut war.[13] So weit, so geplant.

Aber dann zeigt das oben betrachtete Kriterium, dass Liebe

---

13 Das ist nicht dasselbe, wie zu sagen, dass es einen praktischen Beweis für die Urheberschaft Gottes geben wird, der in den Details der Astrophysik versteckt ist. Ich meine das, wovon der Glaube sagt, dass es eine Absicht hinter dem Universum gewesen sein muss, nicht etwas, das man vom Wert der kosmologischen Konstante ableiten kann. Das jüngste Denken, das mir untergekommen ist, behauptet, dass das Universum gar nicht fein abgestimmt sei, um Leben zu unterstützen. Es ist kein Goldlöckchen-Universum, weder zu warm noch zu kalt, sondern genau richtig; es ist ein Universum, das gut genug ist, hinreichend, dass wir uns darin ins Sein wursteln können. Wie immer müssen Sie glauben oder eben nicht, ohne dass die Wissenschaft dieses Problem für Sie lösen kann.

erkennbar sein muss, dass unser Leiden nicht auf die rechtfertigende Art geplant sein kann, wie es die Theodizee verlangt. Wenn Liebe Liebe ist, dann kann sie nicht manipulieren. Wenn Liebe Liebe ist, dann kann sie nicht diejenigen, die sie liebt, als Mittel zu einem Zweck benutzen, selbst wenn es sich dabei um einen guten Zweck handelt. Liebe ist Liebe, weil sie den/die/das Geliebte(n) als Ziel an sich sieht und nicht als Werkzeug oder Instrument oder Mittel, ein anderes Ziel zu erreichen. Leiden kann also nicht dadurch gerechtfertigt werden, dass es sich an anderer Stelle auszahlt. Und wieder ist der Buzzerton für eine falsche Antwort zu hören. Ungenügend.

Die nächste Theodizee: *Unser Leiden ist Teil eines Koppelungsgeschäftes, das uns den freien Willen schenkt.* Also diese Theodizee besteht sogar den Liebestest und gibt uns dadurch etwas Halt bei der Frage, weshalb Gott wohl zulässt, dass die Menschheitsgeschichte ihren brutalen Lauf nimmt, scheitert aber sofort als allgemeine Rechtfertigung, weil sie absolut keine Hilfe ist bei all den anderen Arten von Leid, und zwar den Arten, die nicht durch menschliches Handeln hervorgerufen werden. Ja, eine Geschichte, in die eingegriffen wird, eine Geschichte, die von Engeln traktiert wird, wäre nicht ganz und gar *unsere* Geschichte, sondern eine beschnittene Version menschlicher Autonomie, bei der der Spielraum für das Böse reduziert oder ganz entfernt wäre, also eine verfälschte Autonomie. Ja, ein Gott von allem, der uns liebt, müsste sich so verhalten, wie es die Liebe gebietet, und uns erlauben, ganz und gar uns selbst zu gehören und deshalb die Freiheit zu haben, uneingeschränkt Schaden zuzufügen. Er müsste genau wie die Eltern eines erwachsenen Kindes hilflos zuschauen und gequält die Hände ringen, während Er sich weigert, unsere Drogenschulden zu bezahlen. Aber was ist mit dem Rest? Was ist mit Erdbeben, Wundbrand und Supernovas? Man kann sein erwachsenes Kind nicht aus dem Treibsand ziehen, ohne seine Autonomie zu gefährden. Also ebenfalls ungenügend.

Die nächste Theodizee: *Wir leiden, aber das macht nichts, weil es nur ein vorübergehendes Vorspiel zum Himmel ist.* Ach, du liebe Zeit; bitte gib mir Kraft. Hier gibt es sofort ein umfassendes Ungenügend, denn egal, ob man daran glaubt, dass der Himmel real ist oder nicht, dieses Leben hier ist es auf jeden Fall und deshalb auch das darin vorhandene Leiden. Man kann mit dem Problem nicht umgehen, indem man es ignoriert. Das einzige brauchbare Element bei dieser Theodizee ist eine Hoffnung, an der man sich festhalten kann, nämlich dass die Liebe das Schwere überdauern wird; andernfalls macht sie den liebenden Gott zu jemandem, der zwielichtige Kosten-Nutzen-Rechnungen aufstellt und dem es völlig gleichgültig ist, wie sich unser Leben anfühlt, während wir es leben. Diese Theodizee macht einen Arzt aus Ihm, der es für völlig in Ordnung hält, auf dem Weg in die Notaufnahme zu plaudern und zu trödeln, weil Er ja das Morphium hat und Er auch irgendwann in der Notaufnahme ankommt, nachdem wir ein, zwei Stunden geschrien haben. Nein; wirklich nicht. Wirklich keine einleuchtende Beschreibung von jemandem, der liebt.

Die Theodizee, die einem Funktionieren vielleicht am nächsten kommt, ist wohl folgende: *Wir leiden, weil die Welt nicht so ist, wie Gott sie eigentlich gewollt hat.* Diese Theodizee hat wirklich eine lange und angesehene Geschichte als christliche Vorstellung, die sowohl mit der Erfahrung von Menschen vereinbar ist als auch mit dem Aspekt, dass Gottes Liebe klar erkennbar sein muss. Das Umfeld etwas marode, eine verwirrende Kombination aus Herrlichem und absolut Ungesundem? Check. Botschaft der Liebe wird ständig trotz der Fallgruben und Abgründe besagter Umgebung verbreitet? Check. Gott als freundlich, bestürzt, mitfühlend in Bezug auf unser Leid? Check. Das ist ganz sicher der Sieger unter den Theodizeen. Aber Moment mal. Das Problem bei dieser hier besteht darin, dass ihr überzeugendes Bild vom Zustand der Dinge im Gegenzug eine Erklärung dafür verlangt, wie diese Dinge so geworden sind. Wie konnte der Gott von allem, der Schöpfer, der ja über der gesamten Natur steht und sie erhält, dessen Liebeslied die Natur ins Leben ruft, etwas Fehlerhaftes hervorbringen? Und jetzt ist die Frage nur eine geringfügige Umformulierung des ursprünglichen Problems. Aus „Wie kann Gott Leid zulassen?" wird „Wie kann Gott ein Universum zulassen, das Leid zulässt?". Das Problem ist also nicht weg, sondern nur verlagert; es tritt nur einen Schritt zurück.

Wie das geschieht, kann man beispielsweise in der allerersten Version dieser Vorstellung erkennen, dem hebräischen Mythos des Sündenfalls im zweiten Kapitel des ersten Buches Mose. Nach Gottes ursprünglichem Plan sollten die Menschen eigentlich in ewiger, unsterblicher Glückseligkeit leben, aber dann – Adam, Eva, Baum, Zischen, Essen, Ups, Feigenblätter und tschüss. Es war nicht Gottes Fehler. Es lag an uns, zumindest an unseren Vertretern Herrn Erde und Frau Frau (das bedeutet nämlich „Adam" und „Eva"), die die altbekannte menschliche Fähigkeit an den Tag legen, es in den Sand zu setzen, und es im allerletzten Augenblick doch noch schaffen, dadurch etwas richtig Gutes zu versauen. Aber dadurch wird das Problem nur verschoben, indem Gott nicht direkt für den Sündenfall verantwortlich ist, sondern nur für die Situation, die für den Sündenfall verantwortlich war. Die Sicherung, die das erste Buch Mose zwischen Gott und seiner maroden Schöpfung einzubauen versucht, schafft eine neue Schwierigkeit. Und in jedem Fall ist 1. Mose schwer verwirrt darüber, woher der MHDidSzs kommt. 1. Mose Kapitel 2 will beides: Es will, dass die fiese Seite unseres freien Willens die Katastrophe herbeiführt, es will aber auch irgendwie, dass diese durch die Katastrophe hervorgerufen wird. Wir sind gefallen wegen des MHDidSzs; wir haben den MHDidSzs, weil wir gefallen sind.

Das ist nicht nur historisch nicht gut für uns, wie fast alle Christen wissen[14], es ist noch nicht einmal als eine Geschichte

---

14 Außer für ein paar sture Amerikaner. Es wäre nebenbei bemerkt sehr freundlich und ein Dienst an der Menschheit, wenn Sie sich bitte von der Legende frei machen könnten, dass Christen ein Märchen über den Ursprung der Welt geglaubt haben, bis sie durch den Triumph der säkularen Wissenschaft gezwungen wurden, das zu ändern und anders zu denken. Im Wesentlichen hat jeder in den jüdisch-christlichen Teilen des Planeten bis ins frühe neunzehnte Jahrhundert an den Schöpfungsbericht geglaubt, weil es, Sie werden sich erinnern, bis dahin keine organisierte Alternative gab. Die Arbeit, die geologische Entwicklung zu lesen und dadurch die Chronologie des ersten Buches Mose platzen zu lassen, wurde nicht überwiegend von anti-christlichen Verweigerern erledigt, sondern von Wissenschaftlern und Philosophen, die weiter von Ausgangspunkten innerhalb der Glaubenskultur (religiösen Kultur) ihrer Zeit her dachten. Als erst einmal klar wurde, dass die Wahrheit woanders lag als

brauchbar. Es ergibt zwar unmittelbar intuitiv emotionalen Sinn, das Universum um uns her als „gefallen" zu betrachten, aber dann müssen wir feststellen, dass wir keinen Sündenfall haben.

Die Plausibilität und Nachvollziehbarkeit der Sicht jedes „Theodizee"-Kandidaten sind anscheinend umgekehrt proportional. Je einfacher ein Bild zu verstehen ist, nach dem die Schöpfung den Händen des allmächtigen Gottes wie ein glitschiges Stück Seife entglitten ist, desto unwahrscheinlicher scheint diese Geschichte zu sein. In einer Gartenkulisse können wir die Sexkomödie aus Genesis verstehen, aber sie bringt uns nicht viel weiter, wenn es um einen Prozess geht, durch den aus Liebe Cholera entstanden sein soll. Am anderen Ende dieser Skala haben gewaltige theoretische Anstrengungen, die im Laufe der Jahrhunderte unternommen wurden, zu spekulativen Darstellungen darüber geführt, wie Gutes möglicherweise Böses hervorbringen könnte. Daher kommt auch die Theologie des Gnostizismus mit ihren unzähligen pedantischen kleinen „Emanationen" (Ausstrahlungen) zwischen uns und Gott, die immer schmuddeliger werden, während sie sich

---

im ersten Buch Mose, bewegte sich die religiöse Meinung insgesamt mit erstaunlicher Geschwindigkeit, diese Entdeckung aufzunehmen. Ganz ähnlich hatten es auch die Christen in Großbritannien sehr eilig damit, die Evolutionsbiologie in ihren Katalog gewöhnlicher Fakten über die Welt aufzunehmen, nachdem *Die Entstehung der Arten* veröffentlicht worden war. Bischof Samuel Wilberforces Widerstand gegen den Darwinismus war ein Sonderfall, untypisch. Es spricht sogar vieles dafür, dass die bereitwillige Annahme der Evolution in Großbritannien zu einem großen Teil auch den großen kulturellen Übermittlungsstrukturen der anglikanischen Kirche geschuldet war. Wenn Sie sich über Darwins Konterfei auf der Zehn-Pfund-Note freuen, dann bedanken Sie sich dafür bei einem Anglikaner.

der (igitt) Materie nähern, aus der wir gemacht sind. Und daher kommen die komplizierten Diagramme des Kabbalismus, die unterschiedliche Aspekte der Göttlichkeit heraussuchen, um sie dann inzestuös neu miteinander zu kombinieren. Und auch der gesamte „dialektische" Strang in der seriösen Philosophie von Plotin bis hin zu Hegel und Marx, in dem Veränderung durch die Invokation und Integration von Gegensätzen geschieht, hat dort ihren Ursprung.

Aber die Unklarheit dieser nicht verifizierbaren Vermutungen über Gottes absolut unklare Wirkungsweisen bringt uns immer weiter weg von den Gefühlen, die zu diesen Mutmaßungen überhaupt erst veranlasst haben. Warum ist die Welt ungerecht? Warum ist mein Kind behindert? Warum stirbt meine behinderte Tochter verwirrt und unter Schmerzen noch vor ihrem fünften Geburtstag, obwohl die Medizin doch so Großartiges zu leisten vermag? Ich habe noch nie von jemandem gehört, der durch die Kabbala oder sonst eine ausgeklügelte geheime Wahrheit getröstet worden wäre – oder durch die Negation der Negation – oder durch so etwas auch nur das Gefühl gehabt hätte, eine solide Antwort zu bekommen. Emotional gesehen bekommt man mehr für sein Geld, wenn man einfach nur heult und dem Gott von allem heftig gegen das imaginäre Schienbein tritt, denn es gehört zu Seinen Aufgaben und ist eine der Arten, auf die Er elterlich ist – die unzerstörbare Zielscheibe für unseren Zorn und Kummer zu sein, immer noch da, immer noch voller Liebe, egal, was wir zu ihm sagen. Das Element brauchbarer Wahrheit in dieser letzten und besten der Theodizeen besteht darin, daran erinnert zu werden, dass die Schöpfung nicht mit dem Schöpfer identisch ist. Er mag zwar alles aufrechterhalten, er mag der leuchtende Rückhalt dieser Schöpfung sein, er mag uns in jedem Augenblick so nah sein wie unsere Halsschlagader, aber die Schöpfung ist nicht er. Sie ist Nicht-Er, sondern sie ist in einem äußerst geheimnisvollen Sinn das, was dort geschieht, wo er ist. Jedem, der auf eine fröhliche, wabernde, ungereimte Weise dazu tendiert zu glauben, dass die Natur Gott *ist*, antwortet die Natur: Trink doch 'nen Becher Eiter, Mystic Boy".

Und damit sind wir auch schon am Ende dessen angelangt, was Argumentation für uns leisten kann.

Und wie *sollen* wir dann mit dem Leid umgehen? Wie lösen wir den Widerspruch zwischen der grausamen Welt und einem liebenden Gott auf? Die kurze Antwort darauf lautet, dass wir es nicht tun. Meistens versuchen wir es ja nicht einmal. Die meisten Christen setzen nicht ihre Zeit und ihre emotionale Energie ein, um sich an diesem Widerspruch festzubeißen. Bei den meisten Menschen stellt sich heraus, dass das Sorgen über diesen Punkt in einer sehr frühen Phase ihres Glaubenslebens stattgefunden hat. Die Frage des Leides erweist sich als eine der Fragen, die nicht beantwortet werden, sondern an deren Stelle andere Fragen treten. Wir lassen sie hinter uns, ohne das Rätsel zu annullieren oder klaren begrifflichen Boden unter unseren Füßen zu erkennen. Katastrophale Erfahrungen *können* uns natürlich wieder zu diesem Widerspruch und seinen Implikationen zurückkatapultieren, aber meistens geschieht das nicht. Selbst in schlimmen Zeiten kehren wir normalerweise nicht dorthin zurück. Wir nehmen die Grausamkeiten der Welt als gegeben hin, als bekannte und vertraute Erfahrungstatsachen, und statt uns damit zu quälen, warum die Welt so ist, wie sie ist, suchen wir Trost, indem wir mit ihr so umgehen, wie sie ist. Wir wollen ja gar keinen Schöpfer, der sich selbst erklären kann. Wir wollen einen Freund in Zeiten der Trauer, jemanden mit einem klaren, aufrichtigen Urteil in Zeiten der Verwirrung; wir wollen eine umfassendere Hoffnung, als wir sie in Zeiten der Verzweiflung selbst aufbringen können.

Wenn unser Kind stirbt, kann kein plausibler Grund dafür den Kummer darüber lindern. Selbst wenn wir, was unmöglich ist, eine wahre und hinreichende Erklärung dafür bekommen könnten, würde das nicht helfen, genauso wenig, wie einem die unzulänglichen und fehlerhaften Erklärungen helfen, egal, ob sie absolut kinderleicht zu verstehen sind oder unerforschlich kompliziert. Der einzige Trost, der überhaupt etwas ausrichten kann und das Äußerste, was er ausrichten kann, um die Situation erträglich zu machen, oder, wenn man es nicht ertragen kann, einzuknicken und zu versagen, ohne sich absolut selbst zu hassen – ist der Trost, sich selbst geliebt zu fühlen. Angesichts dieser grausamen Welt ist es das Liebeslied, das wir als Hilfe brauchen, um das zu ertragen, was wir ertragen müssen; und weiterzulieben, wenn wir es denn können.

Bedenken Sie, dass wir nicht vergessen. Es entgeht uns nicht, dass in jedem Bild, in dem Gott in Seinem Himmel ist und alles in der Welt in Ordnung ist, irgendetwas nicht stimmt. Wir wissen trotzdem, dass, wenn Er uns helfen kann und es nicht tut, Er es nicht wert ist, angebetet zu werden; und dass, wenn er uns nicht hilft, weil er es nicht kann, die Art, wie er der Gott von allem ist, seltsam eingeschränkt sein muss. Die Sackgasse ist immer noch da, nur dass sie uns nicht in ihren Klauen hat. Wir werden nicht aktiv von ihr gepackt und zerbissen. Unsere Gefühle sind weitergezogen, woandershin. Weil es auf die Frage des Leidens auch eine lange Antwort gibt; eine speziell christliche Sichtweise davon, was Gott ist, eine Sichtweise, die uns dabei hilft, weiterzumachen.

Ich weiß ehrlich gesagt nicht, wie Juden und Moslems mit diesem Punkt umgehen angesichts der Tatsache, dass sowohl das Judentum als auch der Islam im Grunde verkünden, dass Gott in Seinem Himmel ist etc., etc. Vermutlich schafft die Orthopraxie der anderen beiden monotheistischen Religionen – all das detaillierte, festgelegte, richtige Handeln und Verhalten, das sie verlangen – eine Art emotionalen Puffer. Sie verlangen von ihren Gläubigen nicht, das Richtige zu tun, weil sie dadurch am Ende zwangsläufig erfolgreich werden: Der Deal ist viel stoischer als das. Im Judentum und im Islam ist Rechtschaffenheit Rechtschaffenheit, unabhängig davon, wie es für den Einzelnen persönlich klappt. Man tut das Richtige, weil es das Richtige ist. Wenn man dadurch erfolgreich ist, toll; wenn nicht, dann stelle ich mir vor, dass man sich wenigstens an der heiligen Gewohnheit festhalten kann, die durch Wiederholung tief ins Leben eingekerbt ist, eine Wiederholung, die sich schon an sich wie eine Art Beweis dafür anfühlt, dass der Kosmos wohlwollend ist. Die Sterne mögen herunterfallen, es mag die Pest ausbrechen, aber die fünf Gebete am Tag sind immer noch da. Und vielleicht betet man sie

Hallo, grausame Welt

dann mit besonderem Eifer, weil sie die verbliebenen Stücke der Würde und Ordnung des Lebens repräsentieren.

Natürlich beziehen auch Christen Trost aus den Mustern, die der Glaube durch Wiederholung hervorruft. Auch für uns liegt eine wichtige Weisheit darin, kein ausschließlich impulsgesteuertes Leben zu führen. Aber unser Haupttrost angesichts nicht zu rechtfertigenden Leides ist ein ganz anderer. Es ist keine Investition in Ordnung, die von uns verlangt wird, sondern das Wagnis der Veränderung. Unsere Hoffnung liegt nicht darin, dass die Zeit unter einer allmächtigen Hand vorhersehbar und gut vergeht. Unsere Hoffnung liegt darin, dass Zeit unterbrochen, zerrissen wird und sich abrupt von einem Augenblick zum anderen ändert. Wir sagen nicht, dass Gott in Seinem Himmel ist und dass alles gut ist mit der Welt; jedenfalls nicht ganz tief in unserem Innern. Wir sagen: Es ist nicht alles gut mit der Welt, aber wenigstens ist Gott hier bei uns. Wir haben kein Argument, das das Problem der grausamen Welt löst, aber wir haben eine Geschichte.

Wenn ich bete, dann bete ich nicht zu einem philosophisch komplizierten, abwesenden Schöpfer. Wenn ich es schaffe, auf das ewige Liebeslied zu achten, dann versuche ich nicht, mir den unmöglich vorzustellenden Bereich jenseits des Universums vorzustellen. Ich stelle mir nicht Könige, Throne, kristallene Bürgersteige oder irgendwelche möglichen kosmologischen Weiterentwicklungen davon vor. Ich blicke in die Welt, nicht nach oben; ich schaue in die Welt, nicht hinaus oder weg von ihr. Wenn ich bete, dann sehe ich ein Gesicht, ein menschliches Gesicht zwischen anderen menschlichen

139

Heilige (Un)Vernunft!

Gesichtern. Es ist ein Gesicht in einer aufgebrachten Menge, einer Menge, die sicher ist, dass sie das Richtige tut, dass sie rechtschaffen ist. Der Mann in der Mitte der Menge sieht nicht rechtschaffen aus. Er sieht müde und verängstigt aus und angeschlagen von all der Leidenschaft um ihn her. Aber er ist der Fokus und der Mittelpunkt der Menge. Der Mittelpunkt von allem sogar, denn wenn man Christ ist, dann glaubt man nicht, dass das typische Handeln des Gottes von allem darin besteht, den Kurs des Universums machtvoll aus der Ferne zu gestalten. Für einen Christen besteht das Allerwesentlichste, was Gott in der Zeit, ja in der gesamten Menschheitsgeschichte tut, darin, der Mann in der Menge zu sein; ein verhafteter Mann auf dem Weg zu unserer ganz alltäglichen Katastrophe.

5
JESHUA

Stellen Sie sich also einen Mann vor.[15] Es ist der besagte Mann aus der Menge, aber er ist noch nicht da. Stellen Sie sich einen Mann vor, bei dem die überwältigende Alles-auf-einmal-Perspektive des Gottes von allem kein flüchtiger Blick ist, vor dem er zurückprallt, sondern eine ständige Präsenz, die bei ihm irgendwie der Bandbreite des menschlichen Geistes angepasst ist, sodass bei ihm – und nur bei ihm – das Leuchten nichts anderes als er selbst ist, sodass er die Welt in jedem einzelnen Augenblick mit der ausgebremsten Zärtlichkeit ihres Schöpfers sieht, sodass er *tatsächlich* dieser Schöpfer ist, nicht dessen Sprecher oder Vertreter oder Botschafter, sondern der, die, das Schöpfer selbst, nicht mehr ausgebremst, aber auch nicht mehr immun. Er ist der Schöpfer inmitten des Geschaf-

---

15 Ich sage „Stellen Sie sich vor", und ich meine vorstellen. Das ist nämlich die Geschichte, die wir statt einer Argumentation haben, und es ist wichtig, dass es wirklich eine Geschichte ist, die einen geschichtenartigen Sinn ergibt, die die Chance einer Geschichte hat, uns zu bewegen, und in der menschliches Zeugs innerhalb der Zeit zu einem erzählbaren Muster geordnet ist. Nun ist es zwar nicht so, dass eine Geschichte dasselbe ist wie eine Lüge, aber es gibt solche Geschichten und solche. Wenn Sie durchhalten, bis ich diese hier (nach)erzählt habe, dann verpflichte ich mich, im nächsten Kapitel etwas kritische Strenge zum Tragen kommen zu lassen bei der Frage, was für eine Art von Geschichte das eigentlich ist.

fenen, an dem Ort, der von dem Leuchten gestützt und erhalten wird, bis zu dem hin aber dieses Leuchten nicht reicht, um zu handeln, wenn man danach urteilt, was hier los ist; wo es oder sie oder er aber genau wie wir alle der Logik der Biologie und der Logik menschlicher Politik und der Logik der Angst und des Verlustes und der Unsicherheit unterworfen ist.

Wie er aussieht? Keine Ahnung. Es wird niemals jemand eine schriftliche Beschreibung von ihm geben. Er ist ein männlicher Jude im ersten Jahrhundert in Palästina, also trägt er wahrscheinlich einen Bart, müffelt nach heutigem Maßstab ein bisschen und ist ziemlich klein. Es kann durchaus auch sein, dass er schlechte Zähne hat, vielleicht fehlen ihm sogar ein paar. Er ist Anfang dreißig in einer Zeit, in der schwer körperlich gearbeitet wird, es nur eine primitive medizinische Versorgung gibt und in der die durchschnittliche Lebenserwartung bei etwa vierzig Jahren liegt – er kann also durchaus schon ziemlich abgearbeitet und wie ein Mann mittleren Alters wirken. Aber das wissen wir alles nicht so genau. Und eigentlich ist es auch egal. Er sieht aus wie wir, wobei „wir" für die Menschheit insgesamt steht. Wir haben Gesichter und Körper; er hat ein Gesicht und einen Körper. Er ist genauso Mensch wie wir, aber wenn man ihm begegnet, begegnet man auch dem, der für das gesamte Universum verantwortlich ist. Er trägt keinen Heiligenschein, und er leuchtet nicht im Dunkeln. Seine Anwesenheit wird nicht durch Lichteffekte verkündet. Wenn er sich schneidet, blutet er. Sein Name ist Jeshua, später latinisiert „Jesus". Und wozu ist er gekommen? Um ein paar Dinge zu sagen und ein paar Dinge zu tun.

Jeshua

Die Region, in die er gekommen ist (der Ort, in den er hineingeboren wurde), ist eine Provinz des Weltreiches, von dem so ziemlich die gesamte damals bekannte Welt kontrolliert wird. Die besagte Region gehört bereits seit zwei Generationen zu diesem Weltreich, aber viel länger ist sie auch davor noch nie unabhängig gewesen. Vor dieser Besatzungsmacht hat es nämlich eine andere gegeben und davor noch eine andere. Die Provinz ist weder besonders wichtig noch besonders reich, und sie hat keine berühmten Sehenswürdigkeiten. Die einzige Stadt darin ist ein Wirrwarr aus gelbem Stein auf einem Hügel in der Wüste. Aber die Region ist dennoch ungewöhnlich. Es ist bis dahin die einzige auf der Welt, in der Menschen leben, die den Gott von allem anbeten. Man findet sie überall verstreut, aber dies ist der einzige Ort, wo sie die Mehrheit sind, die Ureinwohner. Dort hat sich ihre Geschichte abgespielt. Dort haben sie sich vorgearbeitet von dem Glauben, dass ihr Gott der wichtigste Gott ist, zu dem Glauben, dass er für sie der einzige Gott ist, zu dem Glauben, dass er der einzige Gott überhaupt ist. Einzigkeit beherrscht ihr Denken. Genau so, wie ihr Gott Der Gott ist, so ist ihr Land Das Land, und ihre Stadt ist Die Stadt.

Die Offiziellen der Besatzungsmacht erkennen, dass dieser Ort etwas Besonderes ist, und versuchen, taktvoll zu sein. Sie regieren so gut es geht mit lockeren Zügeln und setzen die ortsansässigen Potentaten, die noch vom letzten Reich übrig geblieben sind, als Stellvertreter ein. Sie sorgen so gut es geht dafür, dass die Garnisonen außer Sichtweite sind. Aber die Einwohner hassen das Weltreich der Besatzer trotzdem. Hartnäckig nehmen sie selbst diese taktvolle Version von Imperialherrschaft als absurde Missachtung wahr. Für sie funktioniert der normale Deal, den das Weltreich anbietet, nicht, der da lautet: „Gehorcht und zahlt eure Steuern, dann dürft ihr gern eure Kultur mit in das gewaltige Gemisch der unseren hineinschütten." Für sie hat dieser Deal keinen Vorteil. Sie möchten nicht, dass ihr einer Gott irgendeine untergeordnete Stelle zwischen den Göttern der Zahngesundheit, der passenden Gardinen und des Ordentlich-was-in-der-Hose-Habens gefunden wird. Sie wollen Ihn nicht vermischt haben. Vermischen wäre nämlich eine Verfälschung. Oder eigentlich sogar eine Art Ehebruch. Von ihren Propheten haben sie immer wieder zu hören bekommen, wie untreu sie sind, was für ein Haufen von Ehebrechern, Frauentauschern und Schlampen sie sind in der Beziehung zu ihrem stets und immer hingebungsvollen Gott, und inzwischen ist ihnen diese Metapher dermaßen in Fleisch und Blut übergegangen, dass sie reflexartig das Anbeten eines anderen Gottes für promisk halten und umgekehrt tatsächliche Promiskuität für Gotteslästerung oder existenziellen Verrat. Es vermischt sich also Puritanismus mit moralischer Entrüstung, wenn die Bewohner der Provinz die grausamen lockeren Sitten und Verdorbenheit des besagten Weltreiches ansehen – und darüber flüstern. Sie wollen nichts mit all dem ekelhaften Zeugs zu tun haben, das die Besatzer treiben. Da reiben sich Männer mit Olivenöl ein, bevor sie dann fast nackt Sport treiben; oder sie schleppen ihre Muskelpakete ins Theater und kämpfen dort gegeneinander, bis einer tot ist, und andere schauen dabei zu und lachen und johlen und schmeißen Erdnüsse.

Jeshua

So soll diese Welt eigentlich nicht sein. Die Welt soll eigentlich würdevoll, rechtschaffen und vom Gesetz regiert sein. Die Besatzer haben zwar Gesetze, aber das sind doch nur menschliche Erfindungen; ihre eigenen Gesetze, so glauben die Ureinwohner der Provinz, sind *wirkliche* Gesetze, auf einem Berggipfel direkt von Gott erlassen. Eine Kopie davon befindet sich im Versammlungshaus jedes Ortes der Region, in dem die Männer jeden Samstag zusammenkommen, um zu beten und zu diskutieren, an dem Ort der Ehre, wo der Rest des Weltreiches eine posende Statue des Gottes des Ordentlich-was-in-der-Hose-Habens aufstellen würde. Das Gesetz ist heilig. Es ist die Verkörperung dessen, was Gott mit dieser Welt vorhat. Es zeigt das anspruchsvolle, aber dennoch leistbare Gerüst für ein tugendhaftes Leben. Es sagt einem, was man essen und anziehen soll und wie man sich verhalten soll, um Gott zu gefallen. Es sagt einem, wie man wieder mit Ihm ins Reine und zu einer intakten Beziehung zu Ihm kommen kann, wenn man sich besudelt hat durch die Risiken und Widrigkeiten des Lebens oder durch eigenes schlechtes Benehmen. (Normalerweise geschieht das, indem man in der Stadt ein Opfer bringt, in dem einen Tempel, der Der Tempel ist.) Dank der Ehebruchmetapher fühlen sich diese Regeln stark so an wie Rezepte zur Wiederherstellung der Reinheit. Es gibt jedoch eine gewaltige kollektive Unreinheit, für deren Entfernung auch dieses Gesetz von Gott keinen Rat weiß – und das ist die Besatzung als solche. Das Weltreich und seine unreinen Götter besudeln alles. Touristen durchstreifen schwatzend und lachend die Heilige Stadt. Um ganz normales, unschuldiges Brot zu kaufen, muss das Geld des Imperiums mit seinen blasphemischen Bildern darauf verwendet werden. Es ist, als ob mit Gewalt dafür gesorgt wird, dass die Menschen in der Provinz ständig unrein bleiben. Die Provinzbewohner glauben, dass die Gunst Gottes verwirkt ist. Aus irgendeinem Grund werden sie bestraft.

Was sie möchten, ist das, was ihnen das Besatzungsimperium per definitionem nicht geben wird: Sie möchten von diesem Imperium und allem, was damit zu tun hat, getrennt sein, möchten ihre Unabhängigkeit. Sie wollen das Land, das ihr Gesetz ihnen zuspricht, ihr eigenes Reich, das sie früher immer hatten, bevor die anderen Reiche kamen. In ihrer Erinnerung ist dabei aus einem Stück harten, steinigen Landes mit Olivenbäumen etwas geworden, das an einen anderen Daseinszustand grenzt. Das Königreich beginnt immer mehr für Rechtschaffenheit als solche zu stehen, für den Zustand, in dem das Volk Gottes wieder im Einklang mit Ihm lebt. Das Königreich ist zum Fokus ihrer Sehnsucht geworden – allerdings einer Sehnsucht, der entsprechend man nicht handeln kann, denn dazu sind die Besatzer viel zu stark. Selbst wenn sie sich in ihren Kasernen verkriechen, weiß das Volk ja, dass sie trotzdem da sind, gewaltige, bullige Schlägertypen mit nackten Knien, gestützt durch hervorragende Organisation, einzigartige militärische Technik und den Reichtum der ganzen Welt.

Deshalb brodelt es in der besagten Provinz. Wie zu erwarten, empfinden die jungen Männer – durch Testosteron verstärkt – ihre Ohnmacht als eine ganz besondere Demütigung. Wie zu erwarten, betrifft die Last der Einhaltung der Reinheitsgebote in erster Linie die jungen Frauen. Wie zu erwarten, sind Kollaborateure verhasst. Wie zu erwarten, gilt dasselbe für Prostituierte, besonders wenn sie in den Armeelagern tätig sind. Wie zu erwarten, vollführen die hochrangigen Offiziellen des Tempels einen schwierigen Balanceakt, indem sie zum einen versuchen, dafür zu sorgen, dass die Menschen glücklich bleiben, und zum anderen, dass die Besatzer ruhig und zufrieden sind, damit sie nicht noch mehr der ohnehin schon eingeschränkten Autonomie der Provinz an sich reißen. Es blüht ein gemäßigter Terrorismus mit der Folge öffentlicher Hinrichtungen zu dem Zweck, Exempel zu statuieren. Eine ständig wechselnde Auswahl frommer Gruppierungen bietet ständig wechselnde Rezepte, um die Zustimmung Gottes zurückzuerlangen. Überall gibt es Prediger und Möchtegernpropheten, die für eine Saison Bekanntheit erlangen, um dann wieder in der Versenkung zu verschwinden. Manche Leute sagen, dass die Reinheitsgebote noch strenger sein müssten. Manche Leute sagen, dass man alles hinter sich lassen und in die reine Wüste gehen soll. Manche Leute sagen, dass man sich in dem einzigen Fluss der Provinz waschen muss. Viele Menschen glauben, dass das Ende der Welt nah ist; fürchten, dass es nah ist; hoffen, dass es nah ist, weil dann von etwas, das menschliche Gerechtigkeit übersteigt, alles wieder ins Lot gebracht wird. Und die ganze Zeit gibt es geflüsterte Gerüchte über irgendjemanden irgendwo, der die Königsherrschaft für sich beansprucht und einen heiligen Krieg beginnen wird, um das Königreich zurückzuerlangen. Es scheint nie zu stimmen, aber jeder Fanatiker hoch oben in den Bergen weiß, dass diese Aufgabe nur darauf wartet, erfüllt zu werden. Die Religion hat für diese Gestalt einen Raum geschaffen, für diesen König-der-da-kommen-soll, für den Mann, den der Gott von allem als Anführer des Aufstandes auswählen wird. Er wird *moshiakh*, „der Gesalbte", genannt, nach dem heiligen Öl, mit dem die Könige gesalbt werden. Im Griechischen, wo Öl für das Haar *chrism* heißt, wird sein Titel als *Christos* übersetzt.

Aber zunächst einmal taucht dieser Mann gar nicht auf. Im Sommer wird die Anspannung besonders schlimm; besonders auch bei den Festen, deren Sinn eigentlich darin besteht, zu feiern, dass alles richtig und in Ordnung ist. Jetzt sorgen diese Feste dafür, dass sich alles noch viel schlimmer anfühlt, dass nichts in Ordnung ist. Und auch die Soldaten sind nervös und gereizt. Es gefällt ihnen hier nicht. Die Fleischtöpfe des exotischen Ostens bringen's auch nicht. Die Einheimischen sind Spinner. Jeden Moment kann irgendein Teenager versuchen, einen mit einem Küchenmesser zu erstechen, und man kann nicht sehen, ob die Mädchen schnuckelig sind, weil sie völlig verhüllt sind. Es ist ein wirklich trostloser Posten. Einmal das Falsche sagen, das Falsche essen oder den falschen Gegenstand berühren – jede kleinste Kleinigkeit kann einen Aufstand auslösen.

Und in diese Situation kommt Jeshua hinein mit dem Liebeslied an alle, das ständig in ihm klingt, und er sagt: „Seid nicht vorsichtig."

Er selbst ist jedenfalls absolut nicht vorsichtig. Er und seine Freunde kommen am heiligen Samstag in die Stadt, an dem man eigentlich nicht arbeiten oder reisen und sonst etwas tun darf, und sie kauen und lachen und picknicken im Gehen auf der Straße. Als das kritisiert wird, sagt Jeshua (mit vollem Mund), dass die Regeln für die Menschen gemacht sind und nicht die Menschen für die Regeln. Wenn Menschenmengen zusammenkommen, um sich diese neue Quelle der Unterhaltung oder der Empörung einmal persönlich anzuschauen, um zu sehen, ob er sich wie ein Lehrer oder ein Prophet aufführt oder möglicherweise eher wie ein Guerillero auf der Suche nach Rekruten – wenn sich auf diese Weise Menschenmengen um ihn sammeln, dann sagt er: „Verhaltet euch so, als ob ihr keine Konsequenzen zu befürchten hättet. Benehmt euch, als ob nichts, was ihr weggebt, euch ärmer machen könnte, denn das, was man verschenkt hat, kann einem nie ausgehen. Benehmt euch, als wäre dieser Tag alle Zeit, als bräuchtet ihr nichts zurückzuhalten und als bräuchtet ihr euch auch keine Gedanken über morgen zu machen. Versucht nicht, euch mit bangem, festem Griff an euer Leben zu klammern. Lockert den Griff. Lasst es los. Wenn jemand euch um Hilfe bittet, dann gebt ihm mehr als das, worum er bittet. Wenn jemand euch schlägt, schlagt nicht zurück. Seid die Stelle, an der die Gewalt aufhört. Denn das mit der Tugendhaftigkeit, das habt ihr irgendwie falsch verstanden. Tugendhaftigkeit entsteht nicht durch tausend vorsichtige, sorgfältig überlegte Schritte und Taten. Wenn sich Tugendhaftigkeit einstellt, dann kommt sie Hals über Kopf; sie entsteht dadurch, dass man sich, soweit man es kann, wie Gott selbst benimmt, der macht und macht und liebt und liebt. Gott will nicht unsere vorsichtige Tugendhaftigkeit, sondern er möchte unsere vorbehaltlose und unbesorgte Großzügigkeit. Wenn ihr versucht, das zu behalten, was ihr habt, dann werdet ihr das auch noch verlieren. Gebt es weg, und ihr bekommt mehr zurück, als jegliches Handeln und Feilschen euch jemals hätten einbringen können. Übrigens – ihr wolltet einen König? Schaut doch mal die Blume da drüben an der Mauer an. Sie ist doch schöner als jede Königsrobe, findet ihr nicht? Besser als Seide; und sie bricht ganz von selbst aus dem Boden hervor, völlig gratis. Sie ist vergänglich? Nichts bleibt; nichts außer Gott."

Aber dieser Jeshua ist kein Relativist, sondern alles andere als das. Er findet nicht, dass man sich entspannen und tun soll, was man möchte, und dass es eigentlich auch egal ist. Er glaubt an Gut und Böse, das steht fest, und zwar ganz extrem. Er hat ein lebhaftes Gespür für den MHDidSzs in seiner ganzen komplizierten, selbsttäuschenden, halbvergessenden Verkrustung, und er spricht darüber, als überschatte der MHDidSzs gewaltige Bereiche menschlichen Handelns, einschließlich menschlichen Handelns, auf das Menschen normalerweise stolz sind. Immer wenn ihn jemand nach dem Gesetz fragt, setzt er noch einen drauf; er verschärft es zu einer perfektionistischen Unmöglichkeit, indem er Zorn auf eine Stufe mit Mord stellt und sagt, dass bloßes Verlangen schon genauso Untreue sein kann wie vollzogener Ehebruch – indem innere Seinszustände, die offensichtlich niemandem wehtun (oder auch nur irgendwie tangieren), bei Gott genauso schwer wiegen wie konkrete Taten. Manchmal scheint Jeshua in Bezug auf den menschlichen Charakter ein radikaler

Pessimist zu sein. „Wen nennt ihr gut?", fragt er, als jemand den Fehler macht, ihn auf für seine Zeit ganz normale höfliche Weise als „guter Mann" anzusprechen. „Niemand ist gut außer Gott." Er spricht von Tugendhaftigkeit als etwas nahezu Unerreichbarem, aber dennoch Verpflichtendem. Statt eines Menüs von Forderungen, die von allen erfüllt werden können, ist das Gesetz für ihn anscheinend etwas, dessen Einhaltung Wundertaten erfordert oder Veränderungen in den Naturgesetzen, sodass zum Beispiel Kamele durch Nadelöhre passen. Manchmal spricht er von Feuer und übers Brennen. Anscheinend glaubt er, dass bei uns eine so grundlegende Veränderung nötig ist wie die Veränderung, die stattfindet, wenn nach der Ernte die Stoppeln angezündet werden und die Felder in Flammen stehen. Wir müssen alle „mit Feuer gesalzen" sein, sagt er. Er kann einem wirklich Angst machen. Er sagt, dass man sich Körperteile abhacken soll – von Augen und Händen ist die Rede –, wenn man dadurch das loswerden kann, was einen von Gott trennt. Aber er ist auch ein optimistischer Pessimist. „Komm schon", sagt jemand. „Wie sollte denn *jemals* jemand in der richtigen Beziehung zu Gott stehen, wenn es so schwer wäre, wie du sagst."

„Bei Gott ist alles möglich", antwortet er darauf.

Er verärgert Menschen, wenn er so redet, denn dieser Perfektionismus bedeutet ja automatisch, dass jeder schuldig ist; und wenn jeder schuldig ist, dann kann sich niemand selbst auf die Schulter klopfen, und dann können Mörder und Ehebrecher nicht ausgestoßen werden. Wenn es stimmt, was er sagt, dann sind das nur Leute, bei denen der universelle

MHDidSzs eine besondere Wendung genommen hat, die besonders darin geschwelgt haben. Sie sind keine Ausgestoßenen, sie gehören nicht zur Kategorie der unreinen Personen, die wir anderen uns lieber vom Leib halten sollten. Jeshua besteht darauf, dass Unreinheit keine vorübergehende Verletzung eines ordnungsgemäßen Zustandes ist, sondern bei Menschen der Normalzustand. Er scheint jedoch merkwürdig schmerzfrei zu sein, wenn es um Sex geht. Außer seiner eindeutigen Ansage, dass auch Sex unter den Schirm seines Perfektionismus fällt, äußert er sich darüber fast gar nicht – nicht zu Homosexualität, Abtreibung, Promiskuität, Empfängnisverhütung und den Zölibat von Geistlichen. Kein Wort zu Sex vor der Ehe, schlichter Kleidung, Sex ohne den Zweck der Fortpflanzung, Selbstbefriedigung, Schwulenehe oder wie weit man beim ersten Date gehen darf. Er scheint gegen Ehescheidung zu sein, und zwar aus dem frauenfreundlichen Grund, dass Frauen durch eine Scheidung ihren Lebensunterhalt verlieren. (In seiner Welt können sich Männer von ihren Frauen scheiden lassen, aber nicht umgekehrt.) Er prangert nichts von all dem Aufgezählten an. Er scheint von niemandem, wirklich absolut niemandem, abgestoßen zu sein. Es ist, als ob das, was wir im Bett treiben, ihn auf schockierende Weise gar nicht so sehr interessiert, als ob es für ihn gar keine besonders hervorstechende und beunruhigende Kategorie menschlichen Verhaltens darstellt. Und es interessiert auch niemanden, uns mitzuteilen, ob Jeshua selbst irgendwelche Leidenschaften gehabt hat, und wenn ja, welcher Art sie waren und wem sie vielleicht galten; genauso wenig, wie sich jemand die Mühe gemacht hat, uns mitzuteilen, wie Jeshua ausgesehen hat.[16]

Dagegen hat er *ganz viel* über Selbstgerechtigkeit zu sagen, die er, nicht besonders pietätvoll, mit einem Grab vergleicht, das von außen schön und ordentlich und gepflegt aussieht, aber im Innern voller „Fäulnis und Verwesung" ist. Im wesentlichen Maden. Und dieses eklige Bild verwendet er nicht, um zu zeigen, dass das Innere und das Äußere eines selbstgerechten Menschen nicht zusammenpassen, dass es einen heuchlerischen Widerspruch zwischen dem Anspruch auf Tugendhaftigkeit und dem tatsächlichen Inhalt der menschlichen Persönlichkeit gibt, sondern für ihn hat diese Sicherheit, rechtschaffen zu sein, sich auf seine Erhabenheit als tugendhafter Mensch zu berufen, Ähnlichkeit mit dem Tod. Wenn man die schlechten Nachrichten über sich selbst nicht erfährt, dann kann man sich selbst nicht kennenlernen. Man verdammt sich selbst dazu, bis zur Erschöpfung eine Illusion beizubehalten, eine falsche Fassade, die Zweifel ausschließt, aber damit auch Hoffnung auf Veränderung, auf Nahrung, Atem und Leben. Wenn man die schlechten Nachrichten über sich selbst nicht hört, dann hört man auch die guten nicht, und dann richtet man Schaden an. Man ist aufgeblasen mit dem falschen Bewusstsein von Tugendhaftigkeit und glaubt, dadurch einen Freifahrtschein zu haben, und dann beteiligt man sich an der Grausamkeit der Welt. Wissentlich begange-

---

16 In Bezug auf die Frage, ob sein Sexleben stattdessen von einer körperfeindlichen Kirche aus den Schriften gestrichen wurde – warten Sie bitte wieder das nächste Kapitel ab. Lesen Sie weiter, Sie halten das aus. Einfach tief durchatmen.

nes Böses ist ziemlich selten im Vergleich mit dem Bösen, das von Menschen begangen wird, die sich ihrer Tugendhaftigkeit sicher und der Meinung sind, dass das Böse hassenswert auf irgendeine andere Person konzentriert ist; auf irgendeine andere Person, die einem eine Gänsehaut verursacht, weil sie genauso unerträglich, so unheimlich, so widerwärtig ist, wie man selbst das Chaos unter seiner eigenen Maske von Tugendhaftigkeit befürchtet – vorausgesetzt natürlich, man wagt es überhaupt jemals, einen Blick auf dieses Chaos zu werfen.

Jeshua kommt genau zu dem Zeitpunkt in der Stadt an, als dort gerade eine öffentliche Hinrichtung stattfindet. Die verurteilte Verbrecherin ist eine Frau, die beim Ehebruch ertappt worden ist. Das kann im wörtlichen Sinn bedeuten, dass sie Sex mit einem Mann gehabt hat, der nicht ihr Ehemann ist, es kann aber auch bedeuten, dass sie gelächelt hat, als sie Besatzungssoldaten Wein serviert hat, oder dass sie am Brunnen beim Plaudern mit einem Jungen gesehen worden ist, der weder ihr Bruder noch ihr Cousin ist; oder es könnte bedeuten, dass sie in einem Bordell arbeitet, für dessen Existenz sich die Stadt schämt und in dem sie schon seit zehn Jahren fünf Freier pro Nacht bedient. So oder so haben sich jedenfalls die ganze Angst und die Beunruhigung der Stadt in Bezug auf körperliches Verlangen auf sie konzentriert. Und jetzt sind all die guten Leute zusammengekommen, um sie zu bestrafen. Sie haben schon die Steine in der Hand, die das Gesetz als Strafe festsetzt, nicht zu groß und nicht zu klein, Steine, die ihr die Knochen brechen und ihr das Störende an ihrer Begehrtheit aus dem Leib quetschen werden. Jeshua greift ein, was nicht besonders vernünftig ist, wenn der Atem der Tugendhaftigkeit schnell und stoßhaft geht, weil sie sich auf diese Art von Leckerbissen freut. Jeshua fragt die Leute, was die Frau getan hat. Sie sagen es ihm. „Ach", sagt er. „Na, dann soll doch der von euch, der noch nie etwas Schlechtes im Sinn gehabt hat, den ersten Stein werfen." Und er zieht die Augenbrauen hoch und wartet, und irgendetwas an dem Blick seiner ganz normalen Augen bewirkt, dass die Leute dort, wo sie stehen, verlegen mit den Füßen scharren. Es entsteht eine Pause. Vielleicht ist es eine Hilfe, dass Jeshuas Freunde mit ihm in die Stadt gekommen sind, dass sie genauso mit Straßenstaub bedeckt sind wie er und dass unter dem Pöbel seiner Anhänger – Männern und Frauen, die geblieben sind, um zu sehen, was er tut – auch ein paar ziemlich kräftige Kerle sind. Jedenfalls ist ein dumpfes *Klock*, *Klock* und *Klock* der Steine zu hören, die auf den Boden fallen gelassen werden; und die Henker schleichen davon, und eins, zwei, drei ist nur noch die Verurteilte da mit Jesus und seinen Freunden. Sie weint. Er hilft ihr auf.

Solche Vorfälle machen ihn nicht gerade beliebt, genauso wenig wie seine hartnäckige Weigerung, den Leuten Respekt zu zollen für ihre ihrer Meinung nach großartigen geistlichen Leistungen. Das zeigt sich ganz besonders an seiner merkwürdigen Auswahl der Gastgeber, von denen er sich zum Abendessen einladen lässt oder bei denen er sich selbst einlädt. Normalerweise ist es so, dass, wenn ein Prediger oder ein Möchtegern-Prophet in einer Gegend gut ankommt, dieser von einem frommen örtlichen Würdenträger mit hohem Ansehen, einer Stütze des Versammlungshauses, einem Kenner der Feinheiten des Gesetzes, zum Essen in sein Haus eingeladen wird. Dort bekommt der aufgehende Stern am Prediger- bzw. Prophetenhimmel zu essen und gibt im Gegenzug eine Privatvorstellung von dem, was auch immer er Neues an Unterhaltung zu bieten hat. Doch Jeshua ignoriert solche Einladungen und sucht sich seinen Gastgeber für den Abend selbst aus – und zwar aus der Menge –, und dabei bleibt er mit geradezu schlafwandlerischer Sicherheit immer bei einem wirklich unseriösen Bürger hängen, wie beispielsweise einem Weinladenbesitzer, den die Frommen auf der Straße einfach übersehen würden, oder bei jemandem, der in der Öffentlichkeit absolut verhasst ist, wie beispielsweise dem Mann, der für die Besatzer die Steuern eintreibt. Und wenn er zur Abwechslung einmal eine Mahlzeit bei einem der Ehrenwerten annimmt, dann hat er so eine Art, seine Gastgeber wie beiläufig zu brüskieren. „Sag mal, Lehrer" – fragt ein ehrbarer Bürger, als die Reste der überbackenen Auberginen abgeräumt werden –, „was muss ich tun, um gerettet zu werden?" Jeshuas Blick schweift über die Wandteppiche, die Silberschalen, in denen sich die Gäste die Füße waschen können, den Kerzenleuchter, der im Tempel vom Oberpriester höchstpersönlich gesegnet worden ist. „Also ich würde mich als Erstes einmal von alldem hier trennen", antwortet er schließlich.

Die Leute reagieren auf so etwas ablehnend. Das jeweils Neueste über ihn macht die Runde. Er zieht zunehmend Zwischenrufer an und lässt sich von ihnen in Gespräche hineinziehen, die zu dem Zweck inszeniert werden, ihn in

Schwierigkeiten zu bringen oder ihn dazu zu bringen, für eine Seite eindeutig Stellung zu beziehen. Er kommt in neuen Städten an und wird von Anti-Willkommenskomitees begrüßt. „Halte deine verrückten Reden woanders", bekommt er dort zu hören. Aber es sind nicht nur Fremde, die der Meinung sind, dass er sich selbst zum Narren macht. Auch seine eigene Familie glaubt das. Er ist ihnen peinlich, und sie bekommen auch Angst um ihn, weil sie ganz richtig erkennen, dass er förmlich um Schläge bettelt, wenn er so weitermacht. Als er eines Tages in einem Haus predigt und schon die ganze Gasse vor dem Haus von Schaulustigen verstopft ist, tauchen seine Mutter und seine Geschwister geschlossen auf, um ihn dort wegzuholen. Weil es ihnen nicht gelingt, sich einen Weg durch die Menge zu ihm zu bahnen, schicken sie jemanden mit einer Nachricht zu ihm hinein: „Sag ihm, dass seine Familie gekommen ist, um ihn nach Hause zu holen. Sag ihm, dass seine Mutter hier ist und dass sie sehr aufgebracht ist; sag ihm, dass es Zeit ist, mit diesem Unsinn aufzuhören." Aber er kommt nicht. Er kommt nicht einmal heraus, um mit seinen Verwandten zu reden, sondern er flicht ihre Nachricht direkt in seine Predigt ein. „Mutter? Brüder? Schwestern? Wer sind sie? Was nützt es, wenn wir nur diejenigen lieben, die uns wiederlieben? Gott will mehr als die Liebe zwischen Verwandten. Er will mehr als Blutsbande. Er will mehr als Biologie. Er will, dass unsere Liebe nicht auf den engen Kreis unseres Eigeninteresses beschränkt bleibt; ja mehr noch, er möchte sogar, dass diese Liebe über einen Altruismus hinausgeht, wenn Altruismus bedeutet, dass wir am Ende doch auf irgendeine umständliche und indirekte Art etwas für unsere Liebe zurückbekommen. „Gott möchte", so sagt er, „dass wir ungebremst und ohne Berechnung lieben. Gott möchte sogar, dass wir Menschen lieben, die wir nicht mögen; ja sogar Menschen, die wir hassen und die uns hassen." Das sagt Jeshua und wendet sich dann wieder ab von den vertrauten Gesichtern, die hinter der Wand aus Schultern ab und zu kurz auftauchen und deren Stimmen nach ihm rufen und gehört werden möchten. Er kommt nicht mit ihnen nach Hause. Seine Brüder, seine Schwestern und seine Mutter treten nach dieser Niederlage den Heimweg ohne ihn an.

Nebenbei bemerkt sagt er, dass auch das Gesetz nicht ausreicht. Es mag zwar notwendig sein, aber es ist nicht hinreichend. Dieses Buch mit seinem Ehrenplatz im Versammlungshaus ist ein Geschenk von dem einen Gott, aber es ist nicht Sein einziges Geschenk; es ist nicht das vollständige Modell dessen, was er von uns will; es erfasst nicht ganz und gar und vollkommen alles, was er mit uns vorhat. Gott weiß, dass wir Gerechtigkeit brauchen, ohne die keine menschliche Stadt bestehen kann. Es muss nach Regeln regiert werden, sonst reißt Gewalt alle Dämme ein. Da es auf jeden Fall zu Blutvergießen kommt, weil Menschen nun mal Menschen sind, ist es doch besser, wenn es bei dem Versuch vergossen wird, die Schwachen vor den Starken zu schützen, Witwen und Waisen und Reisende auf ihrem Weg zu beschützen und Streit zu schlichten, ohne dass es zu Massakern kommt. Es muss schuldig- und freigesprochen werden. Es müssen Strafen verhängt werden. Es müssen Urteile gefällt werden. Das alles verlangt unser menschliches Wesen, aber das Wesen Gottes verlangt es nicht. Für uns ist das Gesetz notwendig, aber für ihn nicht. Gott beteiligt sich nicht an dem Spiel, Angst und Zorn einzuspannen und zu versuchen, daraus Gerechtigkeit zu machen.

Nach dem Gesetz soll jeder das bekommen, was er verdient hat, aber Gott weiß bereits mit schrecklicher Genauigkeit, was wir verdient haben, und er möchte, dass wir mehr bekommen als das. Er sieht, was wir brauchen, um gerecht miteinander umzugehen, aber er möchte uns Gnade schenken. Er möchte, dass das, was wir eigentlich verdient haben, von der Liebe geflutet wird. Wenn man also im Einklang mit Ihm leben will, dann geht das nicht, indem man sich ans Gesetz hält. Man muss auch hier wieder versuchen, so zu werden wie er und das zu tun, was er tut. Er erwartet nicht von einem, dass man zu Ihm kommt, dorthin, wo Er ist, nämlich jenseits der Notwendigkeit des Gesetzes; sondern er kommt in diesem Augenblick zu einem, dorthin, wo man lebt – fest im Griff der Notwendigkeiten, um einem den Rest seines Geschenkes zu bringen, um das Werk zu Ende zu bringen, das durch das Gesetz begonnen worden ist.

Und obwohl Jeshua den Menschen sagt, dass sie den Traum von einem vollkommenen Gesetz verwerfen sollen, möchte er irgendwie trotzdem noch das Königreich. Andauernd redet er vom Reich, jeden Tag, ja beinah stündlich, so viel wie jeder der zerlumpten Banditen in den Bergen, die sich selbst einreden, dass sie in der Stadt auf seidenen Polstern sitzen werden, wenn der *Christos* endlich kommt. Ja, das Königreich kommt, sagt er. Aber aus seinem Mund klingt das große Ziel dieser Sehnsucht, die die Provinz jetzt schon seit über einem Jahrhundert hat ... schwer greifbar. Wenn er darüber spricht, dann in einem Gleichnis nach dem anderen, und es behält dabei all seine Kraft als Herzenssehnsucht und als Gegenmittel gegen Demütigung, aber es schlittert irgendwie weiter, ohne dass man einen konkreten politischen Plan dahinter benennen könnte. Jeshuas Königreich existiert anscheinend in sich ständig verändernden Ähnlichkeiten. Er sagt nicht, was es tatsächlich *ist*, sondern nur, wie es ist. Es ist wie ein winziges Samenkorn; es ist wie ein großer Baum; wie etwas in unserem Inneren; wie eine Perle, für die man alles hergeben würde, um sie zu besitzen; wie Weizen zwischen Unkraut; wie ein Kamel, das durch ein Nadelöhr geht; es ist so, wie Kinder die Welt sehen; wie ein Diener, der das Geld seines Herrn gut anlegt; wie einen ganzen Wochenlohn für einen Tag Arbeit zu bekommen; wie ein betrügerischer Friedensrichter, der den Fall positiv für einen entschieden hat; wie eine schmale Pforte, ein schwieriger Weg, ein Licht auf einem Leuchter; wie eine Hochzeitsfeier, bei der alle ursprünglichen Gäste ausgeladen und durch zufällig vorbeikommende Passanten ersetzt werden; wie ein Hefeteig; wie ein Schatz; wie eine Ernte; wie eine Tür, die immer aufgeht, wenn man anklopft; oder wie eine Tür, gegen die man mitten in der Nacht stundenlang heftig hämmern muss, bis ein missmutiger Nachbar endlich wach wird und einem einen Laib Brot leiht. Das Reich Gottes ist – was all diese Ähnlichkeiten gemeinsam haben. Das Königreich, scheint er zu sagen, ist etwas, auf das man nur in Form von Vergleichen einen kurzen Blick erhaschen kann, weil es auf der Welt kein wirkliches Beispiel dafür gibt. Und dennoch leuchtet und funkelt die Welt überall von all den Möglichkeiten, die es dafür gibt. Und das ist ja nicht unbedingt etwas, was man als Manifest bezeichnen würde.

Und auf ganz ähnliche Weise wird es auch manchmal merkwürdig, wenn er Geschichten erzählt. Das mag er. Das ist beim Predigen seine Lieblingsmethode. Und dabei merkt man genau, dass er gar nicht die Absicht hat, irgendwie geheimnisvoll zu sein. Er hat auch nichts dagegen, Wortspiele einzusetzen, wenn Leute versuchen, ihn in die Falle zu locken, um ihn dazu zu bringen, etwas zu sagen, das auf jeden Fall zu seiner Festnahme führen würde; aber der Grundgedanke und die Absicht bei dem, was er sagt, sind immer, verstanden zu werden. Er wird seinen Freunden gegenüber ein bisschen ironisch, als sie behaupten, dass er in einem Geheimcode spricht – nur für Insider. Er sagt, nichts ist verborgen, außer, um offenbart zu werden. In den Geschichten geht es immer um einfache, ganz alltägliche Dinge. Es geht darin um Schafe, Weinberge, Geld, Hochzeiten, Chefs und Diener, Eltern und Kinder. Und meistens kann man diesen Geschichten ganz leicht folgen, so wie der über den rüpelhaften Sohn, der zu seinem Vater sagt: „Du kannst mich mal, Alter", und sich die Decke über den Kopf zieht, als sein Vater versucht, ihn zur Arbeit zu bewegen, der dann aber mitten am Vormittag mit einer gemurmelten Entschuldigung doch noch aufkreuzt, während sein schleimiger Bruder mit seinem ewigen „Ja, Papa", „Nein, Papa" gar nicht zur Arbeit antritt. Oder die Geschichte von dem Fremden, der dem Opfer eines Raubüberfalls hilft.

Heilige (Un)Vernunft!

Oder die Geschichte von den Pächtern, die den Sohn des Verpächters umbringen.

Aber dann kommen auch immer wieder Geschichten, die einfach nur rätselhaft sind, und zwar nicht, weil sie irgendeine grundlegende, aber schwer zu verstehende Aussage machen oder weil sie diese Zen-Sache bringen, nämlich bewusst etwas Unmögliches ins Feld zu führen, um einen in einen veränderten Zustand zu bringen. Nein, diese Geschichten sind rätselhaft, weil sie anscheinend mehrere unterschiedliche Bedeutungsschichten gleichzeitig haben, die nicht zueinander passen. Moment, Moment, Moment, möchten Sie sagen – der Kerl, der König sein will, steht also für Gott? Aber wer ist denn dann der, bei dem er sich um die Königswürde bewirbt? Und wer sollen dann die Leute sein, die ihm vorwerfen, ungerecht zu sein? Wie bitte? Oder schlimmer noch, es gibt Geschichten, die ziemlich klar scheinen, in denen aber die schlichten Einzelheiten immer seltsamer scheinen, immer weniger vertraut, je mehr man über sie nachdenkt.

Nehmen wir einmal an, du hast hundert Schafe, sagt Jeshua, und eines davon kommt dir abhanden. Würdest du nicht alles stehen- und liegenlassen und die übrigen neunundneunzig zurücklassen, um das fehlende zu suchen? Wäre es nicht so, dass du keine Ruhe geben würdest, bis du es gefunden hättest? Genauso verhält sich Gott bei seiner Suche nach uns. Ah – ich verstehe, sagen Sie. Ja. Aber dann nach einer Minute: Äh, hallo? Nein. Nein. Nein, so würde ich es nicht machen, es sei denn, *man sperrt die anderen neunundneunzig Schafe* erst in einen Pferch, damit sie einem nicht auch noch weglaufen. Denn du weißt ja, dass Schafe gern mal vom Weg abkommen. Und weil du das weißt, möchtest du doch gern so viele wie möglich behalten, oder? Das wäre eine Schaf-Maximierungs-Strategie. Das ist doch im Grunde der springende Punkt am Hirtenjob. Man weiß doch, dass neunundneunzig mehr sind als eins, oder? Du hast schon mal Schafe gesehen, oder?

Und dann erzählt er auch noch die Geschichte über eine Frau, die zehn Münzen hat, eine davon verliert und sie schließlich wiederfindet. Die neun Münzen, die sie immer noch hat, scheinen Jeshua gar nicht zu interessieren. Das Einzige, was ihn interessiert, sind das Verlieren und Wiederfinden. Offenbar begreift er gar nicht, was Eigentum bedeutet. Es ist, als spräche da jemand, für den Verlust und das Wettmachen eines Verlustes etwas so Dringliches sind, so wichtig in dieser Welt, dass daneben kaum noch Aufmerksamkeit für den Besitz selbst bleibt. Worauf es ankommt, ist, dass Verlorenes gefunden und Zerbrochenes wieder ganz wird.

Verlorene Menschen lösen in all ihrer Unterschiedlichkeit eine ganz besondere Weichheit bei ihm aus. Menschen, deren Körper oder Geist beeinträchtigt ist; Menschen, die vom MHDidSzs ganz besonders heftig in die Mangel genommen werden; Menschen, die auf die eine oder andere Art mit den Reinheitsgeboten in Konflikt geraten sind, egal, ob aus eigenem Verschulden oder nicht; Menschen, die außerhalb der normalen Grenzen menschlichen Mitgefühls leben, weil sie hässlich sind oder furchterregend oder langweilig oder unverständlich oder gefährlich; Menschen, die nicht Menschen wie wir sind, wer auch immer „wir" sein mögen; Leute, die nicht die richtigen Leute sind, wie auch immer das definiert sein mag. Theoretisch ist Jeshua gekommen, um den verlorenen Schafen unter den Gottesfürchtigen zu helfen, den verlorenen Schafen von Israel – das sagt er jedenfalls –, aber in der Praxis schenkt er immer und immer wieder seine gesamte Aufmerksamkeit jedem, dem er begegnet, einschließlich einer Unmenge von Ausländern und Angehörigen der Streitkräfte der Besatzer. Das Fehlen von Grenzen bei dem, was er von Leuten verlangt, die Grenzenlosigkeit dessen, was er sich für die Menschen wünscht, verwischt die Unterschiede zwischen Insidern und Außenstehenden. Es ist nirgends dokumentiert, dass er einmal zu jemandem nein gesagt hätte. Jeder kann seine Zeit beanspruchen, wenn es ihm gelingt, durch die Menge zu ihm vorzudringen, und wenn das jemand tut, aus welchen Gründen auch immer, spricht er mit ihm, als würden der Staub und der Lärm und die Hände, die nach ihm greifen, zurückweichen und als gäbe es nichts anderes auf der Welt als ihn und die andere Person im Gespräch. Seine Gespräche sind offenbar alle sehr persönlich. Selbst in Diskussionen, selbst im Wortwechsel mit einem Zwischenrufer, der ein bestimmtes Ziel verfolgt, ist er anscheinend ganz und gar konzentriert auf diese konkrete Einzelperson, die er da vor sich hat. Als er einen reichen jungen Mann brüskiert, indem er ihm rät, all seinen Besitz wegzugeben, sagt er das nicht, um ihn zu schockieren oder abzuschrecken, sondern es ist wirklich sein Rezept gegen das, was diesem Menschen so zusetzt; und wenn die betreffende Person sein Heilmittel nicht annimmt, dann tut ihm das zwar leid, aber es überrascht ihn auch nicht besonders. Er scheint die Namen Fremder zu kennen, ohne sie danach gefragt zu haben, und er weiß Dinge über ihre persönliche Geschichte. Jeder für sich ist ihm lebendig, absolut gegenwärtig, wenn er einen persönlichen Moment mit einem Menschen hat. Jeder Einzelne ist ihm wichtig. Wichtig an sich.

Die Menschen, die zu ihm kommen, sind kein Mittel zu irgendeinem Zweck. Er ist nicht wie ein Politiker in einer Demokratie, der aus Gelegenheiten, in denen persönliche Sympathie vorhanden ist, Wählerstimmen generieren will; oder wie ein Kriegsherr, der sich Charisma wünscht, um eine ergebene Armee aufzubauen; oder wie Gesetzesstifter wie Mose oder Mohammed, die in Begriffen der Intaktheit einer Gruppe denken. Für Jeshua ist ein Tag nicht dann ein guter Tag, wenn er möglichst viele neue Anhänger gewonnen hat, und ein Tag ist auch kein schlechter Tag, wenn das nicht der Fall ist. Jeshua denkt in Bezug auf Menschen nicht additiv. Für ihn ist mehr nicht besser. Jeder Mensch, den er vor sich hat, ist für einen Moment das eine verlorene Schaf.

Und er ist nie abgestoßen. Er sagt nie, dass etwas – jemand – zu schmutzig ist, um berührt zu werden; dass jemand zu verloren ist, um gefunden zu werden. Selbst in Situationen, in denen es keinen Grund für menschliche Hoffnung gibt, ist er nicht der Meinung, dass die Hoffnung nicht wieder zurückerlangt werden kann. Es mag zwar der Logik der Welt entsprechen, dass man Schiffbruch erleidet, aber er stimmt nicht zu, dass das alles ist. Er sagt, dass mehr heil gemacht werden kann, als man denkt. Es kann sehr viel mehr heil werden, als man weiß.

Heilige (Un)Vernunft!

Er erzählt noch eine Geschichte. Ein Vater hat zwei Söhne. Einer ist ein bodenständiger, verlässlicher Typ, der pflichtbewusst tagtäglich seine Arbeit auf dem Bauernhof erledigt und damit zufrieden ist; aber der andere ist ganz und gar Glitter und Lederhosen, und er überredet seinen Vater, ihm sein Erbe im Voraus auszuzahlen, damit er Spaß, Spaß, Spaß damit haben kann. Und den hat er dann auch in der fernen großen Stadt. Aber es geht dabei immer ein bisschen weiter bergab mit ihm, bis er ganz unten im Spaß-Sumpf angelangt, wo der Spaß eigentlich gar kein richtiger Spaß mehr ist, aber immer noch irgendwie unwiderstehlich, sodass man einfach weitermacht, obwohl man sich immer wieder fest vornimmt, damit aufzuhören; aber wenn man aufhört, dann lässt man zu, zu sehen, was man verloren hat. Bis ganz unten geht es mit ihm, dorthin, wo man sich nur noch ekelt, und das ist eine Phase, in der der jüngere Sohn Dinge tut, die er nicht einmal aussprechen kann. Bis er dann irgendwann wirklich ganz unten angekommen ist und ihm von seinem Geld und seinem Spaß nichts geblieben ist als die bittere Erkenntnis, dass er alles durchgebracht hat. Und der jüngere Sohn ist jetzt allein und völlig mittellos und ruiniert in der Gosse der großen Stadt; und er möchte zurück nach Hause kriechen, weil das alles ist, was noch geblieben ist. Aber er weiß nicht einmal, ob es zu Hause für ihn jetzt überhaupt besser ist; und eigentlich sieht er keinen Grund, weshalb es so sein sollte; schließlich hat er dieses Zuhause gegen Spaß, Spaß, Spaß eingetauscht. Er hat seinen Anteil an seinem Zuhause durchgebracht, hat sich die ganze Zeit immer wieder gegen dieses Zuhause entschieden. Als er sich also in den lächerlichen Lumpen seiner Partyklamotten – Klamotten, die so gar nicht für den Nachmittag auf der staubigen Landstraße gemacht sind – zu Fuß auf den langen Heimweg macht, mit eiternden Blasen an den Füßen und dem säuerlichen Gestank von altem Erbrochenen an sich, da übt er schon einmal ein, was er bei seiner Ankunft zu seinem Vater sagen will: „Vater, ich weiß, dass ich schon alles von dir bekommen habe, was mir zustand, und sogar noch mehr, und ich verdiene es gar nicht mehr, dein Sohn zu sein, aber kann ich vielleicht einfach als Aushilfe auf dem Bauernhof arbeiten und in der Scheune schlafen?" Als er dann aber den letzten Hügel hinuntertorkelt, noch bevor er den Eingang zur Farm erreicht hat, sieht er, wie eine Gestalt auf ihn zu gerannt kommt, und es ist sein Vater, der weint und lacht und ihm von weitem zuwinkt. „Vater", sagt er, „ich ..." Aber sein Vater hört gar nicht hin, sondern küsst ihn einfach, so stinkend und abgerissen, wie er ist, und er umarmt ihn, als wolle er ihn nie wieder loslassen. „Das hier ist mein Sohn", ruft er. „Das ist mein Sohn, der verloren war und wiedergefunden worden ist. Macht Badewasser heiß! Bereitet ein Festessen zu! Ladet alle Nachbarn ein!"

Aber das ist noch nicht das Ende der Geschichte. Sie hört in diesem Augenblick purer Freude noch nicht auf. Denn da ist ja auch noch der ältere Bruder. Er kommt wie immer von einem Tag bodenständiger, vernünftiger Arbeit nach Hause und fragt, was der Aufruhr zu bedeuten hat; und als er es erfährt, reagiert er sehr verhalten und mehr als nur ein bisschen angefressen, so, wie wir es wahrscheinlich auch wären, wenn wir auf die Geschichte mit unseren ganz normalen

Selbstschutzmechanismen und der dazugehörenden Skepsis reagieren würden. „Ach ja?", sagt die saure Miene des älteren Bruders – „das ist ja wirklich alles sehr rührend, aber es ist nur noch die Hälfte des Hofes übrig, und woher weißt du denn, Vater, während du dir noch die Tränen aus dem Bart wischst, dass der Partylöwe hier sich wirklich geändert hat? Vielleicht ist er ja nur absolut pleite. Und im Übrigen – wann ist denn für mich schon mal ein Fest veranstaltet worden, weil ich hiergeblieben bin und getan habe, was zu tun war, die ganze Zeit? Das ist einfach ungerecht!"

Und an dieser Stelle ergibt der Aufbau der Geschichte keinen Sinn mehr, genau wie beim verlorenen Schaf; oder besser gesagt, sie verliert sich – all das heimelige Gerede von Bauernhöfen und Brüdern –, denn hier geht es um etwas Anderes, nämlich um eine Liebe, die ganz bewusst wehrlos ist, indem sie sich nicht selbst schützt, eine Liebe, die bewusst und gewollt wehrlos und verletzlich ist und die nie aufhören wird zu fragen, ob der jüngere Sohn, so wie viele Junkies, wie ein Bumerang nur kurz ins Nest zurückkommt, um morgen die Silberlöffel zu stehlen und die Digitalkamera und wieder zurückzugehen, dorthin, wo der „Spaß" ist. Eine Liebe, die in einer Welt echter Farmen und echter Erbschaften und Eltern, die vielleicht mit ihren Kräften am Ende sind, nicht einfach so da ist; eine Liebe, die deshalb nur so sein kann *wie* ein Vater, der übers Feld gerannt kommt, um sein abgerissenes, heruntergekommenes Kind zu küssen. Aber eine Liebe, die wir vielleicht trotzdem brauchen, auch wenn wir sie irgendwann einmal nicht mehr verdient haben.

Jeshua

Jeshua erzählt die Geschichte zuerst aus der Sicht des verlorenen Sohnes und erst dann aus der Perspektive des guten Sohnes, sodass diejenigen, die die Geschichte hören, sich mit beiden identifizieren müssen, um sich in beiden selbst wiedererkennen zu können.

Und das tun wir auch, wenn wir genau so ehrlich sind, wie es Jeshua empfiehlt. In unterschiedlichen Zeiten unseres Lebens spielen wir nämlich beide Rollen. Wir zerstören, und wir bauen auf. Wir sind chaotisch, und wir sind die besorgten Instandhalter von dem bisschen Ordnung angesichts des herrschenden Chaos. Wenn wir uns nicht auch in der Rolle des verlorenen Sohnes wiederfänden, könnten wir uns nur dem älteren Bruder in seiner Forderung nach Gerechtigkeit anschließen. Aber weil wir uns auch in dem verlorenen Sohn wiedererkennen, brauchen auch wir – manchmal – etwas sehr viel weniger Zurückhaltendes als Gerechtigkeit. Auch wir haben es manchmal nötig, dass uns auf der Straße eine Liebe entgegengerannt kommt, die sich nie schaudernd abwendet wegen des Zustandes, in dem wir sind; die nie zögert, auszutesten, was diese Liebe aushalten kann, sondern nur ruft: „Das hier ist mein Sohn, der verloren war und wiedergefunden wurde."

Aber wie geht das? Wie kann eine grenzenlose Liebe in einer Welt der Grenzen praktiziert werden? Zunächst einmal versucht Jesus das anscheinend auf der Ebene des Körpers, als er durch die Provinz zieht. „Was willst du, das ich für dich tue?", fragt er die Leute, zu denen er spricht, und sehr oft lautet die Antwort: „Heile mich"; heile mich von den Krankheiten, die zu dieser Zeit und an diesem Ort in der Geschichte der Menschheit nicht heilbar sind. Lepra, Epilepsie, Lähmungen, Schizophrenie. All diese Unfälle einer Biologie, die offenkundig nicht sicher ist, nicht geplant, nicht vor Schaden geschützt durch die Liebe, die hinter dem Universum steht. Und Jeshua tut das, worum er gebeten wird. Er spuckt in die Hände und mischt einen Brei aus Erde und Speichel, er legt seine Hände auf zuckende Gliedmaßen und Stümpfe, wo früher einmal Finger waren, und seitlich an Köpfe, die Behältnisse unerträglichen Lärms oder jagender Elektrizität sind; und wo er das tut, ohne jegliches Aufhebens, ist das geduldige Leuchten, das allen besonderen Dingen vorausgeht, irgendwie aktiviert, nur dieses eine Mal, genau in diesem besonderen Moment, in einer winzigen Größenordnung, sehr lokal sickert es von dem Licht im Jenseits ins Hier und Jetzt hinein und macht es neu, und zwar so, wie es die Liebe eigentlich vorgesehen hatte.

Es geschieht Unmögliches. Blinde Augen können plötzlich sehen; durchtrennte Nervenstränge werden wieder verbunden; Beine werden gerade; Infektionen gehen zurück; Schmerzen verschwinden, und entsetzlich aufgeschreckte Seelen werden ruhig. Steh auf, sagt Jeshua. Geh, steh auf, lebe, sei in Bewegung, gehe deiner Beschäftigung nach, sei die geheilte Version deiner selbst. Vielleicht kann es zu dieser vorübergehenden Außerkraftsetzung der Gesetze des Universums kommen, weil der Schöpfer aller Dinge sich nicht mehr außerhalb von ihnen befindet, sie völlig unparteiisch stützt und versorgt, indem er alles festhält, aber nichts Spezielles berührt, sondern sich der Schöpfer selbst innerhalb seiner Schöpfung aufhält und Hände hat, die er ausstrecken kann, und eine Adresse in Raum und Zeit, von der aus er handeln kann. Dafür kann er aber andererseits jetzt nicht überall gleichzeitig sein. Er hat nur zwei Hände und eine Stimme. Er kann nur die Menschen berühren, die sich in Reichweite seiner Hände befinden, wenn er zu Fuß oder per Boot in der Provinz unterwegs ist. Und auch er selbst, der jetzt im Geltungsbereich von Grenzen existiert, hat Grenzen. Er erlebt Erschöpfung, wenn er viele Menschen geheilt hat; eine solche Erschöpfung, dass er taumelt. Praktisch jeder Tag endet damit, dass er seine Freunde hilflos bittet, ihn wegzubringen, und sie bringen ihn dann in einem Boot fort, oder sie bringen ihn auf einen Berg, einfach, damit er schlafen kann, wobei er die gewaltige Gesamtmenge des Leidens der Welt fast völlig unverändert zurücklassen muss. Und dann hat er in dieser Gesamtmenge nur ganz winzige Spuren hinterlassen, und nur ein verschwindend kleiner Teil von all dem Leid und den Krankheiten ist wirklich weg. Ein Mann, der in Vorderasien Wunder tut, ändert an der Leprastatistik gar nichts. Die Grausamkeit der grausamen Welt pflanzt sich schneller fort, als sich seine langsamen Hände bewegen können. Er gibt blinden Augen die Sehkraft zurück, aber die Ursachen für Blindheit wüten weiter. Er verhindert eine Steinigung, indem er sie unterbricht, aber in derselben Woche nehmen zwanzig andere Steinigungen ungehindert und ohne Zwischenfälle ihren Lauf.

Er kann das Leid der Welt auf diese Weise nicht heilen – auch wenn er weint, auch wenn er sich selbst schilt, auch

171

wenn er zu jeder Bitte ja sagt. Die Heilung geschädigter Körper kann nur ein Zeichen für das sein, weshalb er eigentlich gekommen ist. Sein Aufgabenbereich ist das menschliche Herz im metaphorischen Sinn, nicht der kontrahierende Muskel in unserem Brustkorb. Er ist da, um den MHDidSzs zu heilen und nicht Krankheiten. (Und ja, er kann den Unterschied erkennen. In der Provinz ist die Vorstellung weit verbreitet, dass Krankheit eine Sünde *ist*, oder zumindest die Folge von Sünde, und Jeshua achtet sehr darauf, dieser Vorstellung jedes Mal zu widersprechen und sie richtigzustellen, wenn er ihr begegnet.) Das meint er mit dem Kamel, das durch ein Nadelöhr geht; mit den verirrten Schafen, die wiedergefunden werden; mit dem zerlumpten, abgerissenen Sohn, der nach Hause zurückkommt. Sein Versprechen lautet, dass das Leid, das wir selbst verursachen, geheilt werden kann. Aber wie soll das gehen? Ist das nicht sogar noch unmöglicher? Heute, zweitausend Jahre später, können wir gegen viele der Krankheiten, die damals zu Jeshuas Zeiten grassierten, etwas tun, und unser Wissen über Krankheiten nimmt jedes Jahr weiter zu, sodass Leid sehr viel effektiver verringert werden kann, als das durch vereinzelte Wunder möglich wäre. Aber wie sollen wir denn wohl in einer Welt der Konsequenzen die Konsequenzen unserer eigenen Grausamkeit und unseres Versagens loswerden – besonders, wo doch Jeshua darauf besteht, dass wir uns selbst grausam ernst nehmen sollen?

Die Folgen des MHDidSzs verästeln sich von Momenten aus, die wir nicht zurückholen können, immer weiter. Unsere Vergangenheit ist vergangen und damit definitiv außer

Reichweite. Aus dem Kind, das man vernachlässigt hat, ist ein Erwachsener geworden, der – zum Teil – immer von dieser Vernachlässigung geprägt ist. Die Mühe, die man nicht in seine erste Ehe gesteckt hat, hat beim Ex-Partner Narben hinterlassen, die jetzt für immer ein Teil von ihm sind. Der nervöse Teenager, den man 1997 in Amsterdam dazu überredet hat, Cannabis zu probieren, und der darauf eine psychotische Reaktion hatte, lebt immer noch zu Hause bei den Eltern, hat immer noch massive Ängste und ist von einer permanenten inneren Unruhe geplagt. Nichts von alldem kann umentschieden, überarbeitet oder rückgängig gemacht werden. Wie also kann die Last all dessen, die wir, darauf besteht Jeshua, als ersten Schritt hin zur Hoffnung empfinden sollten, von uns genommen werden?

Die Religion des Gottes von allem, wie sie zur Zeit Jeshuas existierte, besagte, dass die einzige Möglichkeit, sich von der Vergangenheit zu befreien, darin besteht, Opfer zu bringen. Wenn man etwas getan hat, das im Gesetzbuch auf der Liste der verbotenen Taten steht, dann geht man in den einen Tempel der einen Stadt und bezahlt den festgesetzten Opfertarif für die Tat, der ebenfalls in dem Gesetzbuch festgeschrieben ist. Man kauft eine Taube oder einen Ochsen oder einen Widder bei den Opfertierhändlern, die im Vorhof des Tempels ihre Stände haben, und dann geht man mit dem Opfertier zum Priester, der es für einen schlachtet; und weil man reumütig ist und den Preis für das Opfer bezahlt hat, stirbt die Tat zusammen mit dem Opfertier. Und so ist man dann wieder mit Gott im Reinen. Aber Jeshua sagt, dass der

MHDidSzs universell ist und dass er sowohl unser Denken als auch unser Handeln unrein macht, und zwar weit über das hinaus, was im Gesetzbuch steht; und er spricht anscheinend auch nicht von Opfern. Jedenfalls nicht von Opfern, die wir bringen könnten. Anscheinend glaubt er nicht, dass eine gewisse Anzahl an Tauben – egal, wie viele – unsere Beziehung zu unserer eigenen Geschichte wieder in Ordnung bringen kann. Vielmehr glaubt er – und zwar zum Entsetzen all der frommen Leute, mit denen er redet –, dass er selbst das kann.

„Weißt du denn nicht, dass nur *Gott* uns vergeben kann?", fragt ihn eines Tages jemand, als genau in dem Augenblick ein Strahl von Sonnenlicht aufleuchtet im dunklen Innern des Hauses, in dem er sich gerade aufhält. Dieser Lichtstrahl ist allerdings kein Zeichen des Wohlwollens Gottes, sondern er kommt ganz einfach durch ein Loch im Dach. Die zupackenden Freunde eines Querschnittsgelähmten haben beschlossen, die lange Schlange von Leuten, die Jesus sehen wollen, zu umgehen, indem sie sich ihren Weg zu ihm durchs Dach bahnen. In einer herabrieselnden Mischung aus Dachstroh, Staub und Putz wird eine Liege an Seilen heruntergelassen. „Ja", sagt Jeshua müde, „weil das Wegnehmen von Schuld noch schwieriger wäre, als diesen Mann von seiner Lähmung zu heilen, oder? Aber nur, um zu zeigen, dass es wahr ist: Stehen Sie auf, Sir. Gehen Sie. Und nehmen Sie bitte auch Ihr Bett wieder mit."

Und jetzt zieht er auch endlich in Richtung der Stadt weiter. Er und seine Freunde schlagen den Weg in Richtung der trockenen, gelben Stadt auf dem Hügel in der Wüste ein, wo der Gouverneur des Weltreiches einen unsicheren Frieden mit den Obrigkeiten des einen Tempels hält. Darauf ist diese Geschichte schon immer hinausgelaufen. Das ist der Ort, wo sich ein *Christos*, ein *Moshiak*, erklären muss. Es ist der Ort, wo die Macht ist. Es ist der Ort, wo die Religion des Gottes von allem ihren Fokus hat. Es ist der Ort, wo Taten nicht mehr vorläufig, experimentell und reparabel sind, sondern konkret und endgültig werden. Es ist der Ort, wo dieses Schauspiel, welches auch immer es ist, sein Ende findet.

Sie kommen an der Stadtmauer an, aber das Tor, durch das Jesus in die Stadt gelangen will, ist schon geschlossen; also lagern sie bis zum nächsten Tag vor dem Tor. Dann betreten sie die Stadt, Jeshua und die Kerngruppe der etwa zwanzig Männer und Frauen, mit denen zusammen er die ganze Zeit unterwegs ist. Die schmalen Pflasterstraßen sind brechend voll mit Besuchern, die zum höchsten Fest des Jahres aus der Provinz in die Stadt gekommen sind. Der Anlass dieses Festes – das Fest eines abgewendeten Todes – ist das Gedenken des Volkes des einen Gottes an seine Rettung dadurch, dass alle anderen geplagt wurden; und die Besucher bekommen so etwas wie, nun ja, wie einen Festumzug zu sehen, bei dem Jeshua auf einem geliehenen Esel reitet, und die Freunde um ihn her rufen: „Macht den Weg frei! Macht den Weg frei!"

„Wer ist das? Ist das noch so ein verdammter Prophet?"

„Es ist dieser verrückte Prediger, der sagt, dass wir das Gesetz nicht brauchen. Es ist der Rabbi oben aus dem Norden, der Leute heilt."

Heilige (Un)Vernunft!

„Ach was. Der Typ, der die Leute im Fluss untertaucht?"

„Nein, der ist doch tot. Das hier ist ein anderer. Er ist ein König!"

„Ach, Unsinn, Könige reiten doch auf Pferden und nicht auf Eseln."

„Aber es gibt Prophetien über Esel. Vielleicht ist er es ja doch."

„Ach was! Der Kerl? Wo ist denn sein Schwert?"

„Es ist der König! Es ist der König!"

„Nicht so laut, du Idiot! Hol lieber sicherheitshalber die Kinder ins Haus."

Ist es ein König? Die Szene ist schwer zu deuten. Es ist wie der Einzug eines Königs und eine Parodie auf den Einzug eines Königs gleichzeitig. Jeshua tut genau das, was ein Christos tun würde, wenn er diesen Kraftimpuls durch die Menge für sich nutzen würde, wenn er auf den Schneeballeffekt der Unterstützung durch die Menge setzen würde. Aber die Details sind irgendwie anders, als es im Drehbuch steht, und zwar angefangen beim Esel über die Tatsache, dass anscheinend nur ein paar Freunde die Huldigungen skandieren, die man erwarten würde, bis hin zu dem Umstand, dass der Mann kein als Charisma ausgegebenes Dauerstrahlen aufgesetzt hat. Es ist nicht klar, was passiert. Aber *irgendetwas* ist da im Gang, und obwohl nur ein Teil der Menge jung genug oder hoffnungsvoll genug oder verzweifelt genug oder leichtgläubig genug ist, um Jeshua zuzujubeln, sind doch viele so neugierig, dass sie dem Zug folgen, um zu sehen, was wohl als Nächstes passiert; denn dieser Umzug (oder was auch immer es sein mag) ist eindeutig die verschlungenen Gassen hinauf unterwegs zum Tempel, zum höchsten Punkt der Stadt, durch das schmale Tor, wo die Enge gelber Hauswände und Ziegeldächer sich plötzlich zum weiten Vorhof, zu einer der heiligsten Stätten Gottes, hin öffnet. Die beiden Wachtposten lassen den Mob ohne ein Wort durch – bei einer solchen Anzahl liegt es in ihrem Ermessen, ob sie die Menschen hereinlassen oder nicht –, aber sie schicken lieber auch schnell einen Boten zum Hohenpriester, und als der von oben aus seinem Fenster schaut, sieht er, wie sich plötzlich vom Eingangspunkt aus eine Menschenflut ergießt und den gefliesten Vorhof füllt und gegen die Pferche drängt, in denen die Opfertiere gehalten werden. Inmitten der Menschenflut steigt ein Mann von seinem Esel ab. Der Hohepriester hat zwar schon größere Menschenansammlungen gesehen, aber diese hier ist groß genug, um einigen Schaden anrichten zu können, wenn es unschön wird. Oh-oh, denkt er und schickt nun seinerseits einen Boten zum Gouverneur.

Jeshua schaut sich um. Er sieht die Tauben in den Weidenkäfigen und die Frühlingslämmer im Stroh in den Pferchen und das nervös tänzelnde Vieh, das permanent unruhig ist wegen des ständigen Blutgeruchs, der aus den Toren des Tempels dringt. Er sieht die Tische der Geldwechsler, an denen man erst einmal die unreinen Münzen des Kaisers gegen die eigene reine, sonst nirgends gültige Tempelwährung eintauschen muss, bevor man überhaupt ein Opfertier erwerben kann. Er sieht den ganzen Apparat, der dazu da ist, diese kleine ummauerte Fläche von der gefährdeten, kolonialisierten

Heilige (Un)Vernunft!

Welt da draußen abzusondern und wirklich völlig getrennt zu halten. Und er fängt an zu schreien: „Das nennt ihr rein? Glaubt ihr, dass irgendetwas von alldem hier euch reinigen kann? Glaubt ihr, dass irgendetwas von alldem hier *das* fernhält" – und er deutet dabei mit einer ausholenden Geste auf die Stadt hinaus, auf die Hügel, das gesamte Reich. „Nichts ist rein! Dies ist das Haus des liebenden Vaters, der seine verlorenen Kinder zu Hause willkommen heißt! Dies ist das Haus meines Vaters und eures Vaters! Glaubt ihr, dass ihr seine Vergebung *verkaufen* könnt? Glaubt ihr, dass der Friede mit ihm einen *Preis* hat? Diesen Frieden kann man nicht kaufen! Und auch nicht verkaufen. Er kann nur geschenkt werden! Gott schenkt großzügig! Reißt den Tempel ein, und Er wird euch immer noch alles geben, was ihr braucht!"

Und in einer Art Raserei fängt Jeshua an, an dem Gestänge des nächstgelegenen Standes zu zerren. Das Brett, das als Verkaufstresen dient, löst sich, und kleine Silberstücke fallen kreisend und klingelnd auf die Bodenplatten, gefolgt von dem Geldwechsler, der sich danach bückt. Jetzt geht's los, denkt der Hohepriester und hofft, dass die Soldaten, die der Gouverneur inzwischen schon losgeschickt haben wird, wissen, dass sie den Tempel auf keinen Fall betreten dürfen, weil das auf der Stelle einen Aufstand auslösen würde.

Aber die Menge macht nicht mit. Jeshua hat nicht die entsprechenden Knöpfe bei ihnen gedrückt. Er ist hier genau am Kern dessen, was ihnen wichtig ist, und wenn er die richtigen Dinge gesagt hätte, um so viel gerechten Zorn in ihnen zu erregen, dass dieser Zorn stärker gewesen wäre als ihre Angst, dann hätte die Stadt ihm gehören können, zumindest so lange, bis die gewaltgeschulten Profis des Gouverneurs eingetroffen wären. Aber das tut Jeshua nicht. Er wettert unerklärlicherweise gegen einen Aspekt der Tempelszene, von dem jeder weiß, dass er einfach da ist und dazugehört, und, was noch wesentlicher ist, er sagt etwas Bedrohliches in Bezug auf das kostbare Gebäude. Sie schließen sich ihm nicht an. Da wollen sie nicht mitmachen. Sie sehen ihn nur an; und dann ziehen sie sich murrend aus dem Vorhof des Tempels zurück. Jeshua hat keinen Aufstand entfacht. Er hat nichts getan, außer sich selbst in den Augen der Oberen als Bedrohung zu erkennen zu geben. Der Oberpriester würde ihn jetzt verhaften, wenn er könnte, aber Jeshuas Freunde führen ihn weg von der Menge, die sich zurückzieht, und es würde nichts bringen, die ganze Sache neu zu entzünden, wo sich gerade alles wieder so schön beruhigt hat. Ihn in dem Gewirr der gelben Gassen wiederzufinden wäre definitiv ein Problem – aber eine Stunde später hat der Hohepriester richtig Glück, denn einer der Freunde von Jeshua kommt noch einmal zurück mit einem Tipp, wo sie sich voraussichtlich an diesem Abend aufhalten werden. „Er ist nicht der, für den ich ihn gehalten habe", sagt der Mann wütend und enttäuscht.

An diesem Abend feiern Jeshua und seine Freunde das große Fest in einem Raum im Obergeschoss eines Hauses, der ihnen dazu zur Verfügung gestellt worden ist. Jeshua ist in einer seltsamen Stimmung, und sie schauen ihn immer wieder beunruhigt an, während sie gebratenes Lamm und ungesäuertes Brot mit bitteren Kräutern essen, gemeinsam

Heilige (Un)Vernunft!

aus dem Weinkelch trinken und die Geschichte erzählen, wie Gott vor langer Zeit Sein Volk aus der Gefangenschaft geführt hat. Jeshua wirkt gar nicht wie jemand, dessen Pläne gescheitert sind; er ist überhaupt nicht durcheinander oder bedrückt. Aber trotzdem ist er von einer geradezu bebenden Intensität. Alles, was er sagt, scheint wohlüberlegt und aufwändig, so als ob dieses Essen anstelle einer Revolution ein Teil von etwas Entsetzlichem ist, zu dem er sich selbst zwingt – Schritt für Schritt, Wort für Wort, Handlung für Handlung. Nach dem Essen tut er etwas, das eigentlich nicht zu den Ritualen des Festes gehört. Er nimmt eines der flachen Brote, die bisher noch unberührt daliegen. „Dies ist mein Leib", sagt er, und dann bricht er das Brot mit beiden Händen in der Mitte durch. Danach bittet er um den Weinkelch. „Dies ist mein Blut", sagt er. „Tut dies, wenn ihr euch an mich erinnert." Das ist wieder so eine Vergleichsgeschichte – aber die Freunde machen sich keine allzu großen Gedanken darüber, was es bedeuten könnte, weil ihnen unglaublich bange wird bei der Endgültigkeit, mit der er das alles sagt. „Wir sollen uns an dich erinnern? Uns an dich *erinnern*? Wohin gehst du denn? Wir werden dich nicht verlassen. Mach dir keine Sorgen wegen der Sache im Tempel heute; das spielt keine Rolle. Wir verlassen dich nicht, Lehrer."

Aber das tun sie dann doch. Ein paar Stunden später, als sie bei Dunkelheit im offenen Gelände am Rand der Stadt im Freien kampieren, werden sie von einer Patrouille der Tempelwache entdeckt – und die Freunde, die von Jeshua Führung erwarten, sie aber nicht bekommen, zögern, werden unsicher, bekommen Angst, laufen weg und lassen ihn allein in Fesseln gelegt zurück.

Den Rest der Nacht wird er dann von den Wachen von einer Stelle zur anderen geführt: zu einer schnell zusammengerufenen Versammlung des Tempelgerichtes im Haus des Hohenpriesters, dann weiter zu einem schnellen Verhör durch den gähnenden Gouverneur, der extra aus dem Bett geholt worden ist, um zu bestätigen, dass der zivile Zweig des Weltreiches das Urteil des Tempelgerichtes bestätigt. Diese Eile ist kein Zeichen dafür, dass der Fall Jeshua besonders dringlich oder wichtig wäre, sondern genau dafür, dass die beiden Organisationen, die in der Stadt das Sagen haben, ihn möglichst unter dem Teppich halten wollen. Ihr Ziel ist es, diesen unbedeutenden Rabbi aus dem Norden, der solchen Ärger macht, noch rasch vor Morgengrauen aus dem Weg zu schaffen. Er wird gar nicht besonders grausam behandelt, sondern es passiert mit ihm genau das Gleiche, ganz Normale, was auch mit anderen Gefangenen passiert. Er wird ein paarmal geboxt und gestoßen, damit er weitergeht, und er wird vor seinen Gesprächen mit den Machthabern zusammengeschlagen, um ihn zu ein bisschen mehr Reue und Kooperation zu bewegen. Vielleicht verliert er dabei ein paar Fetzen Haut, ein paar Zähne, hat vielleicht eine gebrochene Nase und ein paar gebrochene Rippen, aber das ist alles ganz normal und nicht die erfinderische Grausamkeit eines Folterers, der wirklich zur Sache geht. Es ist lediglich die Folge seiner neuen Position als Objekt, eines zwar noch lebenden Wesens, das aber schon weitgehend eine Sache ist, jetzt, wo sich diejenigen mit ihm befassen, die die Macht haben. Dieser Körper ist bereits jenseits menschlicher Rücksichtnahme; er braucht nicht behutsam behandelt zu werden mit Blick auf ein künftiges Überleben, weil er keine Zukunft mehr hat. Der ganze Ablauf zeigt ziemlich deutlich, dass dieser Körper zum Sterben bestimmt ist, und deshalb ist es auch egal, was mit ihm passiert. Das einzig Merkwürdige ist, dass Jeshua, der ja immer so wortgewandt gewesen ist, der ja des Öfteren mit Worten eine Art geschicktes Schattenboxen betrieb, sich absolut weigert, sich zu verteidigen. Die ganze Nacht gibt er nur wie ein Echo die Anschuldigungen wieder zurück, die gegen ihn vorgebracht werden. „Du hast Drohungen gegen den Tempel ausgestoßen." „Du sagst es", antwortet Jeshua. „Du bist ein Gotteslästerer, einer, der das Sabbatgebot bricht, ein Feind des Gesetzes." „Du sagst es." „Du glaubst, dass du Sünden vergeben kannst." „Du sagst es." „Du behauptest, König zu sein." „Du sagst es." „Du bist eine Bedrohung für die öffentliche Ordnung." „Du sagst es." Die ganze Nacht eine menschliche Spiegelwand, die nur widerspiegelt, was sich vor ihr befindet, nur dass er die ganze Zeit den lädierten Kopf gesenkt hält und sich jeweils ausschließlich auf die Person konzentriert, die gerade spricht, so als wäre diese Person der einzige Mensch auf der Welt. Er braucht nicht zu fragen, was sie von ihm wollen, denn sie geben ihm darauf die ganze Zeit die Antwort. Wir wollen, dass du schuldig bist. Wir brauchen es, dass du ein Chaot bist, der weg muss, damit die Welt reibungslos funktioniert. Wir brauchen es, dass du der unreine Schatten unserer Rechtschaffenheit und der guten Ordnung des Weltreiches bist. Es ist wichtig für uns, dass du Schmutz, Krankheit, Verbrechen, Schande, Demütigung, Chaos, Finsternis bist, damit wir Tugend, Gewissheit und Licht sein können. Wir brauchen es, dass du *im* Dreck liegst, und zwar möglichst bald. Nimm's bitte nicht persönlich.

Als es Tag wird, befindet er sich wieder in einer Art Umzug, diesmal allerdings kann ihn keiner mehr irrtümlich für einen König halten. Er taumelt unter seinem eigenen Hinrichtungswerkzeug, einem großen hölzernen Ding, das er kaum schleppen kann, begleitet von einer Eskorte aus Soldaten der Besatzungsmacht. Und die Schaulustigen, die noch verschlafen blinzelnd aus ihren Unterkünften kommen, in denen sie die Nacht nach dem Fest verbracht haben, sehen nicht ihre Hoffnung, ja nicht einmal die Chance auf diese Hoffnung, vorbeiziehen. Sie sehen ihre Enttäuschung, sie sehen ihre Frustration. Sie sehen alles, was an ihnen selbst zu schwach ist oder zu viel Angst hat, um den bärenstarken Söldnern zu trotzen; und sosehr sie die Soldaten auch hassen, hassen sie ihn noch mehr, weil er so erbärmlich in die Rolle des Opfers abgeglitten ist. Geflüsterte Worte über seinen lockeren Lebenswandel, seine Unfrömmigkeit, seine Vorliebe für schlechte Gesellschaft machen die Runde. Und seht ihn euch doch an. Er hat doch etwas Abstoßendes, findet ihr nicht? Etwas, wobei man sich innerlich windet. Etwas … Hinterhältiges. Er ist so blass und sieht richtig krank aus mit dem verkrusteten Blut um den Mund herum. Er sieht aus wie ein Pädophiler, der von der Polizei abgeführt wird. Er sieht aus, als käme er aus dem Wald; als ob er gar kein Tageslicht verdient hat. Er ist ein Schandfleck für den neuen Tag. Jemand versetzt ihm im Vorbeigehen einen Tritt in den Hintern – und ups!, da liegt er platt auf der Nase, und das Kreuz auf seinem Rücken drückt ihn platt auf den Boden, sodass er wie ein zappelnder Käfer aussieht, wie er so daliegt, und das ist, mal ganz ehrlich, das ist richtig komisch. Jeshua ist ein Witz. Er ist kein Messias, sondern eher irgendein Fleck von etwas Ekligem auf dem Straßenpflaster. Und während er sich dort weiter abmüht, erkennt er jedes brüllende, johlende Gesicht. Er kennt unsere Namen. Er kennt unsere Geschichte.

Und weil er zwar ein schwacher und verängstigter Mann ist, aber auch die Liebe, die die Welt ausmacht, ein Mann, für den alle Zeiten und Orte gleichzeitig und gleichermaßen gegenwärtig sind, spürt er nicht nur einfach Zorn und Bosheit und einen unerträglichen Selbstekel dieser Menschenmenge an diesem Freitagmorgen in Palästina; sondern er wendet sein zerschundenes Gesicht der ganzen Menschenmenge, der gesamten Menschheit zu, und zwar der Menschheit der Vergangenheit, der Gegenwart und der Zukunft, und er nimmt alles auf sich, was wir auf ihn werfen, alles, was wir fürchten, selbst verdient zu haben. Die Tür seines Herzens steht weit offen, und es rauscht die ganze verseuchte, abscheuliche und aufgewühlte Flut von Grausamkeit, Versagen und Geheimnissen hinein. „Lasst mich euch das abnehmen", sagt er. „Gebt es mir. Lasst mich es tragen. Lasst mich die Schuld dafür auf mich nehmen. Ich bin groß genug. Ich bin weit genug. Ich bin nicht so, wie es euch gesagt wurde. Ich bin nicht euer König oder euer Richter. Ich bin der Vater, der sich nach jedem seiner

Kinder sehnt. Ich bin der Freund, der euch nie verlässt. Ich bin das Licht hinter der Dunkelheit. Ich bin das Leuchten, das durch eure Schande nicht zum Erlöschen gebracht werden kann. Ich bin der Geist der Liebe in der Folterkammer. Ich bin Veränderung und Hoffnung. Ich bin das reinigende Feuer. Ich bin die Tür, wo ihr gedacht habt, es gäbe nur eine Wand. Ich bin das, was nach dem ‚Verdienthaben' kommt. Ich bin die Erde, die den Blutfleck aufnimmt. Ich bin das Geschenk, das nichts kostet. Ich bin. Ich bin. Ich bin. Schon vor Grundlegung der Erde, ich bin."

Aber es bringt ihn trotzdem um. Er hat nie versprochen, dass man sicher sein würde, wenn man versucht, ohne Furcht zu leben. Die Soldaten führen ihn durchs Stadttor hinaus und treiben ihn auf die kleine Kuppe der Schädelstätte, wo die Todesstrafen vollstreckt werden, ihn, der mühsam und schwer atmet, der immer wieder stolpert und ausrutscht, angetrieben von den zermalmenden Schlägen mit Schwertknäufen. Sie fesseln ihn an das Kreuz und richten es dann auf. Das ist die Strafe des Weltreiches für aufsässige Sklaven, bewusst langsam und schlimm, ausgedacht als Schauspiel eines tagelang dauernden Kampfes, bei dessen Anblick Passanten gaffend stehen bleiben. Bei der Hinrichtung am Kreuz stirbt der Delinquent einen langsamen Erstickungstod, wenn er irgendwann zu müde und schwach ist, das eigene Körpergewicht zu stemmen, um Luft zu holen. An Jeshuas Kreuz ist über seinem Kopf ein Schild angebracht. HIER IST EUER KÖNIG, steht darauf, und zwar in allen Sprachen, die in der Provinz gesprochen werden. Der Hohepriester hat das Schild nicht gewollt, aber der Gouverneur will damit eine Ansage machen. Und Jeshua hängt dort. Er hat Mühe, ein bisschen von der kostbaren Luft einzuatmen, die in seiner gebrochenen Nase pfeift.

Er kann jetzt absolut nichts Wohlüberlegtes tun. Die Last seines gesamten Körpergewichtes an den ausgestreckten Armen verursacht zu starke Schmerzen. Der Schmerz ist überall und belegt ihn voll mit Beschlag, verdrängt alle anderen Gedanken. Das ist bei ihm ganz genau so wie bei jedem anderen, der jemals an einer dieser grausigen Vorrichtungen hingerichtet worden ist, oder für jeden, der unter Schmerzen durch irgendetwas aus dem düsteren Arsenal der Möglichkeiten der Welt stirbt. Und dennoch nimmt er weiter alles auf sich. Und das ist nicht das, was er tut, es ist das, was er ist. Er ist eine ganz und gar offene Tür: für Kummer, Leid, Schuld, Verzweiflung, Schrecken, für alles Unentrinnbare, und er versucht nicht einmal, dem zu entrinnen, sondern wendet sich ihm zu, nimmt alles auf sich. Das ist jetzt alles meins, sagt er; und er lässt sich auf das alles ein, mit allem, was auf ihn gepackt wird, jede finstere Tat, jede schlimme Erinnerung, als wäre es etwas Kostbares, als wäre es das geliebte Kind, das auf der Straße nach Hause gewankt kommt. Aber es gibt so viele davon. So viele verletzte Kinder; so viele abgeschlossene Räume; so viel einsamen Zorn; so viele gelangweilte Teenager an Straßensperren; so viele betrunkene Mädchen, von denen jemand gedacht hat, man könnte ein bisschen Spaß mit ihnen haben; so viele Witze, die zu weit gehen; so viel ruinöse Gier; so viel kranke Phantasie; so viel verbrannte Haut. Die Welt, die er beansprucht, beansprucht ihn. Sie brennt und sticht, sie splittert und meißelt, sie umschließt ihn und zieht ihn herunter.

Hier opfert nicht ein Reicher etwas, das er ohne weiteres entbehren kann. Dies ist nicht das Opfer irgendeiner übernatürlichen Gestalt, für die es dadurch vorübergehend ein bisschen ungemütlich wird. Das hier ist Liebe, die dort hingeht, wohin wir am Ende gehen, und zwar alle. Jeshua ist längst darüber hinaus zu versuchen, uns zu zeigen, was jenseits der Grenzen der Welt liegt. Er ist jetzt selbst zu diesen Grenzen unterwegs, immer weiter, immer tiefer, und die Grenzen werden immer enger für ihn, werden so eng, dass da schließlich nur noch ein Brustkorb ist, der sich nicht mehr ausdehnen kann; werden immer enger für ihn, so, wie es Konsequenzen für jeden immer enger werden lassen. Er ist an den Ort gegangen, an den uns unser Leid führt, wenn es am schlimmsten ist: in die Sackgasse der Schuld, in die Endlosschleife der Panik, zum Schrottplatz der Verzweiflung, wo alles kaputt ist. Es gibt nichts, was ihm dort Gesellschaft leisten könnte, außer dem Licht, dessen Leuchten unter den Dingen er immer gespürt hat. Aber auch dieses Licht geht weg. Er ist jetzt so tief unter all den Schichten des Leides, so tief begraben unter dem Gewicht dieses Leides, das schwer ist wie ein Berg, dass der Druck sein Gefühl für das Licht aus ihm herauspresst. Es ist von dem Licht nicht mehr übrig als ein Fleckchen, ein winziger Punkt, den die Welt in sich selbst einschleift, ein Punkt, der immer trüber wird, während die Schichten der Finsternis sich immer höher auf ihm auftürmen. Und dann geht auch dieses Licht ganz aus. Natürlich tut es das. Die Liebe kann den Tod nicht reparieren. Der Tod ist stärker als die Liebe. Das weiß doch jeder. Aber Jesus hat es nicht gewusst, bis jetzt. Zum ersten Mal in seinem ganzen Leben fühlt er sich allein. Jetzt gibt es kein Liebeslied. Da ist kein freundlicher Vater. Da ist nur ein Mann am Kreuz, der unter Schmerzen stirbt; ein törichter Mann, der sich dafür entschieden hat, Leben und Atmen aufzugeben, um ein Leichnam an einem Kreuz zu sein. Die gelben Mauern der Stadt verschwimmen vor den Tränen in Jeshuas Augen, und er macht den Mund auf und schreit die Neuigkeit hinaus – die allerdings nur für ihn neu ist –, dass wir nämlich verlassen sind an einem finsteren Ort, an den niemals Hilfe gelangt.

Am Morgen kommen die Freunde herausgekrochen und bitten um den Leichnam, versprechen ein anonymes Begräbnis ohne jegliches Aufheben. Sie dürfen ihn wegbringen, eingewickelt in einen Leinensack, der langsam von innen her fleckig wird. Die Schädelstätte bekommt viele solcher Trauerzüge zu sehen. Die Zeit reicht nur dazu, das, was von Jeshua übrig ist, hastig in ein Felsengrab an der Hauptstraße zu legen. Den Leichnam zu waschen, wie es sich gehört, und ihn aufzubahren muss warten; der heilige Samstag naht, und niemand will eine Konfrontation.

Am nächsten Tag ist es den ganzen Tag ruhig in der Stadt. In der Luft über den Häusern fehlen die gewöhnlichen tausend kleinen Rauchsäulen der Kochfeuer. Vom Tempel her steigen Choräle auf. Die Familien halten sich drinnen auf. Die Soldaten sind wieder in ihren Kasernen. Der Oberpriester ist vom Singen schon ganz heiser. Der Gouverneur spielt Schach mit seinem Sekretär und diktiert Briefe.

Bis zum Mittag ist das kostenlose Brot, das im Tempel für die Armen ausgegeben wird, bereits altbacken, schmeckt aber noch einigermaßen, wenn man es in Wasser oder Brühe tunkt. Der Tod hat das Leben nur so weit unterbrochen, wie er es immer tut. Wir sterben einer nach dem anderen und sind nicht mehr da, aber das Leben der Lebenden geht weiter. Die Erde dreht sich weiter. Die Sonne zieht ihre Bahn von Osten nach Westen nicht langsamer oder schneller als sonst.

Am frühen Sonntagmorgen kommt eine der Frauen, die mit Jesus unterwegs gewesen sind, noch einmal mit Leinentüchern, einem Krug Wasser und einem Kästchen mit Grabkräutern, die den Verwesungsgeruch dämpfen sollen, zum Grab zurück. Sie ist gewappnet für das, was ihr bevorsteht. Als sie aber an das Grab kommt, stellt sie fest, dass die Leichentücher in der Ecke liegen und der Leichnam verschwunden ist. Ganz offensichtlich ist ein anonymes Begräbnis doch nicht anonym genug. Sie setzt sich vor die Grabhöhle in die Sonne. Die Insekten sind inzwischen erwacht hier am Rand der Wüste, und eine Biene schwirrt um eine Lilie herum. Die Frau bemerkt nicht die Füße, die am Rand ihres Blickfeldes auftauchen. Jetzt reicht es aber, denkt sie. Jetzt reicht es aber wirklich.

„Fürchte dich nicht", sagt Jeshua. „Es kann sehr viel mehr heil gemacht werden, als du weißt."

Sie weint. Der Hingerichtete hilft ihr beim Aufstehen.

6
UND SO WEITER

Ich habe natürlich geschummelt. Ich habe beim Erzählen vereinfacht und selektiert und die Geschichte erhöht, um ihren emotionalen Aufbau so deutlich wie möglich zu machen. Ich habe umformuliert und neu geschrieben, ich habe sie aus der modernen Zeit heraus erzählt und entfremdet, um die vorhandene Vertrautheit daraus zu entfernen, durch die vielleicht verhindert werden könnte, dass die Geschichte ganz frisch und wie neu gehört wird. Und vor allem habe ich eher die Bedeutung der Geschichte erzählt als das reine Geschehen; ich habe die Bedeutung, die Christen dieser Geschichte beimessen, *in die Ereignisse* eingearbeitet, statt die Entscheidung, wie Sie sie interpretieren wollen, Ihnen zu überlassen.

Aber das gilt auch für die Art von Geschichte, die man in den vier Biografien von Jeshua/Jesus im Neuen Testament findet. Denn das Erste, was an diesen Geschichten beachtet werden muss, ist, dass sie keine Interpretation darstellen, die schlichten Zeugenberichten über die Ereignisse aufgesetzt wurden. Und es ist auch nicht so, dass auf die Geschichte eines guten Menschen die Phantasiebehauptung aufgepfropft wurde, dieser sei der Mensch gewordene Gott. Die Gott/

Mensch-Mischung in der Geschichte ist ziemlich merkwürdig, und die Menschen wollen schon seit langer, langer Zeit die beiden Elemente immer wieder voneinander trennen und so die zentrale Figur unkomplizierter und homogener machen. Eigentlich wollen sie das schon die ganze Zeit, seit es das Christentum gibt, also von den Gnostikern des zweiten Jahrhunderts n. Chr., die ihn als ganz und gar göttlich sahen, über die Arianer im vierten Jahrhundert, die ihn als ganz Mensch sahen, über den Islam im siebten Jahrhundert, der hartnäckig darauf bestand, dass er nur ein Prophet sei, bis hin zu den Deisten des achtzehnten Jahrhunderts und den Unitariern des neunzehnten Jahrhunderts, die ihn als „großen moralischen Lehrer" bejubelten, und bis hin zu Philip Pullman, der ihn vor fünf Minuten in seinem Roman *Der Gute Herr Jesus und der Schurke Christus* sorgfältig zu Zwillingen demontiert (von denen keiner halb göttlich ist, sondern in denen das ganze zwielichtige und unheilvolle Zeugs organisierter Religion auf den Zwilling „Christus" konzentriert ist, der es dann seinem Bruder „Jesus" überlässt, den Lasst-uns-alle-nett-zueinander-sein-Aspekt von ihm zu verkörpern; Sie wissen schon, bei dem man irgendwie nicht anders kann, als ihn zu respektieren. Pullmans Jesus endet als Atheist. Er ist also ein *wirklich* guter Mann).

Jetzt liegt ein allgemeines Gefühl in der Luft, dass irgendjemand aus der Urgemeinde, wahrscheinlich Paulus, dem armen Jesus rückblickend Göttlichkeit zugesprochen und ihm dadurch etwas aufgedrückt hat, was eindeutig eine absolut normale und kein bisschen geheimnisvolle Karriere als jüdischer Prediger war, um diese dann als Vehikel für irgendeinen seltsamen Unsinn zu benutzen. Jesus rennt in der Gegend herum und ermutigt Menschen, freundlich zu sein und bereit zu vergeben; und als er dann ungefährlich, weil tot, ist, wird er als Hauptdarsteller eines unglaubwürdigen kosmischen Schauspiels eingesetzt, von dem er absolut entsetzt gewesen wäre, hätte er jemals davon erfahren. Nimmt man diese aufgesetzte Interpretation wieder weg, dann befindet sich darunter nur ein Mann, ein unbedeutender religiöser Reformer aus dem ersten Jahrhundert mit einer fixen Idee in Bezug auf Freundlichkeit; eine Person aus den abergläubischen Zeiten vor der Aufklärung, die es zwar gut meint, die aber irrelevant ist. Ergebnis dieser Richtigstellung: Glück.

Das Problem dabei ist allerdings, dass die historische Reihenfolge, in der wir an diese Geschichte gelangt sind, genau umgekehrt ist. Die Interpretation war zuerst da, schon vor den Berichten über ihn, wie er predigend und lehrend durchs Land zog. Die ältesten Schriften des Neuen Testamentes sind die Briefe („Episteln") des Paulus an die verschiedenen Urgemeinden. Sie wurden in den 50er Jahren n. Chr. verfasst, also etwa fünfzehn bis zwanzig Jahre nach der Kreuzigung, und es handelt sich dabei um mit Metaphern schwer beladene Diskurse darüber, was Jesus war und welche Bedeutung er hatte. Diese Briefe sind noch nicht in dem ausgefeilten theologischen Vokabular zur Beschreibung von Jesus verfasst, das später verwendet wurde – zum Teil, weil die Briefe selbst erst dabei halfen, dieses Vokabular zu erfinden –, und ganz sicher gibt es in den Briefen noch nicht die Dreiecksskizze von der

„Dreieinigkeit", bei der das Christentum schließlich endet. Aber diese Briefe enthalten eine absolut exakte Reihe von Überzeugungen über ihn. Dass die Taten Jesu auf der Welt Gottes Taten waren; dass dort, wo Jesus gegenwärtig war, auch Gott unmittelbar anwesend war; dass sein Tod und die Auferstehung vom Tod Gottes Plan waren, um den Menschen die Last der Schuld und Schande und den Abscheu abzunehmen und ihnen ein Leben zu zeigen, das größer ist als das Gesetz. Diese Reihe von Aussagen ist die erste Schicht von vom Christentum organisierten Worten und Übereinkünften. Das und nicht die Biografien sind die Grundlage. Was wiederum bedeutet, dass die seltsame Gott/Mensch-Mischung bereits dort *in* dieser Grundlage vorhanden ist. Vielleicht ist es nicht wahr und tatsächlich nur eine Erfindung, oder vielleicht ist es auch ein Missverständnis, aber eine Hinzufügung zur Geschichte ist es jedenfalls nicht.

Diese Biografien („Evangelien") gibt es, weil erste Christen – d.h. Menschen, die schon sehr früh an die Gott/Mensch-Mischung in Jesus glaubten – die Geschichte veranschaulichen wollten, um deren emotionale Kraft zu vermitteln (und das ist bei Menschen nur durch Geschichten möglich). In den 50er und 60er Jahren des ersten Jahrhunderts gab es eine Art Sammlung von Aussagen von Jeshua, die wahrscheinlich in vielen leicht voneinander abweichenden Abschriften weitergegeben wurden. Diese Aussagen wurden jetzt in derbem Alltagsgriechisch zu einer zusammenhängenden Geschichte ausgebaut. Das geschah insgesamt vier Mal, beginnend in den 70er Jahren mit dem Bericht, der im Neuen Testament als

Und so weiter

Markusevangelium bezeichnet wird, und endend Ende der 90er oder Anfang der 100er mit dem Johannesevangelium, wobei jeder Bericht eine etwas andere Auswahl aus dem Füllhorn von Erinnerungen und Überlieferungen trifft, jeder in der Darstellung von Jesus einen etwas anderen Schwerpunkt setzt und jeder etwas von den aktuellen Konflikten des Jahrzehntes, in dem er geschrieben wurde, mit aufnimmt.

Man beachte dabei die Sprache, in der das geschah: Die Geschichte ist in der Handelssprache des gesamten Ostens des römischen Reiches verfasst und nicht in dem semitischen Dialekt, den Jeshua tatsächlich gesprochen hatte. Die Geschichte hatte also schon ihre Reisegarderobe an. Das ist die Stelle, an der aus Jeshua Jesus wird. Und beachten Sie auch die Zeit: Ende der 60er Jahre war es endlich zu der langerwarteten Explosion in Palästina gekommen, und zwar in Form des ersten von drei großen Aufständen, von denen jeder unter enormen Verlusten mehrerer Legionen gewaltgeschulter Profis niedergeschlagen wurde.[17] Als mit der Niederschrift der Evangelien begonnen wurde, lag Jerusalem bereits in Schutt und Asche, und der Tempel war eine Ruine; in den ländlichen Gebieten der Provinz wurde mit der ethnischen Säuberung begonnen. Die Landschaft kleiner Städte und Kleinstadtsynagogen, die von sehnsüchtigen, angstvollen, zornigen Menschen frequentiert wurde, existierte kaum noch. Die Verfasser der Evangelien ließen also einen verlorenen Ort und eine verlorene Zeit

---

[17] Beim letzten der drei, dem Bar-Kochba-Aufstand von 132-136, tauchte ein tatsächlicher Old-school-*Moshiakh* auf. Es gab bei dem Aufstand etwa sechshunderttausend Tote.

wieder aufleben, als sie die Reisen Jesu vor fünfzig, sechzig oder siebzig Jahren beschrieben, und dabei kam es immer zu einer Verschmelzung der Ereignisse und deren Interpretation.

Und selbst wenn man versucht, aus den Biografien alles zu entfernen, was explizit dem Geschichtenerzählen über die Gottheit Jesu gewidmet ist, und sich nur auf die Teile konzentriert, die unstrittig aus der verlorenen Sammlung von Aussagen Jesu stammen müssen, gelangt man *immer noch nicht* zu der Schicht, in der er lediglich ein weiser Mann ist, der seine Weisheit verbreitet. Das Auffällige an den Ratschlägen, die er in Bezug auf Verhalten gibt, ist, wie katastrophal unpraktisch das meiste davon als Anleitung für ein gutes Leben ist, wenn man unter einem guten Leben ein Leben versteht, das einem selbst Sicherheit bietet, ein Leben, das wenigstens ein wenig vorausschauend ist, ein Leben, in dem das Interesse besteht, in einer einigermaßen tragfähigen Gemeinschaft zu leben. „Große Morallehrer" neigen normalerweise dazu, sich Gedanken darüber zu machen, dass man seine Eltern ehrt (Konfuzius), Pflicht und Gerechtigkeit zu definieren (Sokrates), sich von allem Wünschen und Verlangen frei zu machen (Buddha), das Gesetz zu entdecken (Mose) und Menschen dazu zu bringen, sich als verantwortliche Individuen zu betrachten statt als Teil eines Stammes (Mohammed). „Wenn dich jemand um deinen Mantel bittet, dann gib ihm auch noch dein Hemd", ist so gesehen keine „große moralische Lehre", sondern entweder Dummheit oder *sonst etwas*.

Unnötig zu bemerken, dass dieses *sonst etwas* einfach Folgendes sein könnte: ein Fehler.

Und so weiter

C.S. Lewis hat eines der großen „Bad Arguments" aller Zeiten hervorgebracht, als er behauptete, dass Jesus entweder
a) genau das gewesen ist, was er gesagt hat, vielleicht ein bisschen aufgehübscht für diesen Anlass
oder
b) die niederträchtigste Person, die je gelebt hat. Eine kurze Denkpause, die nicht länger als Sekundenbruchteile dauert, eröffnet aber eine weitere durchaus konkrete Möglichkeit, die Lewis versuchte auszuschließen, die aber trotzdem die ganze Zeit da ist und auf sich aufmerksam macht,
c) und zwar die, dass Jesus wirklich glaubte, die brennende, dringliche Art, mit der er die Menschheit sah – die Wahrnehmung eines Liebenden – komme irgendwie von dem Gott von allem, das aber ganz schlicht und einfach *falsch* war.

Man kann sich alle möglichen Umstände vorstellen, unter denen sich in einer aufgeladenen, verzweifelten und theologisch erwartungsvollen Umgebung ein intensiv empfindender junger Mensch selbst einredet, dass es seine Aufgabe und sein Auftrag sind, Gott und die Menschheit miteinander zu versöhnen. Was ihn allerdings nicht zu einem Messias, sondern nur zu einem dummen Jungen machen würde. Oder es trifft Möglichkeit
d) zu – der Fehler hat vielleicht tatsächlich bei der Urgemeinde gelegen, und vielleicht ist ein jüdischer Jesus mit etwas ganz und gar anderem im Sinn nur bei der Übersetzung von Erinnerungen in Worte verlorengegangen.

197

Aber die Geschichte, die die ersten Christen erzählten, war verbindlich die Geschichte von Gott-unter-uns, die Geschichte, wie Gott in unser Leben und unseren Tod hineinkommt.

Aber Moment mal. Gibt es nicht unzählige andere „Evangelien", die willkürlich übergangen und unterdrückt und aus dem Bild ausgeblendet werden, um die Illusion theologischer Orthodoxie zu erzeugen? Sie wissen schon, schwer atmend und wogend vor heimlichem Wissen und heißem Sex? Also ... nein. Nicht wirklich. Tut mir leid. Die Verleger, die versuchen, von dem Hype nach dem Buch und der Verfilmung von *Der Da-Vinci-Code* zu profitieren, indem sie Massenausgaben von *Das Thomasevangelium*, *Das Judasevangelium*, *Das Evangelium der Maria Magdalena* und so weiter herausbrachten, müssen sich wirklich anstrengen, damit dieses Zeugs einigermaßen spannend ist und Leser fasziniert. Denn kaum eines dieser Bücher erzählt tatsächlich eine fortlaufende, schlüssige alternative Version der Lebensgeschichte Jesu. Sie beziehen sich alle nicht auf andere Fakten, Einzelheiten und Erinnerungen in Bezug auf ihn; die meisten davon wurden viel später geschrieben als die biblischen Evangelien, in den späten 100er Jahren, den 200ern oder sogar erst den 300ern, und sie werden alle als „Evangelien" bezeichnet, weil „Evangelium" zu diesem Zeitpunkt bereits die Bezeichnung für etwas Seriöses und Offizielles geworden war, ganz ähnlich, wie nach dem Erscheinen des berühmten und sehr einflussreichen Buches *Über die Entstehung der Arten (The Origin of Species)* von Charles Darwin – wie rasches Googeln zeigt – jede Menge Bücher mit Titeln wie *The Origin of Wealth, The Origins of Political Order, The Origin of the World Mythologies, The Origins of the British* und *The Origins of the First World* veröffentlicht wurden. Diese anderen „Evangelien" sind in Wirklichkeit eine Reihe von Pamphleten, in denen Jesus als Sprachrohr für die Gedanken und Überzeugungen der jeweiligen Verfasser bemüht wird, und zwar Gedanken, die normalerweise esoterischer Natur sind. Es ist jedenfalls nicht so, dass sie ein verblüffend anderes Licht auf jemanden werfen, der erkennbar dieselbe Person ist wie die im Neuen Testament. Sie sind davon sowohl in Bezug auf die Stimmung als auch auf den Tonfall von der Grundhaltung her Welten entfernt.

Der Jesus aus der orthodoxen Geschichte widmet Menschen selbst dann intensive Zuwendung und Aufmerksamkeit, wenn er zornig ist. Der Jesus aus diesen neueren „Evangelien" knallt Menschen mit seinen göttlichen Überkräften einen vor den Latz, wenn sie ihn ärgern. Der orthodoxe Jesus sagt, dass jeder die Liebe Gottes braucht und dass Gott jeden liebt. Der andere Jesus pflegt einen inneren Zirkel, zu dem man nur Zutritt bekommt, wenn man genügend Panini-Bilder gesammelt hat. Der Orthodoxe Jesus mag Wein, Feste und gegrillten Fisch zum Frühstück. Dieser andere Jesus glaubt, dass der fleischliche Mensch und seine Gelüste abstoßend und eklig sind. Der orthodoxe Jesus ist irritierend schmerzfrei in Bezug auf Sexualität und hält sein eigenes Sexualleben, wenn er denn eines hat, aus allem Geschriebenen heraus. Der andere Jesus kann sich Frauen *aus den Rippen schneiden*, um mit ihnen Sex zu haben, und das auf eine Weise, die den Verdacht nahelegt, dass der Verfasser Schwierigkeiten hat, mit Mädchen zu sprechen. Der orthodoxe Jesus sagt: „Fürchtet euch nicht. Ich bin immer bei euch." Der Jesus aus diesen Schriften sagt: „Rücke vor zum 17. Jadetor und gib mir mit den Daumen das Geheimzeichen."[18] Wenn Sie viele von diesen Konkurrenz-„Evangelien" lesen, dann werden Sie irgendwann zu dem Schluss gelangen, dass die Kirchenväter, die entschieden haben, was ins Neue Testament hineinkommen sollte und was nicht, einen der leichtesten Redaktionsjobs aller Zeiten hatten. Es ging weniger um ein Unterdrücken oder Ausschließen als vielmehr darum zu erkennen, was eine grundsätzlich schlüssige Geschichte ausmacht und was dort nicht hineingehört.

Es lässt sich allerdings nicht leugnen, dass es eine seltsame Geschichte ist; eine sehr seltsame Geschichte, deren Mittelpunkt eine ganz eigenartige Sicht vom Wesen Gottes ist. Zu behaupten, dass der Anstoß, der hinter Milliarden Jahren von Geschichte und einer unvorstellbaren Weite des Weltraums steht, von einem Provinzrabbi verkörpert wird, findet als philosophischer Standpunkt nicht gerade großen Respekt. Es ist – lassen Sie uns da ganz ehrlich sein – die Art von verrückter Lehre, wie sie auch von Sekten vertreten wird. Sie beinhaltet eine ziemlich seltsame, ja sogar komische Mischung aus Universellem und Lokalkolorit. Sie vermischt ganz bewusst und absichtlich Unähnlichkeiten. Ein Schöpfer, der selbst

---

18 Faktisch. Glauben Sie mir, ich tue Ihnen einen Gefallen, indem ich eine gewaltige Menge an gnostischem Gelaber komprimiere zu diesem Witz.

zu einem Geschöpf wird, bringt die gedanklichen Schichten normaler Wirklichkeit durcheinander. Diese Lehre bohrt ein Loch in die Wirklichkeit, durch das sie einen Teil davon herauszieht, um daraus eine wunderhübsche Rosette zu bilden; sie knüpft einen Möbiusknoten in das Gewebe wie das Paradoxon der Mengenlehre, an dem Bertrand Russell scheiterte, als er versuchte, eine logische Grundlage für die „Menge aller Mengen, die nicht Element von sich selbst sind" zu formulieren und dabei auf das nach ihm benannte Paradoxon stieß.[19] Man könnte dieses Paradoxon auch in literarischer Terminologie ausdrücken und sagen, dass man es hier mit einer Geschichte zu tun hat, deren Verfasser gleichzeitig eine der Figuren darin ist – nicht ganz so postmodern wie mit dem Fallschirm abgeworfen, um zu verdrehen und zu täuschen und zu sticheln und anzudeuten, dass der ganze Aufbau ein luftig-leichtes Nichts ist –, sondern im Gegenteil als eine Geschichte, in der der Autor glasklar genau so, zu genau den gleichen Bedingungen, in die Geschichte eingebettet ist wie die anderen Charaktere und sein Vorhandensein bewirkt, dass die Geschichte noch real*er* und logisch*er* ist.

Darüber hinaus werden hier Dinge vermischt, die eigentlich voneinander getrennt gehalten werden sollten. Dinge, die abgesondert werden, sind „heilig" – das ist die Bedeutung des Wortes „heilig" –, und der christliche Schachzug, Gott einen menschlichen Körper zu geben, legt sich eigentlich mit der

---

19 Übrigens ein Problem, das sehr viel mehr Auswirkungen auf den christlichen Glauben hat als die scheiß Teekanne.

Heiligkeit an, jedenfalls nach der Definition von Heiligkeit der anderen beiden monotheistischen Religionen. Zweitausend Jahre lang ist die christliche Geschichte zuerst für die Juden und dann auch für die Muslime eine Geschichte, in der die Reinheit und Absolutheit des einen Gottes mit billigem und scheußlichem Zeugs aus dem heidnischen Theatermanuskript besudelt werden, wo Götter auf der Erde wandeln, Könige hereinlegen und Jungfrauen bespringen. Und man kann verstehen, was sie damit meinen. Da hatten sie es gerade geschafft, mühsam das schlechte Benehmen der Menschen aus ihrem Bild von Gott herauszubekommen, und da kommen die Christen daher und bringen wieder menschliche, fleischliche Eigenschaften in dieses Bild hinein. Wie *kann* Gott einen Sohn zeugen, fragt der Koran? Und dabei geht es nicht um irgendwelche Spitzfindigkeiten bezüglich göttlicher Macht, sondern der Koran besagt, dass Gott abgesondert dasteht (und so dastehen muss, wenn er wirklich Gott sein soll) und getrennt von der gesamten Kategorie biologischer Existenz.

Und genau da widersprechen Christen. Wir widersprechen, weil die Gott/Mensch-Mischung in Jesus etwas Kostbareres bringt als eine konzeptionelle Reinheit, nämlich Hoffnung in Schwierigkeiten, Trost im Leid, Hilfe in Angst. Diese Mischung bietet uns einen Ausweg aus den viel schlimmeren und sehr viel zerstörerischen Paradoxa der Theodizee. Aber diese Mischung bringt unsere Geschichte auch irritierend nah an einige ähnliche Geschichten aus der Mythologie und verlangt von uns, uns klar und sorgfältig die Frage zu stellen, für was für eine Art von Geschichte wir unsere Geschichte halten.

Und so weiter

Freidenker haben ja in den vergangenen zwei Jahrhunderten jeden fröhlich daran erinnert – und zwar irgendwie immer so, als würden sie einen Killertrumpf ausspielen, auf den noch nie zuvor jemand gekommen ist –, dass die Geschichte von Jesus im Neuen Testament ja bei weitem nicht die einzige Geschichte über einen sterbenden Gott ist, mit der die Menschen jemals aufgewartet haben. Die alten Griechen hatten Adonis, der auf der Frühlingserde verblutet und drei Tage später wieder ins Leben zurückkehrt, nachdem er die Erde erneuert hat. Die Ägypter haben Osiris, die in Stücke gerissen und wie heiliges Fleischkonfetti in jeder Ecke und jedem Winkel der Materie verteilt wird. Die Wikinger haben Odin, der Weisheit bekam, indem er an einen Baum genagelt dahing. Das ist ein gängiger mythologischer Schachzug, eine Grundvorstellung von Kulturen, ein anthropologischer „Golden Oldie". Transzendente Macht steigt hinab in die Finsternis und lässt sich auslöschen, um dann noch stärker als zuvor wieder zurückzukehren, weil sie jetzt auch das entgegengesetzte Prinzip in sich integriert hat. Wenn darauf hingewiesen wird, dann reagiert das Christentum darauf gern mit dem Argument, dass all die anderen Geschichten nur Vorausschau oder Echo seiner Geschichte sind, die natürlich die einzig wahre ist. Aber das setzt dann meiner Meinung nach nur das große Widerlegung-durch-Fakten-Blaulicht in Gang und klingt nach völligem Unsinn.

Ich glaube, eine Antwort besteht einfach darin, sich darauf zu einigen, dass Universalität nun mal Universalität ist. Jeder stirbt; jeder erzählt Geschichten über Götter; jeder will

203

an irgendeinem Punkt versuchen, in Form einer Geschichte den Tod zu verstehen, indem er eine der schillernden Göttergestalten sterben lässt. Der springende Punkt an Göttern ist, dass sie eigentlich unsterblich sind, und wenn einer von ihnen stirbt, dann deckt das sehr viel deutlicher und heftiger die existenzielle Schmach auf, die unser eigener Tod für uns darstellt. Anthropologisch gesehen sind die Götter das, worauf wir in konzentrierter Form unser Gefühl für unser Sein und unser Lebendigsein legen. Wenn ein Gott stirbt, dann ist das demnach im übertragenen Sinn die Begegnung des Seins mit dem Nichtsein. Jeder richtet sich ein wenig auf und sitzt aufmerksam leicht vorgebeugt da, weil dieses Drama das eigene ist. Ist der christliche Glaube also das – das traditionelle Motiv des sterbenden Gottes auf den Gott von allem angewendet? Wenn ja, dann ist die Geschichte, die ich gerade erzählt habe, *wirklich* ein Mythos. Wir können dann die Abenteuer Jesu als etwas einordnen, wodurch ein imaginatives Muster gebildet wird – so wie das Muster der Geschichte von Odin –, dessen Funktion darin besteht, ein tiefliegendes Stück menschlicher Sinnfindung zu verkörpern. Eine Geschichte, die wahr ist insofern, als sie echte Wahrnehmung verkörpert, und nicht, weil sie irgendein tatsächliches Ereignis wiedergibt.

Aber obwohl die Geschichte Jesu ganz sicher Parallelen zur Mythologie aufweist und auch insofern mythologische Resonanz erlangt hat, als sie zum Grundartefakt einer ganzen Kultur wurde, liest sie sich nicht wie ein Mythos. Dafür hat sie die falsche Form, und zwar in mehrfacher, unterschiedlicher Hinsicht. Zunächst einmal findet die Geschichte nicht in der speziellen Zeit statt, die Mythen vorbehalten ist, in einer Traumzeit, der Vor-langer-langer-Zeit-Zone außerhalb der kalendarischen historischen Zeitrechnung, in einer Zeit, in der Götter und Helden zeigten, was sie konnten. In welchem Jahr hing Odin an dem Baum? Diese Frage ergibt keinen Sinn. So zu fragen wäre ein Kategorienfehler. Es hätte genauso wenig Sinn, wie zu fragen, welche Farbe Buchführung hat. Die Geschichte von Jesus ereignet sich dagegen zu einem historisch festgesetzten Zeitpunkt. Wie es in *Monty Python's Leben des Brian* heißt: „Judäa, 33 n. Chr., Teatime." Aus unserer Sicht, zwanzig Jahrhunderte später, mag das zwar ziemlich nebulös und weit weg scheinen, aber die Geschichte findet auf jeden Fall innerhalb des dokumentierten, geschäftigen, mit Ereignissen vollgestopften Laufes der Menschheitsgeschichte statt, in der Zone von Prosa und Politik, in der Menschen wie wir gearbeitet haben und sich auch Gedanken gemacht haben wie wir. Der springende Punkt der Geschichte ist ja unter anderem der, dass sie in der ganz normalen Zeit stattfindet, mitten unter Menschen, die beschäftigt sind und nicht damit rechnen, dass irgendetwas Besonderes passiert. In der Geschichte von Jeshua geht es darum, dass Gott in etwas ganz Normales und Alltägliches hineinkommt und es verändert.

Dieselbe Anordnung – Außergewöhnliches in Gewöhnliches hinein – gilt auch für Jesus als Protagonist der Geschichte, und dadurch wird er etwas anderes als der Held eines Mythos. Im Mythos wird das, womit wir uns innerlich beschäftigen, auf eine außergewöhnliche Form nach außen projiziert. Es wird verstärkt zu Fantasie. Hier, in der Geschichte von Jesus, bricht etwas, das ganz und gar nicht unserer Sicht von der Welt entspricht und auch nicht unseren natürlichen Prioritäten, etwas, das *nicht wir* ist, in die Welt unserer ganz normalen Erfahrungen ein und wohnt unter uns „voller Gnade und Wahrheit". Statt sich darum zu kümmern, immer ganz toll dazustehen, seine gewaltigen Muskeln anzuspannen oder einen zum Zerschmelzen schön anzulächeln – dafür sind die Helden der Mythologie ja anfällig –, tut Jesus wirklich alles, um jede nur denkbare verehrende Reaktion, die ihm entgegengebracht wird, kompliziert zu machen und zu stören, indem er peinliche Fragen stellt. „Was nennst du mich gut?". „Was sagst du, wer ich bin?" Es mag ja für uns Menschen normal sein, dass wir denjenigen in unserer Truppe von Primaten gegenüber verehrend auftreten, die wir als großartiger, stärker, klüger, mutiger und glamouröser wahrnehmen als uns selbst; aber Jesus, der aus christlicher Sicht die eine und einzige Person ist, die Verehrung absolut verdient hat, gibt sich ganz besonders viel Mühe zu demonstrieren, dass er sie nicht braucht. Und damit sind wir wieder bei der nicht-rivalisierenden Erhabenheit des Schöpfers. Jesus befasst sich nicht damit, um unsere Bewunderung oder um sonst etwas zu buhlen. Nichts von dem, was er in der Geschichte ist oder hat, ist auf die Reaktion anderer ausgerichtet. Er zeigt uns eine Sicht des Guten, die uns nicht dazu auffordert, uns zu verneigen – obwohl wir das vielleicht gern tun würden –, sondern dazu, immer und immer wieder aufzustehen (und unser Bett mitzunehmen).

Wenn es ein Mythos ist, dann vielleicht eine Tragödie.

Unmittelbar und oberflächlich betrachtet, ist das eine eher unwahrscheinliche Kategorie dafür. Hallo? Hat sie etwa ein Happy End? Ja, das hat sie; sie verfügt über die ursprüngliche „Eukatastrophe" oder unerwartete Wendung der Dinge zum Guten. Aber sie hat ihr Happy End nicht statt des düsteren Ausgangs, bei dem bei der Tragödie am Ende die Bühne mit Leichen übersät ist. Sie verschafft sich kein Happy End, indem sie sagt, dass Jesus auf einen Schlag frei war oder dass seine Freunde mit einem schnellen Pferd und einer Trittleiter angeritten kamen; oder dass auf irgendeine Weise die Notwendigkeiten, auf die in der Tragödie geachtet wird – Stolz und Angst und Zorn und Misstrauen –, daran gehindert wurden, ihre volle fatale Wirkung zu entfalten und ihre Folgen bis zum letzten unausweichlichen Röcheln darzulegen. Das Happy End der Jesus-Geschichte ist kein Tagtraum vom Entkommen.

In der Geschichte ist es nicht so wie in einer bereinigten Fassung von *King Lear* aus dem achtzehnten Jahrhundert, in der Cordelias Ehemann auftaucht, um sie gerade noch rechtzeitig zu retten, und Lear stillvergnügt und zufrieden mit ihr abzieht, um bei ihr in ihrem Haus zu leben. Jeshuas Geschichte hat ein Happy End, gerade *weil* es ein tragisches Ende ist: Glück nach der Tragödie, Glück zusätzlich zur Tragödie, Glück durch die Tragödie, Glück nur dadurch zu erreichen, dass der tragische Weg ganz bis zu Ende gegangen wird.

Genau wie die Tragödie löst auch die Geschichte von Jeshua Mitleid und Entsetzen bei uns aus. Wie eine Tragödie verlangt sie von uns, uns mit der Finsternis der Welt zu befassen. Wie eine Tragödie lenkt sie die Aufmerksamkeit aufs *Vergeuden*. Sie zeigt uns, wie ein Leben, das nicht hätte ausgelöscht zu werden brauchen, ausgelöscht wird, und zwar ohne besondere Bösartigkeit, einfach nur durch den ganz normalen Lauf der Welt. Die Geschichte von Jeshua zeigt, dass Zufall, Ungerechtigkeit, Verderben – dass das alles normal ist und alles dem normalen, wenn auch bedauernswerten Lauf der Dinge entspricht. Und an dieser Stelle ist es wichtig, dass der Tod Jesu zu dem Zeitpunkt, als er stattfindet, völlig unspektakulär ist. Er ist kein Ödipus oder Prinz Hamlet, nicht jemand, der seine Größe verliert. Sein Tod steht neben dem Tod all der Millionen von Menschen, deren Leben vor der Zeit zu Ende geht, neben dem vorzeitigen Tod von Menschen, die zu arm oder zu unwichtig waren, um jemals in der Geschichte aufzutauchen, die wir irreführend als Weltgeschichte bezeichnen; Menschen, die nur von Menschen mit einem ebenso kurzen Leben betrauert wurden und deshalb aus der Erinnerung der Menschen verschwanden, als hätte es sie nie gegeben. Jesus stirbt wie ein Wanderarbeiter, der in einem Frachtcontainer erstickt, wie ein Kind, das an einem entzündeten Finger stirbt, wie ein Bettler, der von einem rückwärtsfahrenden Bus überfahren wird. Und natürlich wie all die anderen Sklaven, die mit Kreuzigung bestraft wurden, mit einem laut Cicero so *niederen* Schicksal, dass kein gebildeter Mensch es auch nur erwähnen sollte. Christen glauben, dass der Tod Jesu unter anderem auch Gottes Art ist, genau das anzusprechen – laut und ganz und gar ungebildet, eine Proklamation des Schöpfers der Welt in Leid und Solidarität –, dass für Ihn Vergeudung im Laufe der Geschichte nicht an den gelegentlichen Tragödien von Königen gemessen wird, sondern an den ganz alltäglichen Verlusten. Es ist kein Zufall, dass das Christentum als eine „Religion für Sklaven und Frauen"[20] begann. Es ist kein Zufall, dass, wohin es auch gelangt, es als Erstes die Unberührbaren anspricht. Die Letzten werden die Ersten sein und die Ersten die Letzten, sagt Jesus. Man müsse die Welt auf den Kopf stellen, um Gottes Sinn von Tragödie darin gerecht zu werden.

Und als dann die Geschichte Jeshuas die Welt tatsächlich auf den Kopf stellt oder jedenfalls die Naturgesetze, indem sie uns erzählt, dass Jesus wieder lebt, da will sie damit nicht sagen, dass er gar nicht wirklich gestorben ist oder dass wir nicht wirklich sterben werden. Das Happy End gibt ein Versprechen von der Größe des größtmöglichen Ausmaßes unserer finstersten Überzeugungen. Es sagt: „Ja, *und* ...", zur Tragödie. Es verspricht, so seltsam das ist, dass Liebe stärker ist als der Tod. Aber es verspricht nicht, dass der Tod nur eingebildet ist, dass der Tod vermeidbar ist, dass der Tod nur vorübergehend ist. Dass der Tod dieses eine Mal rückgängig gemacht wird, heißt, uns die Heftigkeit unseres normalen Verlustes durch den Tod spüren zu lassen, aber nicht, so zu tun, als gäbe es ihn nicht. Manche Leute fragen heutzutage, was für eine Religion das denn wohl ist, die sich ein Folterinstrument als ihr Symbol auswählt. Die Antwort auf diese Frage lautet: Das tut eine Religion, die das Vorhandensein von Leid ernst nimmt.

---

20 Nietzsche. Er glaubt, dass das eine Kritik ist. Dabei ist es ein Kompliment.

Heilige (Un)Vernunft!

Und deshalb fühle ich mich angenehm orthodox bei meiner Entscheidung, die Geschichte ohne die Hervorhebung der Verheißungen auf ein ewiges Leben zu erzählen, wie Sie es vielleicht erwartet haben. Wie alle guten Geschichten kann sie nicht nur auf eine Art verstanden werden. Sie bringt ein Repertoire an möglichen Verstehensweisen hervor, und von Anfang an hat es mehrere Möglichkeiten gegeben, Jesu Aussage zu verstehen, er sei gekommen, um „Leben und die Fülle" zu bringen, Leben ohne Grenzen. Es gibt viele Arten, auf die Leben begrenzt, eingeschränkt sein kann, und nur eine davon hat mit Dauer zu tun. Man kann die Geschichte Jeshuas so verstehen, dass, wenn man an Jesus glaubt, man für immer mit ihm zusammen im Himmel leben wird, und genau so wird die Geschichte auch von vielen Christen verstanden. Wie gesagt, man kann die Geschichte so verstehen, man muss es aber nicht. Man kann auch glauben, dass der Tod und die Auferstehung Jesu einen sofort, noch zu Lebzeiten, erlösen[21],

---

21 Ein Wort, das bedeutet: „aus der Sklaverei freikaufen". Aber wenn man Probleme der Wortherkunft (Etymologie) einmal beiseitelässt, ist dies die letzte Fußnote des Kapitels und deshalb die letzte Chance, die Frage anzusprechen, von der manche von Ihnen vielleicht glauben, sie hätte eigentlich die Hauptattraktion sein sollen. Und zwar: Ist die verdammte Geschichte *wahr*? Nicht die historische Entwicklung oder in welche literarische Kategorie sie gehört, sondern ob sie wirklich passiert ist. Nun, ich weiß es nicht. Ich glaube, dass es so gewesen ist, mit Wundern und der Auferstehung und allem. Aber ich weiß es nicht. Und auch Sie müssen das für sich selbst beurteilen, denn obwohl das Christentum Historizität für sich beansprucht und deshalb im Prinzip auf eine Weise falsifizierbar ist, wie es ein rein philosophischer Glaube an die Existenz Gottes nicht wäre, ist es faktisch höchst unwahrscheinlich, dass ein archäologischer Fund oder eine verlorene Schrift auftauchen und bewirken wird, dass die Religion plötzlich implodiert. Das ist eher Dan Browns Gebiet. Aber Achtung, ein Schritt steht Ihnen nicht zur Verfügung, ein Schritt ist nicht möglich – jedenfalls können Sie ihn nicht tun und erwarten, dass er entscheidend ist. Sie

210

und zwar, indem sie so wirken, dass sie uns von unserer Vergangenheit befreien; von der Last der Einschränkung durch den MHDidSzs. Und auch das ist Orthodoxie, auch das ist eher Teil des ganz normalen Kerns von Religion als ihr avantgardistischer Randbereich. Es ist das, was für mich einen Sinn ergibt. Ich bin ein sehr diesseitiger Christ. Ich habe durchschnittlich viel Angst vor dem Tod, aber ich bin nicht gläubig, weil ich eine grenzenlose Zukunft erwarte, in der ich auf der Harfe klimpere, während die Sterne des westlichen Spiralarms der Galaxie einer nach dem anderen erlöschen. Ich bin gläubig, weil ich weiß, dass ich eine Vergangenheit habe und eine Gegenwart, in der der MHDidSzs sein ganz normales Werk getan hat und noch tut, und ich möchte auf eine offenere und ehrlichere und liebevollere Art leben, als ich es selbst schaffen kann; auf eine Art, die mit jeder destruktiven Entscheidung eher weiter und offener wird als enger und verschlossener. Es ist so, wie es in dem Slogan von *Christian Aid* heißt, dass ich an ein Leben *vor* dem Tod glaube. Für mich und für alle anderen

---

können nicht einfach sagen, dass diese Geschichte physikalische Unmöglichkeiten enthält (Wunder, Auferstehung vom Tod) und deshalb *a priori* zu den unmöglichen Dingen gezählt werden muss, die ein vernünftiger Mensch nicht glauben sollte. Das heißt, anzunehmen, dass die Behauptung der Geschichte, dass es einen Schöpfer der Natur gibt, der dieses eine Mal in der Lage war, die normalen Abläufe der Natur zu verändern, unwahr ist. Anders ausgedrückt, das Argument der Unmöglichkeit hängt von einer vorher angenommenen Glaubensposition ab, die den logischen Zugriff auf die Welt ziemlich reduziert. Obwohl die Frage, die wir hier zu entscheiden versuchen, eher eine historische als philosophische ist, sind wir wieder auf unentscheidbarem Boden. Sie können Ihr Urteil auf Ihrem Gefühl für *Wahrscheinlichkeiten* begründen, sicher. Induktion geht sogar, wenn es Deduktion nicht tut. Aber vielleicht sollten Sie auch danach urteilen, ob Sie das Gefühl haben, dass die Geschichte Ihnen etwas Dringendes oder Wichtiges erzählt.

auch. Mich schert der Himmel nicht. Ich möchte, ich brauche das Versprechen der Reparatur.

Repariert, wieder heil gemacht, ist nicht dasselbe wie nie kaputt gewesen. Wir haben nicht das Versprechen, dass es so sein wird, als wäre all das Schlimme nie passiert. Es wird Amnestie, nicht Amnesie angeboten; Hoffnung, nicht Selbsttäuschung. Ihre Lebensgeschichte wird immer Ihre Lebensgeschichte bleiben, und zwar für immer. Sie wird immer noch die Macken und Windungen und Ecken und Kanten haben, die sie durch Sie bekommen hat. Die Folgen Ihres Handelns für Sie und andere werden unerbittlich bestehen bleiben. Gott kann sie nicht wegnehmen, sonst wäre Ihr Leben nicht Ihr Leben, Sie wären nicht Sie, und die Welt wäre nicht die Welt. Er kann uns nur die Schuld und die Angst abnehmen – sie für uns übernehmen –, sodass wir wieder frei beginnen können, mit Hoffnung. Damit wir dazu befreit sind, es noch einmal zu versuchen und wieder zu scheitern, aber dann besser. Er kann den MHDidSzs nur mit Gnade überwinden.

Gnade, die wir jetzt definieren können: Gnade ist Vergebung, die wir uns nicht verdienen können. Gnade ist der weinende Vater, der seinem Sohn entgegenrennt. Gnade ist mit offenen Armen angenommene Tragödie, die sich dennoch irgendwie zum Guten wendet. Gnade ist das, was der vergeudende Tod an der Schädelstätte bewirkt hat.

7
DIE INTERNATIONALE LIGA DER SCHULDIGEN – TEIL ZWEI

Eine Botschaft universeller Vergebung? Was sollte da schiefgehen?

Zurzeit wird sehr gerne eine Version der christlichen Geschichte zusammengebastelt, die mit berühmten, von Christen begangenen Unzulänglichkeiten der Gegenwart wie Kindesmissbrauch durch Geistliche beginnt, sich dann weiter in die Vergangenheit zurückarbeitet und dabei auf weitere Gräuel dieser Art stößt, bis hin zu dem Punkt vor zweitausend Jahren, als die Erinnerung an Jesus zu dem organisiert wurde, was als „die Kirche" bezeichnet wurde. Gräueltaten und Elend; und sonst nichts Wesentliches – *außer* Gräueltaten und Elend. Diese Version der Geschichte des Christentums ist ausschließlich mit Eroberern und Kreuzfahrern und Inquisitoren und Hexenjägern, mit Heuchelei und Verbrennungen und von den Kanzeln gepredigter Angst gefüllt, mit dem Verbrennen ganzer Bibliotheken, Unterdrückung der Naturwissenschaft und mit brutalen Schlachten zwischen Armeen, die angeblich brüderlicher Liebe verpflichtet waren. Wenn Sie glauben, dass diese Bilanz die ganze Wahrheit über das ist, was passiert, wenn es in einer menschlichen Gesellschaft organisiertes Christentum gibt, dann ist sehr schwer zu erkennen, wieso jemand mit einigermaßen guten Absichten da mitmachen sollte. Und es ist überhaupt nicht zu erklären, wenn Christen trotz all dieser schlimmen Sachen glauben, dass die Kirche, die Gemeinschaft der Christen, etwas Kostbares sein soll. Es sei denn natürlich, wir sind insgeheim mit all dem Schlimmen einverstanden. Es sei denn, wir sind in unserem tiefsten Inneren eigentlich für Massaker und Vorurteile und Ausgrenzung.

Nun, das sind wir nicht; oder genauer gesagt, wir sind es *nicht mehr oder weniger als alle* anderen auch. Wir sind für diese Dinge nur so anfällig wie jeder andere auch. Ich möchte an dieser Stelle Einwände vorbringen gegen die derzeitige Karikatur der christlichen Geschichte, aber gleichzeitig möchte ich es auch nicht. Diese Darstellungsweise ist nämlich nur insofern falsch, als sie einseitig ist. Ich könnte natürlich darauf bestehen, dass es in der Geschichte des Christentums auch Gutes gegeben hat, das allerdings oft schwerer zu erkennen ist, weil es sich durchgesetzt hat und jetzt mit dem verschmolzen ist, was wir als gesunden Menschenverstand abgespeichert haben. Ich könnte beispielsweise über die Erfindung von Freundlichkeit als Verhaltensideal im Gegensatz zu Ehre oder Dominanz oder Stoizismus sprechen. Für Sie ist vielleicht ganz klar und offensichtlich, dass man auch Menschen gegenüber anständig und höflich sein sollte, die einem keinen unmittelbaren Nutzen bringen, aber das war nicht immer so.

Die internationale Liga der Schuldigen - Teil zwei

Oder ich könnte thematisieren, wie die Betonung, dass für Gott alle Menschen liebenswert sind, und zwar unabhängig davon, was sie verdient haben, die Grundlage für die Vorstellung war, dass Menschen Rechte haben, und zwar ungeachtet ihres Status, ihres Verhaltens und ihrer Fähigkeiten. Oder ich könnte auf den langsamen, unbeständigen und nie vorbehaltlosen Einsatz des Christentums gegen die Sklaverei verweisen, durch den (langsam und immer wieder mit massiven Rückfällen und gewaltigen Mengen vermeidbaren Elends) letztlich das Verbot bewirkt wurde, dass Menschen andere Menschen besitzen dürfen, ein Verbot, das deshalb mittlerweile beinah weltweit gilt.[22] Das sind Dinge, auf die man stolz sein kann.

Aber auch die schlechten Dinge, die vom Christentum ausgegangen sind, waren und sind real. Und tief im Innersten ist

---

22 Der Beginn war ein Verbot für Christen, andere Christen zu besitzen, durch das etwa um 1400 Europa der einzige Kontinent ohne signifikante Sklavenarbeit war – gerade rechtzeitig zur Entdeckung der Neuen Welt und des gewaltigen Profits, der dort mit der Sklaverei gemacht werden konnte, sodass Christen in Europa in die Versuchung gerieten, in großem Stil Eigentümer von Afrikanern zu werden, und dass die gesamte Einrichtung der Sklaverei in den darauf folgenden fünf Jahrhunderten wieder mühevoll ausgerottet werden musste. Ja, ich habe wirklich kapiert, dass es Christen waren, die das Verbrechen des Sklavenhandels begingen und jahrhundertelang eine theologische Rechtfertigung dafür fanden. Ja, mir ist wirklich klar, dass die Vorstellung eines teilweisen Verbotes, *einige* Menschen zu besitzen, abscheulich und unangemessen ist. Aber das war der Kreis, der mit der Zeit größer wurde, bis das Verbot weltweit galt; und es lag in der christlichen Theologie, dass Gründe dafür gefunden wurden, diesen Kreis immer weiter zu vergrößern. Nur die christliche Welt war niederträchtig genug, Sklaverei in ihrer massenhaften, industrialisierten Plantagenarbeitsform zu betreiben, aber als die Christen sich dann einmal dagegen entschieden hatten, war es weitgehend Nachahmung, dass der Rest der Welt begann, die Sklaverei in ihrer kleinen häuslichen Form abzulehnen. In Saudi-Arabien wurde die Sklaverei beispielsweise erst 1962 abgeschafft.

es eigentlich keine Hilfe, in Bezug auf das moralische Konto der christlichen Religion darauf hinzuweisen, dass es genauso eine Haben- wie eine Sollseite gibt. Wenn das Christentum eines ist, dann die Weigerung, menschliches Verhalten als von einer Bilanz regiert zu betrachten. Wir sollen die Dinge, die wir tun, nicht als Stapel von jeweils Gutem und Bösem betrachten, die wir dann in Form irgendeiner Rechenart gegeneinander aufrechnen, um herauszubekommen, wie wir unter dem Strich dastehen. Erfahrung ist nicht austauschbar. Grausamkeit lässt sich nicht durch das gleiche Maß an Nettigkeit nivellieren. Für Schlimmes lässt sich kein Mittelwert errechnen. Es kann nur eingestanden werden.

Auf einer Ebene überrascht es so gar nicht, dass die Geschichte des Christentums mit Elend und Nöten durchsetzt ist wie ein blutdurchtränkter Stoffballen. Und das ist in der Geschichte des Christentums so, weil Geschichte immer so ist. Es ist der MHDidSzs in Aktion. Natürlich ist es der MHDidSzs. Christlicher Glaube kann menschliches Verhalten prägen; er kann es beeinflussen, ihm einen neuen Rahmen geben, es manchmal mäßigen, kanalisieren oder umleiten. Der christliche Glaube hat die gleiche Kraft, wie sie Kultur und Vorstellungskraft haben, und das ist keine unerhebliche Kraft, denn Menschen sind sowohl formbar als auch festgelegt; wir sind Geschöpfe des Zufalls, der Umstände (und der Gnade) ebenso wie unserer Biologie. Aber der christliche Glaube kann menschliches Verhalten nicht beseitigen. Er kann menschliche Zerstörungskraft nicht ausschalten. Und deshalb ist das auch nicht geschehen. Das erste und entscheidende Merkmal der Geschichte des Christentums besteht darin, dass diese Geschichte in jeder Phase aus Taten der Menschen bestanden hat. Und Menschen sind nun mal dem MHDidSzs unterworfen. Und das ist weder anders, noch hört es auf, wenn wir Christen sind. Menschen lügen, betrügen, erpressen, tyrannisieren, foltern und töten. Und Menschen, die Christen sind, lügen, betrügen, erpressen, tyrannisieren, foltern und töten auch. Menschen, die eine Institution bekommen, mit der sie spielen können, machen daraus eine Hackordnung, ein Mittel persönlicher Macht, eine Arena für politische Aktivitäten, eine Möglichkeit für Gehässigkeit, ein Reservoir für Abgaben und Beutegut, das man erobern kann. Und das machen Christen auch. Menschen führen Kriege. Und das tun Christen auch. Menschen führen Kriege um des Profits willen und wegen territorialer Interessen oder um abstrakter Ideen willen, weil sie ihre Nachbarn hassen; und Christen tun das auch.

Wenn ich eine dieser leidenschaftlichen Anprangerungen des christlichen Glaubens erlebe, in denen es als die eine große willkürliche Ursache für all unser Leid hingestellt wird, dann denke ich in erster Linie: Lies mal ein Geschichtsbuch, Kumpel. Sieh dir die gewaltige Bilanz von Konflikten an, die in jeder Gesellschaft entstehen, die sich jemals auf die Chancen und den Preis dafür eingelassen hat, organisierter zu sein als Jäger und Sammler. Die Logik dieser Klage liegt anscheinend darin, dass die schlechten Sachen, bei denen Christen mitmachen, automatisch aufhören würden, wenn ihre unrealen Überzeugungen nicht mehr da wären. Ohne das bösartige, schädliche Christentum wären wir alle hübsch um den weißen Flügel von John Lennon und Yoko Ono herum gruppiert. Ja klar ...

Aber die Muster menschlichen schlechten Verhaltens sind sehr viel komplexer und älter. Ich für meinen Teil lasse mir jedenfalls nicht einreden, dass die blutigen Kriege über theologische Positionen, die von Christen eingenommen wurden, einzig die Schuld der christlichen Religion sind als vielmehr die Schuld der Spezies im Allgemeinen, es sei denn, jemand kann mir eine nichtchristliche Gegend auf dem Planeten zeigen mit einer angemessenen Bevölkerungsdichte und genügend Reichtum, um Waffen produzieren zu können, in der die Menschen nicht ihre freie Zeit für Gemetzel um der angeblichen Sache irgendwelcher Ideen wegen einsetzen. Und wenn nicht für Ideen über Religion, dann über Standpunkte in Wirtschaftstheorie oder Doktrinen, die angeblich wissenschaftlich untermauert sind. Es hat bisher noch keinen Krieg über die Evolutionsbiologie gegeben, aber das Gebräu schlimmer Ideen des Nazismus ist sicher auch dadurch entstanden, dass man auf Spekulationen über Rassenunterschiede aus der Jahrhundertwende zurückgriff, die man damals für darwinistisch hielt. Heilsbringer, Propheten, Weise, Dichter, Biologen, moderne Verrückte, die Stimmen längst verstorbener Ökonomen: Sie alle sind ausgesprochen nützlich, wenn wir rosa, bleichen/braunen/schwarzen Affen ein Alibi dafür brauchen, einander an die Gurgel zu gehen.

Aber, aber, aber. Sich nur auf den MHDidSzs zu berufen ist doch zu einfach, oder? Es mag zwar stimmen, dass es ohne das Christentum andere Grausamkeiten anstelle der von Christen

Die internationale Liga der Schuldigen - Teil zwei

begangenen gäbe, Grausamkeiten, die wie am Fließband von der unerschöpflichen Fruchtbarkeit des MHDidSzs in den hässlichsten Formen produziert werden. Aber die spezifisch christlichen Grausamkeiten sind die Grausamkeiten, um die es geht. Und über die Kategorie von Scheiße hinaus, die passiert, weil Menschen einfach einigermaßen verlässlich beschissen sind, gibt es Verbrechen und Leid in der Geschichte der Menschheit, die es ohne das Christentum nicht gäbe. Es gibt Missstände, die es ohne das spezielle christliche Rahmenwerk menschlichen Verhaltens, ohne das Vorhandensein unserer speziellen Geschichte in der menschlichen Vorstellungskraft, nicht gäbe. Menschen, die das Christentum als etwas betrachten, das Gräuel zulässt oder sogar erst ermöglicht, meinen damit im Allgemeinen nicht einfach nur, dass der Glaube darin versagt, Leiden zu *beenden* oder die beklagenswerte Kluft zu überbrücken zwischen dem, was Christen sagen, und dem, was sie tun, sondern sie meinen Leid, das tatsächlich durch Christentum hervorgerufen wird.

Die Geschichte des Christentums ist ja mittlerweile schon sehr lang und sehr vielfältig. Im Laufe von zweitausend Jahren hat das Christentum in so gut wie jedem denkbaren gesellschaftlichen und politischen Kontext existiert. Es war Religion in schwindelerregend pluralistischen Gesellschaften, in krassen menschlichen Monokulturen, in aggressiven Weltreichen und friedlichen Republiken, in Reichtum und Armut, in der Wüste und in Metropolen, in Kollektivismus und Individualismus, in Kulturen, die im Aufstieg oder auf ihrem Gipfel waren, aber auch in untergehenden, von denen nur

219

noch Ruinen und so kleine Erderhebungen übrig waren, dass sie nur noch auf Luftaufnahmen zu erkennen sind. Es ist die Religion von Kleinbauern, die seit der Zeit ihrer Großeltern keine Veränderungen mehr auf der Welt erlebt haben, und es ist die Religion von flexiblen Geschäftsleuten in Wolkenkratzerstädten, die es vor einem Jahr noch gar nicht gegeben hat. Es ist eine Religion, die schnell gewesen ist und langsam, direkt und subtil, die Zwang eingesetzt und auf Kooperation gebaut hat. Wo sie zur Blüte gelangt, bringt sie unterschiedliche Teile ihres Repertoires an Möglichkeiten in den unterschiedlichen menschlichen Nischen zum Ausdruck; und sie entwickelt neue Teile an jedem der Orte, wo sie vorkommt. Sie ist unglaublich anpassungsfähig.

Wenn ich hier von „der Kirche" spreche, dann meine ich damit nicht eine einzelne Organisation, sondern ich meine damit alle christlichen Gemeinden, die auf die Gruppe der Freunde Jesu zurückgehen. Die einflussreiche Truppe des Papstes in Rom, Samba tanzende brasilianische Pfingstler, Kopten in Ägypten, die Serbisch-Orthodoxen Patriarchate, koreanische Presbyterianer, die Studenten der Oral Roberts University: Wir alle sind die Kirche, die Gemeinde Christi. Wir sind alle zusammen die *ecclesia*, die Versammlung.

Aber quer durch all diese sehr unterschiedlichen Varianten laufen ständig Dinge falsch. Es gibt eine Reihe von Fehlern und Versäumnissen, die sich wiederholen, eine Reihe heimtückischer Möglichkeiten, die in unterschiedlicher Form immer wiederkehren, weil es Fehler und Versäumnisse sind, die ganz nah an dem immer gleich bleibenden Kern der christlichen

Die internationale Liga der Schuldigen - Teil zwei

Religion hervorgerufen werden. Es sind die vertrauten Katastrophen des Christentums. Es sind die Folgen des MHDidSzs, die auf die Geschichte selbst einwirken – oder zumindest auf die Art, wie wir diese Geschichte verstehen und was unserer Meinung nach daraus gefolgert werden sollte. Ich kann vier Hauptkatastrophenbereiche erkennen.

Lassen Sie uns mit dem schlimmsten beginnen. Wir sollen die Geschichte vom Tod Jesu als Gottes Stellschraube beim Wirken von Schmerz verstehen, sozusagen als Unterbrechen des menschlichen Gewaltkreislaufes durch Gott. Aber es ist auch möglich, sie als einen Vorwand für noch mehr Leid und Gewalt zu missbrauchen. Das hängt ganz davon ab, ob wir bereit sind zu begreifen, dass die Akteure in dieser Geschichte, die Menschen auf der Straße und die Soldaten, der Hohepriester und der Gouverneur, nur einfach die erste Reihe einer Menschenmenge sind, in der auch wir selbst uns befinden. Wenn wir es zulassen können zu begreifen, dass diese Geschichte die Geschichte der Schuldhaftigkeit jedes Menschen ist (und folglich auch die Geschichte der Erlösung jedes Menschen), dann wissen wir, dass die Einwohner von Jerusalem im Jahr 33 n. Chr., die zufällig ganz vorn in der Menschenmenge stehen, sich nicht irgendwie außergewöhnlich bösartig verhalten, sondern einfach nur wie Menschen. Aber das ist hart. Es ist selbst in den besten Zeiten schwer, die eigene Destruktivität zu akzeptieren, und die Geschichte zeigt uns auf brutale Art und Weise, was auf dem Spiel steht, indem sie uns ein blutiges Bild davon bietet, was es für uns und die Welt bedeutet, so weiterzumachen, wie wir es normalerweise tun.

221

Heilige (Un)Vernunft!

Die Geschichte fordert uns auf, die Selbstgerechtigkeit aufzugeben, indem die denkbar düsterste Ironie darin liegt, dass es ausgerechnet die Machthaber der existierenden Religion des Gottes von allem sind, die unwissentlich mit den Römern zusammenarbeiten, um Gott selbst töten zu lassen. Das ist so schwierig und unangenehm, wie es schon immer gewesen ist, selbst wenn die andere Seite dieser Schwierigkeit die Erleichterung darüber ist, dass man fehlbar ist und dass einem vergeben wird. Zuzuschauen, wie Jesus zur Schädelstätte taumelt, ist Arbeit, bedeutet Kummer, erfordert, dass wir beim Anblick der Welt und uns selbst nicht wegschauen. Das ist für uns viel einfacher als für ihn, aber was am ehesten ein Preis für das absolute Geschenk ist, das Gott uns zu machen versucht, ist, dass wir in der Lage sein müssen, weiterhin anzuschauen, in welcher Form er uns sein Geschenk macht. Es ist entsetzlich; und dabei gibt es ja die ganze Zeit eine einfachere Alternative. Wir können aufhören, die Geschichte als eine Geschichte zu betrachten, in der es nur um Schuld geht – eine Kreuzigungsgeschichte, die entsetzlich ist, weil Kreuzigung entsetzlich ist –, und stattdessen eine Geschichte daraus machen über eine besonders strahlende Person, auf deren Seite wir beim Zuhören alle stehen, weil diese Person von besonders bösen Menschen misshandelt wird. Dann ist das, was an der Geschichte verstört, nicht mehr, dass Jesus *gekreuzigt* wird, sondern dass *Jesus* gekreuzigt wird, der wunderbare unschuldige Jesus. Und jetzt, bequem nach außen gerichtet, wird aus Mitleid Zorn, und aus Zorn wird Hass.

Weil es sich dabei um ein allgemeines Muster handelt und die Passionsgeschichte in vielen Zusammenhängen zu

Hass gerinnen kann, können ziemlich viele unterschiedliche Leute gehasst werden. Aber es hat dafür die ganze Zeit und anhaltend immer eine besondere Zielscheibe gegeben: Von Anfang an war das Hass auslösende Potenzial der Geschichte verquickt mit der Beziehung des Christentums zu seinem älteren jüdischen Geschwister. Im Europa des Mittelalters war der Status von Jesus als Mensch gewordenem Gott so fest in der Kultur verankert, war Jesus in der gesamten Ikonografie der Zeit so auffallend mit einem Heiligenschein versehen und von Engeln bewacht, dass es für viele Menschen absolut unvorstellbar war, dass ihn jemals jemand mit einem ganz normalen Menschen hätte verwechseln können. Deshalb konnte es auch unmöglich sein, dass sich diejenigen, die ihn umgebracht hatten, einfach nur geirrt oder sich eines ganz gewöhnlichen Aktes von Realpolitik schuldig gemacht haben könnten. Sie mussten es getan haben *wegen dessen*, was er war; weil sie die bewussten Feinde Gottes waren; weil sie sich in ihrem Stolz, ihrer beunruhigenden Andersartigkeit und ihrer unheimlichen Absonderung bewusst gegen das Gute stellten.

Inzwischen ist die Tatsache, dass Jesus selbst, seine Mutter und seine Freunde allesamt Juden gewesen sind, völlig aus dem Blick geraten. Wer wird also gehasst? Diese hakennasigen Juden, die auf dem Gemälde unseren Herrn verhöhnen; diese anderen Juden, die drei Straßen weiter leben, in einem Ghetto. Karfreitag sollte im Jahreslauf von Christen der Tag der Tage sein, der Tag, an dem wir uns auch für die winzigsten, besonders auch für die notwendigen Grausamkeiten schämen – weil wir vor Augen haben, welche Folgen sie haben. Stattdessen war Karfreitag aber absurderweise der Tag, an dem Pogrome durchgeführt wurden; der Tag verstärkter Emotionen, die sich nicht auflösen ließen, der Tag für Meuten von Christen, die aus den Kirchen kamen und sich auf die Suche nach Juden machten, die sie umbringen konnten. Und dann wurde Ostern gefeiert mit dem Rauch angezündeter Häuser und Geschrei. Und Jesus wurde noch einmal gekreuzigt.

Die endgültige Katastrophe des europäischen Judentums im zwanzigsten Jahrhundert war nicht nur von einem religiösen Antisemitismus angetrieben, aber der spielte dabei sicher auch eine Rolle. Das ist die größte Schmach der Geschichte des Christentums; der größtmögliche abscheuliche Missbrauch der Geschichte des Mitgefühls bis in den Tod. Meine eigene Kirche besteht jetzt darauf – so wie die meisten anderen Hauptzweige der weltweiten *Ecclesia* auch –, dass wir am Karfreitag in den Kirchen alle gemeinsam rufen: „Kreuzigt ihn! Kreuzigt ihn", um uns daran zu erinnern, wer es gewesen ist, und dass es nicht „die" waren. Wenn die Erinnerung an den Holocaust nicht auf eine Weise verblasst, mit der ich nicht rechne, dann ist die konkrete Gefahr eines christlichen Antisemitismus eher gering. Aber es bleibt immer die latente Gefahr, dass sich Mitleid in Zorn verwandelt, einen Zorn, der sicher ist, auf der Seite der Guten zu stehen; denn in dieser Welt ist es „gerechter" Zorn, bei dem die Schuldgefühle weggedrückt werden, der das Kreuzigen übernimmt.

Und es gibt noch eine weitere, eher innere Art, wie die Geschichte Jesu als Lizenz zum Leiden benutzt werden kann. Als

Christen sollen wir ja versuchen, uns auf den Weg zu machen und genauso rückhaltlos zu lieben wie Gott. Darin sollen wir Jesus nachahmen und der Liebe folgen, wohin sie auch immer geht, und zwar in dem Wissen, dass es keine Garantien dafür gibt, dass es dort sicher ist oder dass die Welt freundlich mit einem umgeht, wenn man sich dermaßen verletzlich macht. „Nimm dein Kreuz auf dich und folge mir nach", sagt Jesus im Markusevangelium. Das bedeutet: Riskiere alles, sogar deinen Tod. Trage die Konsequenzen der Liebe. Sei nicht vorsichtig. Damit meint er nicht, dass das, was er demnächst tun wird, immer und immer wieder getan werden muss, und zwar von uns. Das eine Mal hat für immer gereicht, und das konnte sowieso nur Gott tun. Jesus hat damit nicht gemeint: Geht raus, meine Lieben, und tut euch selbst weh. Es kann allerdings auch als Aufforderung gelesen werden, uns auf das Leiden einzulassen, indem wir uns dafür begeistern. Eine Folge dieser Auslegung besteht darin, dass es in der Geschichte des Christentums eine Linie gibt, in der Selbstbestrafung und Selbstverletzung und ganz allgemein Gewalt gegen die eigene Person propagiert und auch praktiziert werden, und zwar oft von Leuten, die sowieso schon eine problematische oder angstvolle Beziehung zu ihrem eigenen Körper haben und nach einer Erlaubnis suchen, entsprechend zu handeln. Es gibt ein paar Heilige, in deren Leben es verdächtig nach Anorexie (Magersucht) oder nach Selbstverstümmelung oder nach entsetzter Ablehnung körperlicher Erfahrungen erwachsener Menschen riecht – und zwar alles unter dem Deckmantel eines besonders heiligen Lebenswandels.

Heilige (Un)Vernunft!

Der christliche Glaube ist keine Religion der Selbstverletzung, aber Selbstverletzung kann darin ein Zuhause finden, besonders während der periodisch auftretenden Panikattacken der Kirche in Bezug auf Sexualität, in denen es so aussehen kann, als würde die Kirche Körperlichkeit überhaupt nur unter höchst eingeschränkten Bedingungen dulden; und da kann dann natürlich jemand, der Körperlichkeit sowieso überhaupt nicht ausstehen kann, wie ein geistlicher Virtuose wirken. Das ist nebenbei bemerkt normalerweise ein ganz anderes Motiv als das Motiv, das Leute dazu bringt, in der Fastenzeit zu fasten oder Mönch bzw. Nonne zu werden: Dort ist das, was geopfert wird, nämlich etwas, woran die Person Freude hat, das sie aber freiwillig aufgibt, um ein einfacheres Leben zu führen und sich auf etwas auszurichten und zu konzentrieren, das ihr wichtiger ist und ihr noch mehr Freude bereitet. Ich bin froh, sagen zu können, dass Klöster voller Hedonisten sind. Wenn Ihnen das als ein Widerspruch in sich erscheint, sollten Sie vielleicht Ihr Wissen darüber erweitern, was Menschen Befriedigung bereitet. Gottes Verbundenheit mit dem menschlichen Leid als Vorwand, Alibi oder als Tarnung zu verwenden, um sich selbst oder andere zu schädigen, das ist unser größter Fehler.

Als Nächstes in der Aufzählung der zerstörerischsten Fehler des Christentums kommt unser hartnäckiges Bestreben, Gnade abzuwerten. Wir sollen die Bereitwilligkeit, mit der Gott heil machen, vergeben, Schuld wegnehmen will, als unermesslich betrachten; als ein grenzenloses Meer von Liebe, das unablässig an die Ufer unserer winzigen Insel der Vorsicht und Gerechtigkeit schlägt, uns immer wieder einlädt, darüber hinauszuschauen, noch einmal ganz neu zu beginnen, ein größeres und wilderes und freieres Leben zu wagen. Aber es ist auch möglich, diese Bereitwilligkeit zu so etwas wie einer „Sie-Kommen-aus-dem-Gefängnis-frei-Karte" abzuwerten, die von Gott nur sehr selten ausgefüllt wird in einem Spiel, das ansonsten beherrscht wird von der alten Spielweise Belohnung und Strafe, einer Spielweise, die von menschlicher Gerechtigkeit auf den gesamten Kosmos angewendet werden soll.

Nachdem das Christentum ursprünglich mit einer machtvollen Anweisung begonnen hat, über das Gesetz hinauszublicken – das die Menschen nun mal brauchen –, um zu sehen, was wir sonst noch benötigen, versucht es ständig, neue Gesetzessysteme aufzubauen, die genau diese Sache reglementieren, von der Gott angeblich möchte, dass wir sie selbst erkennen und wahrnehmen; Gesetzessysteme, die genau das festzurren, einschränken, zähmen, so wie Gulliver von den Tauen der Liliputaner gefesselt wurde. Und das ist auch irgendwie verständlich, denn etwas Freundlicheres als Gerechtigkeit ist per Definition ungerecht. Und wenn man anfängt, Gnade wirklich ernst zu nehmen, besteht nach menschlichem Maßstab sofort die Gefahr, dass es dadurch zu skandalöser Ungerechtigkeit kommt.

Jesus erzählt zu diesem Thema die leise und behutsame Geschichte von den Arbeitern im Weinberg, die alle den gleichen Lohn bekommen, obwohl sie unterschiedlich lange gearbeitet haben; aber es gibt sehr viel härtere, sehr viel empörendere Auswirkungen von Gnade. Wir können nicht beurteilen, wem es gelingt, Vergebung anzunehmen, und wem nicht, aber wenn die Liebe wirklich niemals aufhört, wenn Gott sich wirklich nach jeder verlorenen Seele sehnt, dann sind grundsätzlich eine ganze Menge von Sachen verzeihlich, von denen wir eigentlich gar nicht wollen, dass sie vergeben werden – vielen Dank auch. Zum Beispiel, wenn Menschen Flugzeuge benutzen, um Tausende von Menschen umzubringen, die in Büros arbeiten; wenn Menschen in Sommerferienlagern in Norwegen herumlaufen und Teenagern durch gezielte Schüsse in den Kopf das Leben nehmen. Wenn Menschen ihren schwulen Nachbarn mit dem Pickup überfahren und dann den Rückwärtsgang einlegen und noch einmal drüberfahren; wenn Menschen aus sexueller Lust Kinder quälen: Offenbar ist Gott aber bereit, auch diesen Menschen entgegenzueilen und sie alle zu umarmen, der Bastard. Das wollen wir nicht. Wir wollen verdammt noch mal Gerechtigkeit, wenn nicht in dieser Welt, dann wenigstens in der kommenden. Wir wollen, dass Gottes Extra-Nettsein sich auf Fälle beschränkt, die es verdient haben, zum Beispiel auf uns, und wir wollen ein zuverlässiges Beurteilungsprozedere, durch das gewährleistet ist, dass Kindermörder im Höllenfeuer schmoren.

Bisher ist das Christentum mit einem unterschiedlichen Maß an Gewissheit darüber, ob die Kirche wirklich bürokratisch im Griff hat, was nach dem Tod geschieht, den größten Teil ihrer

Geschichte im Höllen-Business gewesen. Man stirbt, dann hat die Gnade einen kurzen Auftritt als Ehrengast, um höflichkeitshalber Jesus Gelegenheit zur Verteidigung zu geben oder, wenn er in dem Augenblick gerade auf dem Richterstuhl sitzt, seiner Mutter; jeder bewundert Gottes stilvollen, allerdings unzweckmäßigen Wunsch, nett zu sein; und dann bekommt man genau das, was man verdient. Die Hölle ist nämlich im Gegensatz zu Gottes Nettigkeit höchst zweckmäßig. Sie übernimmt sehr, sehr viele Aufgaben in menschlichen Kulturen. Sie wirkt als Abschreckung, macht den Menschen, die Übles vorhaben, unglaubliche Angst (vielen anderen allerdings auch, aber hey, man kann eben nicht alles haben). Sie funktioniert als eine Form sozialer Kontrolle, da zu den Vergehen, die einen dorthin bringen, oft gehört, sich mit Respektspersonen anzulegen, peinliche Fragen zu stellen, die Mächtigen zu beschämen und sich übertrieben stark für die Durchgängigkeit der sozialen Schichten zu engagieren. Und wie, um das wieder auszugleichen, funktioniert die Hölle gleichzeitig als eine Art letzter Versuch in Sachen sozialer Gerechtigkeit. Sie verspricht nämlich, dass all die reichen Übeltäter, die auf der Erde vom Gesetz nicht zu fassen zu bekommen waren, endlich das bekommen, was sie verdient haben, indem sie vor Gottes Tribunal kommen, wo die Aufklärungsrate von Verbrechen bei einhundert Prozent liegt. Und, was am seltsamsten ist, die Hölle funktioniert nebenbei auch noch als eine Art Theodizee, als besonders verdrehter Versuch, das Problem des Leides zu lösen. Die Hölle geht nämlich mit dem Leid um, indem sie immer noch etwas Schlimmeres in petto hat, so-

Heilige (Un)Vernunft!

dass Anthrax und Zahnschmerzen und Gaddafi daneben gar nicht mehr so schlimm aussehen. Die Hölle übertrumpft das Leid des Diesseits mit ihrem Schrecken. Sie stellt der Welt, in der wir jetzt leben, die Vorstellung von diesem anderen Herrschaftsbereich gegenüber, die der blanke Horror ist, und zwar immer und ohne eine Mischung von Eigenschaften, die es auf der Welt gibt, und auch ohne eine Endlichkeit, die in diesem irdischen Leben dafür sorgt, dass selbst die schlimmsten Dinge irgendwann einmal enden.

In der Hölle wird das Leiden endlich auf eine richtige Grundlage gestellt, mit einer richtigen moralischen Kausalität. Dort fallen Steine nie einfach so willkürlich vom Himmel und zertrümmern jemandem den Schädel. In der Hölle passiert das nur jemandem, der es wirklich verdient hat. In der Hölle passieren schlimme Dinge nur garantiert schlechten Menschen.

Aber natürlich hat diese praktische und nützliche Einrichtung – im Unterschied zur Gnade Gottes – ihren Preis. Die Hölle macht nämlich aus Gott einen Folterer. Sie bewirkt groteske Verzerrungen in Bezug auf das, was wir eigentlich meinen müssten, wenn wir über Seine „Liebe" sprechen. Wenn Liebe sich darin zeigen kann, dass unbußfertigen Verbrechern immer wieder in alle Ewigkeit die Augäpfel herausgerissen werden, dann (wenn ich Sie auf Kapitel 4 verweisen darf) fällt sie sofort durch den John-Stewart-Mill-Test, nämlich als ein Phänomen zu erkennen zu sein, das den Menschen bekannt ist und für das sie dieselbe Bezeichnung haben.

Außerdem – garantiert schlechte Menschen? Was ist denn

aus dem zentralen christlichen Ansatz geworden, dass wir *alle* schlechte Menschen sind, die Gnade nötig haben? In der Hölle erreicht grenzenloses Mitgefühl ganz eindeutig Grenzen, und zwar Grenzen, die so eng gesteckt sind, dass am Ende eines unentrinnbar klar wird: Die ganze Einrichtung Hölle ist, abgesehen davon, dass sie abstoßend sadistisch ist, ganz offensichtlich nicht mit dem Wichtigsten zu vereinbaren, was Menschen über Gott glauben. Und deshalb muss die Hölle in Wirklichkeit eine weitere rachsüchtige Projektion des MH-DidSzs von Christen sein und kein Teil der Einrichtung von Gottes Universum.

Und an dieser Stelle habe ich ausnahmsweise einmal gute Nachrichten. Die Hölle ist immer noch beliebt – schauen Sie sich doch nur einmal an, wie sie von der Boulevardpresse bemüht und heraufbeschworen wird, wenn sie etwas beschreibt, das so böse ist, dass es sich nicht einfach zu sentimentaler Sozialgekuschelsprache auflöst – aber bei echten Christen ist sie eher nicht mehr so angesagt.

Verrückte Avantgardisten, die wir nun mal sind, haben einige von uns sich weiterentwickelt und vor einiger Zeit beschlossen, ohne die Hölle auszukommen. Die Mehrheit von uns glaubt schon seit mehreren Generationen nicht mehr daran. Und das ist nicht so, weil wir kümmerliche Modernisierer sind, die die eher rauen und bimssteinreichen Aspekte unseres Erbes nicht vertragen. Es liegt vielmehr daran, dass von Anfang an die Hölle mit sehr viel grundsätzlicheren Aspekten des Glaubens im Widerstreit stand, und das hat unser kollektives Verstehen mit einiger Verspätung endlich auch gerafft. Die Plakate, die man gelegentlich auf Bussen und an Bahnsteigen sieht, auf denen ein ewiges, unlöschbares Feuer angedroht wird, stammen von einer winzigen Gruppe von Headbangern. Und die mögen wir auch nicht. (Da hätte ich persönlich sogar noch lieber jeden Tag den Atheistenbus.) Versprochen, es stimmt wirklich. Keine Hölle mehr! Es ist amtlich! Das Dauerlächeln von Christen mag aus anderen Gründen gruselig sein, aber ich schwöre, dass wir Christen nicht nur darauf warten, dass jeder, der anders denkt als wir, zur Hölle fährt. Wir lächeln nicht, weil wir mit geduldiger Gewissheit darauf warten, dass Sie in der Hölle braten. Ehrlich. Die Zeiten sind vorbei, in denen mit der Hölle gedroht wurde, um Fügsamkeit, Passivität und Dienstbeflissenheit zu erreichen, in denen die Hölle die Lebenden in Angst und Schrecken versetzte und quälte; die Zeiten, in denen die Hölle eingesetzt wurde, um Grausamkeiten der irdischen Rechtsprechung zu rechtfertigen; Zeiten, in denen die Hölle als enge, verängstigte, gesetzliche Verweigerung der Großzügigkeit diente, die wir eigentlich feiern sollen.

Und wo wir jetzt schon beim Gesetz sind, lassen Sie uns auch über Macht sprechen, das nächste Katastrophengebiet. Ziemlich viele Menschen haben eine Version der Geschichte des Christentums im Kopf, nach der der Beginn dieser Geschichte mit einem Moment entscheidenden Machtverfalls zusammenfällt. Normalerweise verweisen sie dann auf die 330er Jahre nach Christus, als Konstantin der Große das Christentum zur Staatsreligion des römischen Reiches machte. Da war

Die internationale Liga der Schuldigen - Teil zwei

es dann keine unschuldige Sekte mehr, sondern eine Abteilung des Staates, die die Waffen des Staates schwang, um ein intolerantes Monopol durchzusetzen. Auf Wiedersehen heilige Unmöglichkeit des Predigers aus Galiläa; hallo, Bischöfe, die die Polizei zu den Häusern von Häretikern schicken. Ich persönlich glaube jedenfalls nicht, dass es Macht als solche war, durch die das Christentum vergiftet worden ist. Es gibt zwar *tatsächlich* ein typisches und anhaltendes Versagen des Christentums in Bezug auf Macht, aber das ist sehr viel spezieller. Macht als solche ist ja nichts Optionales. In menschlichen Gesellschaften ist es normal und üblich, irgendeine Art von Beziehung zur Macht zu haben, und zwar egal, ob man sie ausübt oder sich ihr unterstellt. Mit Macht umzugehen ist für die Kirche eine notwendige Folge der Tatsache, dass sie in dieser Welt agiert oder, vielleicht besser gesagt, versucht, den Spagat zwischen zwei Welten zu schaffen: nämlich zum einen zu versuchen, Zeugnis zu geben von der bedingungslosen Liebe, andererseits aber auch das zu tun, was nötig ist, um in einer Welt, in der Bedingungen gestellt werden, weiterexistieren zu können. Das ist ein Paradoxon. Um auch morgen noch da sein und sagen zu können: „Denke nicht an den morgigen Tag", muss die Kirche an den morgigen Tag denken.[23] Die Ur-

---

[23] Vielleicht ist dies die Stelle, um zu versuchen, mit der bizarren Vorstellung Schluss zu machen, dass meine eigene Kirche, die anglikanische Kirche, „reich" ist. Irgendwie schauen die Leute, die das behaupten, immer nur auf die Aktivposten des Vermögens der Anglikanischen Kirche (Church of England), nie auf die Verbindlichkeiten. Reichtum ist Vermögen minus Verbindlichkeiten, und das Einkommen der Kirche durch ihre Investitionen wird überwogen, und zwar erheblich, durch die Kosten für Gehälter und Pensionen. Das gilt selbst bei größtmöglichem Einsatz eh-

Heilige (Un)Vernunft!

renamtlicher Kräfte und immer weniger bezahlten Geistlichen und der Tatsache, dass immer weniger Geistliche immer mehr und größere Gemeinden betreuen und es trotzdem immer längere Vakanzzeiten gibt, wenn ein Priester eine Gemeinde verlässt. Das Gesamtvermögen der Kirche wird zwar auf einen (niedrigen) Milliardenbetrag geschätzt, aber das liegt daran, dass sie sehr großflächig agiert. Zerteilen Sie die Milliarden, und Sie werden feststellen, dass auf der lokalen Ebene die Realität überall Pfennigfuchserei ist und permanentes Fundraising, nur, um die Dächer auf den Tausenden von Kirchen einigermaßen intakt zu halten. Es erfordert schon unsere ganze Anstrengung, den Status quo zu erhalten. Und die Aktivposten können ja sowieso nicht flüssig gemacht werden. Sie werden ja nicht wegen ihres Geldwertes erhalten, und sie gehören uns ja nicht, damit wir sie veräußern. Der Zweck des Geldes der Kirche besteht nicht darin, Geld zu machen, sondern damit etwas auszuklügeln, wodurch wahr bleibt, dass sie dort ist, wo immer sie gebraucht wird. Jeder Ort in England gehört zu einer Gemeinde. Jeder in England hat einen Geistlichen, an den er sich wenden kann. Für den unwahrscheinlichen Fall, dass Richard Dawkins Hilfe bei seinem MHDidSzs braucht, wird es in North Oxford einen müden, aber bereitwilligen Menschen geben, der dafür verantwortlich ist, ihm einen billigen Keks anzubieten und eine Tasse Tee mit Milch und ihm zuzuhören, solange es eben nötig ist. Mittlerweile ist es so, dass das Personal, das dies tut, nicht unbedingt dafür bezahlt wird: ganz sicher nicht verglichen mit Belohnungen, die denen zugedacht werden, die „mutige" antireligiöse Bestseller schreiben, oder Comedians, die „ikonoklastisch" sind. Eine fünfzig Jahre alte Gemeindepastorin, die hektisch zwischen ihren fünf bis sechs Kirchen, in denen es von der Decke tropft, hin- und herfährt, um Menschen zu beerdigen, Menschen zu trauen und am Bett von Sterbenden zu sitzen, und die als Vermittlerin quer über alle Kluften dient, die es derzeit gibt, und die ihren Glauben behält, sowohl hoffend als auch verzweifelnd, und versucht, die Last von Leid und Grausamkeit zu erleichtern, wo sie kann, verdient umgerechnet etwa 27.000 Euro im Jahr und damit etwa so viel wie eine Berufsanfängerin in der Krankenpflege. Sie bekommt ein Haus, an dem es nichts zu meckern gibt, aber das ist natürlich wieder weg, wenn sie in den Ruhestand geht. (Und auch wenn es auf dem Land noch einige schöne, große Pfarrhäuser gibt, haben die klammen Kirchenkämmerer fast all die alten architektonisch schönen Gebäude verkauft für das, was sie dafür kriegen konnten. Das „Alte Pfarrhaus" ist eine Adresse für den Börsenmakler.) Ein Bischof, der managt und dabei versucht, mehr als ein Manager zu sein und den Glauben in einer Welt zu repräsentieren, die dazu neigt zu glauben, dass das alles nur eine Tarnung für Heuchelei und pädophile Machenschaften ist, und der es bewerkstelligen muss, einen mittelalterlichen Berg aufrecht zu halten, der ständig versucht umzustürzen, verdient umgerechnet etwa 47.000 Euro jährlich, etwas weniger als das Gehalt eines altgedienten Polizeibeamten. Der Erzbischof von

Die internationale Liga der Schuldigen - Teil zwei

gemeinden, und höchstwahrscheinlich Jesus auch, rechneten damit, dass sich dieses Problem bald von selbst erledigen würde, weil sie glaubten, das Ende der Welt sei nah. Aber das war dann ja doch nicht so, und es stellte sich heraus, dass Christen sowohl bauen und instand halten und Geschäfte machen als auch Gottes so ganz und gar unpraktische Torheit leben müssen.

Angesichts dieser Zwangsläufigkeit ist keine der Alternativen, die für die Beziehung von Christen zur Macht zur Verfügung stehen, unkompliziert. Alle vorhandenen Alternativen sind irgendwie Kompromisse, und sie ziehen alle irgendeine Art von Schuld nach sich. Man kann die Gewalt, von der alle Macht abhängt, ablehnen, so wie es manche christlichen Gruppierungen schon immer getan haben, und deshalb Pazifist sein wie die Quäker oder Amischen, aber dann ist man am Ende in Bezug auf Schuld und zivile Ordnung stillschweigend abhängig von denen, die sich die Hände schmutzig machen. Man wird zum Trittbrettfahrer der Macht und profitiert von ihr, ohne den Preis dafür zu zahlen. Man kann sich in eine klösterliche Inselzivilisation zurückziehen, wo Fami-

---

Canterbury – unser überlasteter Intellektueller mit dem Bart, dessen Schicksaal es ist, niemandem zu gefallen – verdient etwa 87.000 Euro jährlich, etwas mehr als das Gehalt eines normalen Parlamentsmitgliedes (vor Steuern) und erheblich weniger als jeder Geschäftsführer jeder beliebigen Organisation, die irgendwo irgendwas im privatwirtschaftlichen Bereich verdient. In der heutigen Zeit tritt niemand in die Kirche ein, um reich zu werden. Es gibt zwar alte Pracht, aber die steht unter treuhänderischer Verwaltung. Vielleicht möchten Sie diese Zahlen einmal mit bedenken, wenn Sie das nächste Mal jemanden sehen, der immer noch automatisch höhnisch grinst über den „Reichtum" und die „Macht" der Geistlichen. Besonders wenn es jemand mit einem Job im Finanzdienstleistungsbereich ist.

lie und die Verpflichtungen der Biologie außer Kraft gesetzt sind, genauso wie die Verpflichtungen des Staates, aber dann muss wiederum jemand anders Kinder bekommen und sie großziehen und dafür sorgen, dass die Welt sicher genug ist für sie. Man kann seine Ablehnung von Macht auch wieder gewalttätig zum Ausdruck bringen und einen perfektionistischen Guerillakrieg für die eigene Vision des Reiches Gottes führen, aber was ist, wenn man diesen Krieg gewinnt? Was, wenn die Miliz aus Anabaptisten oder Quintomonarchisten, die man zusammengestellt hat, die unreine Stadt siegreich einnimmt, und plötzlich muss man dafür sorgen, dass das Kraftwerk auch wirklich funktioniert und dass Einbrecher vor Gericht gestellt werden? Die Zwänge der Welt drängen sich weiter auf.

Oder man arrangiert sich irgendwann in irgendeiner Form mit der Macht, indem man sich mit ihr verbündet oder sie unterstützt oder sich an ihr beteiligt oder versucht, sie selbst zu übernehmen; und dann stürzt sich die andere Seite des Paradoxons, die andere Seite des Dilemmas, auf einen; denn obwohl das Christentum mehr oder weniger als eine Ideologie der Macht fungiert, tut es das nie so leicht und bequem wie die Religionen, die Gesetze ausgeben. Wenn man will, kann man das Evangelium als eine Geschichte über Vollmacht und Bevollmächtigung erzählen – Jesus, der die Vollmacht, für Gott zu sprechen, an menschliche Stellvertreter weitergegeben hat, ob an Petrus und seine Erben (die katholische Version), an fromme Kaiser in Konstantinopel oder Moskau (Orthodoxe) oder Evangelikale, die Gebetsfrühstücke im Weißen

Haus veranstalten (Protestanten) – aber was macht man dann mit der Behauptung und der daraus folgenden Forderung, dass Gott die Welt auf den Kopf gestellt sieht, aus dem Blickwinkel des Scheiterns, aus Sicht der Gossen, nicht der Paläste? Was macht man mit Seiner endlosen Sorge in Bezug auf das Verlieren und mit seiner Gleichgültigkeit in Bezug auf Besitz? Was macht man dann damit, dass Jesus lieber mit den Schurken gegessen hat und mit denen, die es so richtig vermasselt hatten, und mit den Feinden der öffentlichen Ordnung? Egal, für wie prima die Oberen mancher angeblich christlicher Organisationen alles erklären, die Kirche nährt immer die Saat von Kritik. Wir können nicht anders. Die Kritik ist immer vorhanden in der Geschichte von Jeshua, und wenn wir die Geschichte bewerten, dann müssen wir die Kritik an der Macht immer einberechnen.

Und das ist die rettende Gnade des Christentums, was Macht angeht. Denn der Ursprung unserer Beschämung, der Ursprung des allgemeinen Musters von Leid, das in der Geschichte des Christentums durch Macht hervorgerufen wurde, ist nicht die Macht an sich, sondern das Vertrauen in Macht; Sicherheit über Macht; Optimismus in Bezug auf Macht, und zwar von einer Art, die Jesu freundlichem, aber entschlossenem Fehlen an Glauben daran widerspricht, dass wir es schaffen können, gerecht zu sein. Mit ein bisschen Schielen ist es möglich, sich vorzustellen, dass unsere Projekte uns ja vielleicht doch irgendwie an Gottes MHDidSzs-losigkeit teilhaben lassen, weil wir Christen sind. Dann wäre ja vielleicht sogar Macht als solche geheiligt, statt nur ein weiteres Medium zu sein, in dem wir uns mit Sicherheit abmühen und herummurksen bei unseren Versuchen, eine Sicht von Gnade zu formulieren. Christliche Macht könnte ja heilig sein und mit Erfolg für heilige Zwecke eingesetzt werden, ohne Ironie, ohne Ergebenheit, ohne Zweifel.

Aber es scheint immer so zu sein, dass die aufgeblasene Gewissheit, der MHDidSzs könnte aus einem bestimmten Bereich menschlicher Erfahrung ausgeschlossen werden, nur als eine Einladung dient, ihn hintenherum wieder einzuladen, im ganz großen Stil Dinge zu vermasseln. Wenn Christen versuchen, Macht so auszuüben, als wäre es Gott, dann folgen Grausamkeit und Leid und Tyrannei auf dem Fuß. Schon nach ganz kurzer Zeit haben wir dann wieder die stählernen Blicke der Mönche während der Inquisition, die versuchen, die Muslime und Juden von Spanien in die vollkommene Orthodoxie zu schleifen; wir bekommen die Theokraten des protestantischen Neuengland, die Quäker hängen und scharlachrote Buchstaben verabreichen; wir bekommen heiligen Krieg mit immer ausgetüftelteren und heimtückischeren Waffen. Wir bekommen Guantánamo. Wir bekommen Abu Guraib. Wir bekommen Waterboarding.

Aber die ganze Zeit ist da etwas, das kneift und zwickt. Für Christen ist Macht etwas, das scheuert und reibt, selbst wenn sie notwendig ist. Vielleicht gehen sie davon aus, dass das eine oder andere Programm von Menschen den Rückhalt Gottes hat, obwohl Programme keinen anderen Ursprung haben können *außer* Menschen, aber unsere Himmelsfee ist da nicht kooperativ. Sie manifestiert sich als eine Stimme, die das

Königreich mit zwanzig unterschiedlichen unmöglichen, unplanbaren, unregierbaren Dingen vergleicht. In der Hitze irgendeiner schrecklichen Woge von Gewissheit schaffen wir es vielleicht, die Stimme eine Weile zu übertönen, aber am Ende ist sie immer wieder da und erinnert uns daran, dass Macht als solche nicht das ist, worauf wir hoffen oder setzen sollen. Macht ist nicht das Mittel, durch das das Reich Gottes kommen kann. Bevor es zum „am Ende" kommt, haben wir leider oft Zeit, Gefängnisse zu füllen und bewaffnete Einheiten zu segnen. Und die Kirche braucht auch keine direkte zivile Autorität ausgeübt zu haben, um dem Gedeihen des Lebens in ihrem Wirkungsbereich Schaden zuzufügen. Auch die Macht der Sichtweise ist erheblich, die Macht, kulturelle Wertungen zu prägen.

Und damit komme ich zum vierten und letzten Bereich dauerhaften Schadens, für den dem Christentum die Schuld gegeben werden muss: unsere immer wiederkehrende Tendenz, alles mit religiöser Billigung zu versehen, was in einer Gesellschaft konservativ ist, und zwar auf Kosten all jener, die nicht der konservativen Definition dessen, was gut und natürlich ist, entsprechen. Wir sollen der universelle Zufluchtsort für die Schuldigen sein, eine Organisation, in der niemand für sich in Anspruch nimmt, jemand anderem in Sachen Tugendhaftigkeit überlegen zu sein. Wir sollen auf der Seite des Guten sein, und zwar in dem Sinne, dass wir das Gute brauchen und nicht das Gute sind. Es ist aber auch möglich, die Kirche stattdessen als Stamm der Tugendhaften zu betrachten, als neue Version des alten selbstzufriedenen Wir, wobei die Grenze der Gemeinde gleichzeitig auch für die Grenze des Vertrauten, die Grenze des Angenehmen, steht, die wiederum in unserer Vorstellung mit der anthropologisch unvermeidbaren Grenze zwischen dem Sauberen und dem Schmutzigen, dem Sicheren und dem Erschreckenden verschmilzt. Dann ist alles, was innerhalb der Stammesgrenzen geschieht, gut, einfach weil es drinnen ist, und alles, was außerhalb ist, scheint böse und heimtückisch, einfach weil es draußen ist.

Dadurch entsteht dann eine moralische Landkarte der Welt, auf der Tugendhaftigkeit durch Etiketten und nicht anhand von Taten bestimmt wird. Man ist gut durch das, was auf seinem Etikett steht, nicht durch das, was man tut. Angesichts der Universalität des MHDidSzs folgt daraus, dass viel von der alltäglichen Boshaftigkeit, den Unannehmlichkeiten und Schlimmerem unter dem Etikett eines „insiderischen" Gutseins gerechtfertigt und dadurch bewusst oder unbewusst von anderen Insidern gedeckt wird, die glauben, dass sie dadurch die Ehrbarkeit des Etikettes „christlich" verteidigen, oder sogar der Meinung sind, dass sie das Gute selbst verteidigen – was allerdings nach der Insider/Outsider-Karte dasselbe ist. Wenn man es zu seiner Priorität erklärt, die grundsätzliche Großartigkeit der christlichen Ehe aufrechtzuerhalten, dann hört man sich vielleicht nicht so gerne Nachrichten über verprügelte Ehefrauen, Vergewaltigung in der Ehe und belanglose häusliche Tyrannei an. Wenn es Priorität ist, die grundsätzliche Großartigkeit der christlichen Familie zu proklamieren, dann achtet man vielleicht nicht so sehr auf Geschichten von missbrauchten Kindern. Wenn es Priorität ist, der grundsätzlichen Großartigkeit des Priesteramtes zu huldigen, dann schenkt man vielleicht nicht so gern dem Getuschel über Pater Stephen und die Messdiener Glauben. Aber natürlich will man mit keiner dieser Verhaltensweisen bewussten Ausblendens die besagten Missstände *gutheißen*. Man leugnet einfach nur, dass sie passieren können; und weil sie aber trotzdem passieren, weil Menschen eben Menschen sind, trägt das Schweigen dazu bei, dass sie weiterhin bestehen bleiben können. Der Umstand, dass man eine Vorliebe für die bunte Landkarte hat, führt dazu, dass damit weitergemacht werden kann. Und wenn die Opfer diese Sichtweise erleben, wenn sie erleben müssen, wie ständig betont wird, dass genau das, was ihnen Leid zufügt, gut und heilig ist, dann kann das zu der Schlussfolgerung führen, dass Gott das Leid gutheißt. „The earth is heavy with His presence", heißt es in einem Psalm. Unerträglich schwer (heavy), erdrückend schwer, wenn einem beigebracht wird, dass Gott selbst in dieser niederdrückenden Last ist. Dann darf man sich nämlich nicht beklagen.

Und was die Einstellung denen gegenüber angeht, die als die Unreinen, die Schmutzigen außerhalb des Stammes betrachtet werden, besonders, wenn ihre Andersartigkeit auf irgendeine Weise beängstigend ist, besonders wenn ihre Andersartigkeit mit Sexualität zu tun hat, dann – Allmächtiger! Es ist natürlich eine Illusion zu glauben, dass die Lesben und die Schwulen und die Transen alle dort draußen in der äußersten Finsternis ausgeschlossen sind und natürlich auf keinen Fall hier drinnen bei uns sind, ja sogar *wir sind*, aber genau das behauptet die zerstörerische kleine Landkarte der Tugend, und ziemlich viele von denen, die in meiner eigenen Kirche stolpernd die Rückzugsgefechte gegen Schwulenrechte führen, scheinen zu glauben, dass sie einen Hort traditionellen Verhaltens gegen Horden marodierender Dragqueens auf Crack verteidigen. Die Bilanz der Kirche ist hier, offen gesagt, richtig übel. Wir sollen – und zwar immer – versuchen, zu lieben, was wir nicht lieben oder nicht verstehen oder nicht berühren möchten; wir sollen den Grenzen der Liebe genauso wenig Beachtung schenken, wie es unserer Meinung nach Gott tut. Wir sollen einander als schuldig gewordene Brüder und Schwestern anschauen. Wir sollen *nicht* Schuld danach zuweisen, wer was mit wem macht. Kategorien von rein und unrein gehören in die Gesetzesreligionen, nicht in die christliche Lehre. Wenn es darum geht, was Erwachsene einvernehmlich miteinander tun, sollten wir so wenig Interesse an Listen verbotener Sexualpraktiken haben wie an Listen mit verbotenen Lebensmitteln. „Objektiv gestört"– so ein Quatsch. Die Störung liegt in unserem Herzen. Sexuelle Sünden sind nicht egal – keine Frage. Welchen fruchtbareren Boden für den MHDidSzs könnte es geben als Situationen, in denen Menschen einander so nah kommen?

Aber solche Sünden kann jeder begehen, und normalerweise tut es auch jeder, indem wir kalt und rücksichtslos, höhnisch, ausbeuterisch und wütend nacheinander greifen, als ob unser Selbst oder das des anderen ein Objekt wäre, das gerade recht kommt, und nicht ein Mensch aus Fleisch und Blut, der unsere Anerkennung und unsere Zärtlichkeit braucht.

Schuld auf sexuellem Gebiet ist wie jede andere Form der Schuld auch eine Angelegenheit, die alle Menschen betrifft. Wie wir ja bereits festgestellt haben, ist die Geschichte, auf der das Christentum gründet, in dieser Hinsicht erstaunlich schmerzfrei. Jesus hat es jedenfalls nicht für nötig gehalten, dieses Thema herauszugreifen und dazu ganz speziell etwas zu sagen. Aber gerade dieses Thema scheint Christen irgendwie permanent umzutreiben. In anderen Lebensbereichen, im Umgang mit anderen Arten von Unterschiedlichkeit und anderen Hierarchien von Status und Privilegien, wie beispielsweise denen von Rasse, Klasse oder Kaste, ist es uns im Laufe des letzten Jahrhunderts bisweilen gelungen, das Versprechen auf Gleichberechtigung, das unser Glaube ja gibt, einigermaßen zu erfüllen. Die Bürgerrechtsbewegung in den Vereinigten Staaten ist ein Paradebeispiel dafür, wie christliche Theologie und christliche Kritik an Macht entrechteten Menschen geholfen haben, Freiheit einzufordern.[24] Wenn es um die Unterdrückung von Frauen und Minoritäten in Bezug auf ihre sexuelle Orientierung geht, dann eher nicht so sehr. Die Kirche nimmt dabei nicht nur keine führende Rolle ein, sondern

---

24 Laut Christopher Hitchens kann Reverend Martin Luther King kein Gläubiger gewesen sein. „In Wirklichkeit – hier im Unterschied zu einem rein nominalen Sinne – war er also kein Christ." Dazu war er *zu gut*, wissen Sie? Die Gewaltlosigkeit, die Demut – die so gar nicht mit der erwiesenen Heimtücke des Christentums zusammenpassten. Lassen Sie uns, während wir über diese drastische Logik nachdenken, die großartige Hymne der Bürgerrechtsbewegung singen „Eyes on the prize". *Put my hand on the gospel plough* (Lukas 9,62), *won't take nothing for my journey now* (Markus 6,8) ... *The only thing we did was wrong, was staying in the wilderness too long* (Matthäus 4,1-8), *keep your eyes on the prize* (1. Korinther 9,24-25) *and hold on* (1. Thessaloniocher 5,21) ... Nein, da ist wirklich nichts Christliches zu erkennen.

Heilige (Un)Vernunft!

hat ihre liebe Mühe, überhaupt hinterherzukommen, immer zu spät, immer zögerlich, mit offensichtlichen Schwierigkeiten und großem Unbehagen eine Befreiung akzeptierend, die außerhalb der Kirchen schon eine Generation zuvor völlig normal war.

Meine eigene Kirche stemmt sich immer noch dagegen, Frauen für das Bischofsamt zuzulassen, schwule Männer ins Bischofsamt zu lassen, stemmt sich immer noch gegen gleichgeschlechtliche Ehen und das Recht für schwule Paare, Kinder zu adoptieren. Sie schafft es, ständig zu signalisieren, dass sie das Unglücklichsein der traditionell Denkenden höher bewertet als jede Ungerechtigkeit oder Gewalt oder Hass, die von denjenigen erlitten werden, die von der Tradition ausgeschlossen werden. Sie erweckt den Eindruck, dass es wünschenswert wäre, wenn es keine Homosexuellen mehr gäbe oder wenn das nicht möglich wäre, Homosexuelle wenigstens schön den Mund halten würden und unsichtbar wären und (natürlich) ihr Leben lang zölibatär leben würden, hübsch ordentlich weggesperrt in Selbstleugnung und Selbsthass. Derweil unterhält diese Kirche freundliche und mitteilsame Beziehungen mit Schwesterkirchen auf der Welt, die sich (in Uganda) für die Todesstrafe für gleichgeschlechtlichen Sex aussprechen oder (in Nigeria) behaupten, dass es so etwas wie eine sexuelle Orientierung gar nicht gibt, sondern nur Einzelpersonen, die sich auf homosexuellen Frevel einlassen. Da ist es dann nicht weiter verwunderlich, wenn Menschen zu dem Schluss gelangen, dass der christliche Glaube an sich und grundsätzlich homophob und frauenfeindlich ist.

Aber hier liegt eine Verkennung der Tatsachen vor. Der alltägliche moralische Konsens in Westeuropa und Nordamerika hat sich in den vergangenen fünfzig Jahren gerade in Bezug auf Sexualität und Geschlechterrollen stark verschoben. Es handelt sich dabei um eine rasche, epochale gesellschaftliche Veränderung. Und weil die Kirche sich so viel Zeit lässt, an dieser Veränderung teilzuhaben und sich vor dieser Veränderung (mit wenigen Ausnahmen) dem Vor-feministischen- und Vor-Stonewall-Verständnis von dem, was richtig und anständig ist, verpflichtet weiß, gehen die Menschen jetzt davon aus, dass die Kirche prinzipiell engstirnig und voreingenommen ist. Die Menschen gehen davon aus, dass früher die Welt deshalb so engstirnig war, weil damals die Kirche die Macht hatte, solche engstirnigen Vorstellungen und Grundsätze durchzusetzen, und dass die Welt jetzt nicht mehr engstirnig ist, weil die Kirche nicht mehr die Macht hat, ihre Vorstellungen und Grundsätze durchzusetzen. Daraus wird dann die Folgerung gezogen, dass die Schriften der Christen (Bibel) irgendwo die Ansage enthalten müssen, die die Westboro Baptist Church auf ihre entzückenden Plakate druckt: „Gott hasst Schwuchteln." Offenbar glauben die Menschen, dass das typische Mitglied der Mainstream-Kirchen nur ein bisschen vorsichtiger damit ist, das so deutlich auszusprechen wie die Westboro-Spinner, weil sie sehen, dass das heutzutage nicht mehr so gut ankommt. Aber schauen Sie sich doch nur mal die Nachrichten an; schauen Sie sich doch nur an, wie die Kirchen sich winden, wenn sie aufgefordert werden, die Gebote der Gleichberechtigung zu befolgen. Das ist doch das Gleiche.

Heilige (Un)Vernunft!

Die Bibel lehrt Hass. Das versuchen die Christen zwar jetzt zu verbergen, aber dazu ist es zu spät; dieses olle tyrannische, lustfeindliche Zeugs hat uns nicht mehr an der Kandare. Wir sind dann mal unterwegs, die Nacht in Hotpants in der Roller-Disco durchzutanzen und mit jedem zu knutschen, der uns zwischen die Finger kommt, und ihr Christen könnt uns nicht daran hindern, ihr traurigen alten Nobodys. Wir sind frei! Endlich frei, endlich frei, Gott sei dank sind wir endlich frei. (Ups, das war ja der falsche Befreiungskampf – der der Bürgerrechtsbewegung von Martin Luther King.)

Aber so einen Grundsatz gibt es in der Bibel nicht. Homophobie und Frauenfeindlichkeit bei Christen stammen nicht aus einer Lehre in unserem großen schwarzen How-To-Do-Buch des Hasses (und ohnehin ist die Bibel ja eine Bibliothek und keine Gebrauchsanleitung), sondern sie sind darin begründet, dass sich die Kirche an den Vorurteilen, Mutmaßungen und Gewohnheiten der Welt vor der besagten Veränderung beteiligt hat und genauso von dieser Welt geprägt ist wie die Welt von ihr. Etwas allgemeiner gefasst, sind Homophobie und Frauenfeindlichkeit eine Folge der Art, wie das Christentum immer in einer Kultur existiert und sich entwickelt, um die Nische auszufüllen, in der sie sich gerade befindet. Im Kern ist der christliche Glaube sehr einfach und radikal und braucht das meiste von dem heterogenen Input nicht, das bei jeder Zusammenkunft von Leuten zusammenkommt. Aber der Unterschied zwischen den Teilen, die zum Kern gehören, und denen, die eher nebensächlich sind, ist nicht immer gleich deutlich zu erkennen von der Stelle aus,

Die internationale Liga der Schuldigen - Teil zwei

an der eine bestimmte Person oder eine bestimmte Gesellschaft gerade steht. Es wird eine Menge Zeug einfach wie mit einem Staubsauger weggesaugt[25], einschließlich - und zwar in jeder Gesellschaft - eines instinktiven, nur halbbewussten Gefühls dafür, was den unveränderlichen Teil menschlicher Erfahrung ausmacht, den Teil, der nicht mit der Mode oder dem Wetter kommt und geht, sondern das Fundament ist. Ich habe ja bereits an anderer Stelle davon gesprochen, dass die Kirche gern einen Konservativismus mit einem kleinen „k" unterstützt, und genau das ist es auch. Kein richtiger Konservativismus mit einem großen K, mit einer Philosophie und einem Programm dahinter; keine Regel, kein Prinzip, keine endgültige Beurteilung für alle Zeiten und Phasen, sondern nur eine Bevorzugung dessen, was alt, gesetzt und dauerhaft ist im Hinblick auf eine ganz bestimmte Zeit und einen ganz bestimmten Ort.

Und Traditionen verändern sich ja und sind unterschiedlich. Der Konservativismus eines alten französischen Bauern unterscheidet sich von dem eines fünfundzwanzig Jahre alten kalifornischen Rechtsanwalts, der sich wiederum vom Konservativismus einer nigerianischen Marktfrau unterscheidet, wonach ihre zukünftige Schwiegertochter ein ausgemachtes Flittchen ist. Die allgemeine Verbindung zwischen ihnen

---

25 Philosophie und Kosmologie zum Beispiel sowie Essensrituale und Dresscodes und die Sicht von einem angemessenen Zinsniveau. So kommt es auch, dass die mittelalterliche lateinische Kirche sich vorübergehend der Metaphysik des Aristoteles verpflichtete und dem Abrakadabra-Simsalabim-Uhrwerk-Sonnensystem von Ptolemäus.

allen ist eine Art Poetik der Ordnung; eine Erwartung, dass die letztgültige (aber unsichtbare) Stabilität Gottes in dem zu finden ist und sich in dem widerspiegelt, was in unserem Alltag am stabilsten scheint. Das heißt, die Welt so, wie sie funktionierte, als man sie kennenlernte. Das heißt, so wie früher, was auch immer das konkret bedeutet. Diese Art von Konservativismus spielt eine weit größere Rolle dabei, wie feindselig Christen oft auf Veränderungen im Sexualverhalten reagieren, als es beispielsweise jedes Befolgen der Gesetze zur Sexualität im dritten Buch Mose könnte. (Wir halten uns überhaupt nicht an die abgedrehten Verhaltensregeln des alten jüdischen Gesetzes, weil sie ja durch die Gnade ersetzt wurden.) In meiner eigenen Kirche gibt es natürlich auch hier und da wirklich Homophobe, aber sie schleppt sich in erster Stelle deshalb so schwerfällig weiter, weil sie sich vor der bereits erwähnten gesellschaftlichen Veränderung so zutiefst der Welt angepasst hatte. Sie hatte sich an die Gewohnheiten und die Anschauungen der Welt gebunden, und diejenigen in der Kirche, die jetzt in dem entsprechenden Alter sind, erinnern sich an die Ordnung der Dinge in den 1950er Jahren als an das, „wie es früher war", als an das, was gebilligt wurde, als an das, was tragfähig war, und als an das, was man nicht so einfach hinter sich lässt. Natürlich handelt es sich dabei nicht nur um ein Phänomen, das sich auf die Vorstellungen von Sexualität auswirkt oder das nur für diese eine Generation von Kirchenmitgliedern gilt. Ganz ähnliche Muster von zeitlicher Verzögerung erklären auch, warum sich die anglikanische Kirche immer noch, wie in Aspik gelegt, Reste von einem Antirassismus im Stil der 1980er Jahre erhalten hat und eine Reihe von bärtigen Linken im Stil der 1970er. (Erzbischof von Canterbury-Gehüstel.)

Diese Sichtweise ist jedoch kein wesentlicher Trost, wenn man in einer Kneipe verprügelt wird, weil ein paar Leute Schwule jagen, und die Kirche die Hände ringt und sagt: „Autsch-ich-kann-deinen-Schmerz-nachfühlen" – aber *zu den Leuten, die einem den Schädel einschlagen*. Doch es hat Folgen für die Zukunft. Es deutet nämlich stark darauf hin, dass die Kirche am Ende doch dorthin kommt. Langsam und zu spät und erbärmlich zögerlich wird sie letztlich zulassen, dass das wichtigste Gebot, das wir *tatsächlich haben*, nämlich unseren Nächsten zu lieben wie uns selbst, die Poesie der Ordnung überstimmt und sie sich im Schneckentempo für eine neue gesellschaftliche Wirklichkeit umgestaltet. Aber bis dahin hat sich dann die gesellschaftliche Wirklichkeit mit Sicherheit schon wieder verändert. In menschlichen Gesellschaften gibt es kein „am Ende". Die Konsequenz ist also nicht, dass die Kirche ihren Weg finden muss durch ein endliches Menü von Anpassungen an soziale Gerechtigkeit und danach dann reinen Tisch gemacht hat und eine Institution in einem guten Zustand ist, in der sich aufgeklärte Menschen gern wiederfinden. Es wird ständige und immer weitere Veränderung nötig sein. Der Prozess ist endlos. Die Kirche wird sich in Ewigkeit jeder nur denkbaren Zukunft immer auf unvollkommene Weise neuen Zeiten anpassen und sich dann später auf genauso unvollkommene Weise wieder ent-anpassen, mit gelegentlichen Pausen, in denen die Gnade, die weiter durch die

Weltgeschichte knistert, uns zu einer plötzlichen Großzügigkeit verhilft.

Die Kirche wird immer schwerfällig sein, ihrer Zeit hinterherhinken und sich des jeweiligen Verderbens ihrer Zeit mitschuldig machen. Diese Langsamkeit wird aber manchmal auch eine Art von Weisheit haben, indem sie das schützt, was schön und verletzlich ist an unserem Erbe, und sie wird uns dadurch fernhalten vor einer tumben Begeisterung für Veränderung um der Veränderung willen. Und sie kann uns durch diese Langsamkeit auch vor der Illusion bewahren, dass wir uns beliebig und nach Wunsch verändern können; doch das wird eben immer zu dem Preis geschehen, dass Nöte von Menschen zu langsam erkannt werden und dass auf skandalöse Weise Ungerechtigkeit geduldet wird. Es wird nie ein Jahr null geben, von dem an wir dann geläutert sind. Wir sind schließlich die Liga der Schuldigen, nicht die Liga derer, die demnächst gut sein werden. Wir sind noch in Arbeit, und das wird auch immer so bleiben. Wir werden immer versagen, und das wird immer etwas ausmachen.

Und dasselbe gilt auch für unsere anderen vertrauten Katastrophen: für all die Muster von Unheil, die durch den Missbrauch unserer eigenen Geschichte entstehen, durch all die Gelegenheiten, bei denen wir aus der Gnade in die Bestrafung gefallen sind, durch die Versuchung zu glauben, wir könnten Gottes heilige Herrscher auf Erden sein. Sie werden fortgesetzt werden, diese Muster. Und es wird sie ganz sicher in neuen Formen auch weiterhin geben, solange es Christen geben wird, weil wir Menschen nun mal sind, wie wir sind, und der MHDidSzs eben auch ist, was er ist. Wenn wir darauf warten würden, dass die Kirche aufräumt, wenn wir darauf warten würden, dass die Kirche gut, und nur gut, ist, dass sie nichts als Gutes tut, dann würden wir ewig warten.

Also warten wir nicht. Wir glauben ja eigentlich auch gar nicht, dass die Kirche kostbar ist, weil sie gut ist und Gutes tut oder weil sie vielleicht in Zukunft Gutes tun wird. Wir nehmen ernst, was sie tut, aber wir glauben nicht, dass ihre krause und manchmal schreckliche Bilanz die einzige Wahrheit über sie ist. Wir glauben, dass die Kirche kostbar ist, weil sie etwas verkörpert, was der MHDidSzs im Allgemeinen und unsere Sünden der Willfährigkeit im Besonderen nicht zerstören können; etwas, das bereits jetzt existiert, trotz all unseres Versagens, und das folglich für Christen schon immer existiert hat, auch während der finsteren Jahrhunderte, als Sklaverei und Tyrannei die Welt regierten, und die Kirche auch, und als die moderne Vorstellung, Rechte zu haben, noch nicht einmal vorstellbar war; als der Abt ein Strolch war und das Kloster von seinem Strolch von einem Bruder bekommen hatte, der der König war; als der Bischof seine Lakaien schickte; als die Hungersnot wütete und die Geistlichkeit fett blieb, auch da blieb dieses Andere wahr. War es schon wahr. Brauchte darauf nicht gewartet zu werden.

Denn für uns Christen ist die Kirche nicht nur eine Institution von vielen. Sie ist ein immer wieder versagender, aber nie völlig gescheiterter Versuch begrenzter Menschen, die grenzenlose Großzügigkeit Gottes in dieser Welt aufrecht zu halten. Ich habe „verkörpert" gesagt, und dieser Begriff trifft es ganz genau. Die Kirche ist nämlich ein Körper, der auch wirklich ein Körper sein möchte. Das heißt, sie ist ein *Korpus*, eine *Korporation*, ein „Körper" – ein „Leib" aus Menschen insofern, als sie eine Ansammlung von ihnen ist, die der sprichwörtliche *Leib* Christi sein und bleiben möchten und die ihn lebendig und gegenwärtig erhalten möchten, einen Leib, der mit zwei Armen und zwei Beinen ausgestattet ist, der im ersten Jahrhundert in Palästina wahrscheinlich einen Bart und höchstwahrscheinlich schlechte Zähne hatte. Ihr braucht uns nicht zu sagen, dass das unmöglich ist. Das wissen wir nämlich. Aber wir sind trotzdem dem Unmöglichen verpflichtet mit unseren Verhaltensidealen, die nur der Gott von allem erfüllen kann, und mit unseren Bemühungen, einen Seinszustand zu haben, der in dieser Welt nur in flüchtigen Eindrücken, Metaphern und in notdürftigen Vergleichen zu erkennen ist. Wir sind es gewohnt, das Unmögliche zu versuchen und dabei zu scheitern. Wir sind es gewohnt, hin und wieder ein Stück des Möglichen zu erreichen, das wir nicht gehabt hätten, das wir nicht für möglich gehalten hätten, wenn wir uns nicht um das Unmögliche dahinter bemüht hätten. Wir sagen also, dass die Kirche der Leib Christi ist; noch ein Vergleich, in dem ab und zu eine Wahrheit aufflackert, die wir kurz erkennen und dann wieder nicht. Die Kirche ist das, was Jesus in dieser Welt tut, und zwar heute. Das ist etwas anderes, als zu behaupten, dass die Kirche auf wundersame Weise und auf jeden Fall gut ist oder dass gute Absichten lausige Ergebnisse aufheben (keine Bilanz – Sie erinnern sich?). Es ist nicht die Grundlage für eine Ausrede, sondern, wenn überhaupt etwas, dann eine Selbstanklage. Für uns ist es eher ein Grund, härter gegen uns selbst zu sein als nachsichtiger. Aber es ist auch ein Grund, nie die Hoffnung zu verlieren, nie die Überzeugung aufzugeben, dass die Kirche auf ihre holprige Weise der Gnade zugewandt ist; dass es sie – genau wie Christus – gibt, damit sie ein Kanal ist, durch den Heilung in die Welt gelangt; eine Heilung, die Gott sei Dank nicht vom Gelingen menschlicher Tugendhaftigkeit abhängt, egal, ob einzeln oder kollektiv, sondern von dem, was durch uns hindurchstrahlt und -atmet, wenn wir es zulassen.

Die Kirche ist eine der Antworten auf die Frage, wo Jesus ist, seit er uns am Ende der Geschichte verlassen hat, lebendig zwar, aber nicht mehr dem physischen Leben des Mannes Jeshua verpflichtet oder darauf beschränkt. Wo ist er? Er ist hier. Seine Hände sind jetzt unsere Hände, die einzigen Hände, die er hat. Meine Hände, die das hier tippen. Ihre Hände, immer wenn Sie damit den verhängnisvollen Motor unserer Geschichte anstoßen und versuchen, sie nur ein ganz klein wenig in Richtung Freundlichkeit zu verschieben. Sein Gesicht ist jedes Gesicht, das auf der Straße an einem vorbeigeht. Er ist der Junkie, der am Supermarkteingang Flöte spielt. Er ist die müde dreinblickende Somalierin, die mühsam am Rollator geht. Er ist jeder, an dem Ihnen etwas liegt, und jeder, dem Sie misstrauen. Die grenzenlose Liebe ist einmal in uns Begrenzte hineingekommen, und zwar, um endgültig zu bleiben, augenscheinlich für uns oder unsichtbar, je nach dem Licht, je nach unserer Bereitschaft, es zu sehen. Die Menschheit leuchtet von der Anwesenheit Gottes.

Heilige (Un)Vernunft!

Und wir glauben, dass er am konkretesten *hier* ist, wenn wir die Anweisungen befolgen, die er bei dem Abendessen am Tag vor seinem Tod gab. Jeden Sonntagmorgen halten wir in all den menschlichen Nischen der Kirche – von der Innenstadt von Isfahan bis zur Innenstadt von Manhattan, an reichen Orten, die vor Reichtum und Behaglichkeit nur so strotzen ebenso wie in Städten, die bombardiert werden, auf jedem Kontinent, einschließlich der Antarktis, und ich glaube, irgendwann auch auf dem Mond – eine stilisierte Version des ursprünglichen Passahmahles in Jerusalem ab. Da gibt es Brot, und da gibt es Wein. Wir segnen beides mit einem der Passahgebete. Wir brechen das Brot, wir gießen Wein in den Kelch. Wir wiederholen die Worte Jesu aus der Geschichte. „Dies ist mein Leib. Dies ist mein Blut." Und dann sind für uns das Brot, das ganz ungeheimnisvoll aus Weizen gebacken wurde, und der Wein, der ganz ungeheimnisvoll aus Trauben gepresst wurde, verändert. Ihre Bedeutung hat sich verändert. Für einige Christen haben sich die Stoffe Wein und Brot (in einem ganz kleinen internen Maßstab in Form von Krümeln und einem Rest auf dem Boden des Kelches) auf die gleiche Weise verändert, wie sich die stoffliche Welt dadurch verändert hat, dass darin ein Schöpfer ist. Dort, auf Russels Paradoxon von der „Menge aller Mengen, die nicht Element von sich selbst sind", ist einmal mehr ein seltsamer Knoten ins Gewebe des Seins geschlungen worden. Für andere Christen entsteht die Bedeutungsänderung durch die stoffliche Welt, die sich anpasst, um ein Zeichen dafür zu setzen, was einmal vor langer Zeit in Jerusalem begann und (daran erinnert uns das

Zeichen) auch jetzt noch geschieht. In beiden Fällen legt die Veränderung unserer Vorstellungskraft und unserem Verstehen eine seltsame Last auf, wenn wir das tun, was als Nächstes kommt, wenn wir das Brot essen und den Wein trinken. Wir essen Gott. Wir essen Jesus. Der Leib, der ein Leib sein möchte, isst den Leib, der er sein möchte.

Das Wortspiel vervielfacht sich. „Kommt und schmecket und sehet", singt vielleicht der Chor, wenn wir uns vor dem Altar anstellen, um unseren Bissen und unseren Schluck des Mahles zu holen. Das Schmecken ist wörtlich zu verstehen: Zungen, Zähne, Speiseröhre und Darm – alles ist beteiligt. Der Gott von allem zeigt wieder einmal sein unappetitliches Desinteresse an gutem Geschmack in dem anderen Sinn, dem höflichen, dem umfassenderen, dem mit dem abgespreizten-kleinen-Finger-Sinn. Denn es ist unausweichlich: Das hier ist ein Akt heiligen Kannibalismus in symbolischer Form.

Die Römer, die an Tempel gewöhnt waren, in denen tatsächlich und im wörtlichen Sinne Blut floss, setzten Gerüchte in die Welt über die abscheulichen Sachen, die die Christen am Sonntag trieben, und vielleicht machen wir es uns ja jetzt zu einfach, indem wir uns durch die Vertrautheit der Sprache, die wir verwenden, beruhigen. Vielleicht sollte ein Hauch von Widerwillen gegen einen Tabubruch vorhanden sein, wenn wir das rote Zeugs aus dem Kelch schlürfen, damit wir uns daran erinnern, wohin unser Wegweiser zeigt, nämlich zur Schädelstätte und zu dem menschlichen Körper dort am Kreuz. Wir essen nicht nur einfach Jesus. Wir essen seinen Tod. Wir essen, und wir trinken, weil wir uns das

255

Heilige (Un)Vernunft!

Ende der Gräueltat wünschen, aber das Sakrament befördert uns ins Monströse hinein, durch das Monströse hindurch, um uns dorthin zu bringen, genau so, wie die Geschichte, die wir erzählen, nur durch die Tragödie zur Hoffnung gelangt. Die Bedeutung des Brotes und des Weines ist an einem langen blutigen Korridor entlang aufgereiht, so barbarisch wie die barbarische Welt, an der Gott wirkt; und am Ende dieses Korridors, wenn wir das seltsame und erschreckende Geschenk, das wir bekommen, angenommen haben, gibt es Vergebung. Wir essen das Brot und trinken den Wein, um in der Tat verbunden zu sein, durch den Vergebung kam. Wir essen das Ende von Grausamkeit und Schande. Wir essen Amnestie für die ganz konkrete Ladung an MHDidSzs, mit der wir an den Esstisch gekommen sind. Wir essen die Freude darüber, dass dieses eine Mal trotz allen Leides und allen Kummers die Last der Welt gewendet wurde und sich in Freude verwandelt hat. Wir essen Gnade.

Und dazu ist die Kirche da. Vergessen Sie Heilige, Päpste, Bischöfe, Mönche, Nonnen, Prozessionen, Statuen, Musik, Kunst, Architektur, Kaffeekränzchen im Pfarrhaus, das Hantieren mit Schlangen, das Reden in Zungen und spezielle Kopfbedeckungen. All diese Dinge[26] können zu ihrer Zeit und an ihrem Platz zwar zweckdienlich sein, können manchmal erreichen, dass das Wirken der Liebe ein ganz klein wenig weiterkommt, aber im Vergleich dazu sind sie alle zweitrangig, sind sie alle Humbug, sind sie im Wesentlichen schmü-

---

26 Okay, beim Hantieren mit Schlangen bin ich mir da nicht so sicher.

ckendes Beiwerk. Wir essen das Brot. Wir trinken den Wein. Wir spüren, dass uns vergeben ist. Und mit diesem Gefühl gehen wir dann wieder weg vom Tisch, um die Welt und uns selbst und einander zu lieben.

Wenn man nach dem Gottesdienst in eine Gemeinde in England kommt, dann erlebt man eine (kleine) Anzahl älterer Menschen, Menschen mittleren Alters und Familien, die mit der einen Hand eine Teetasse und Kekse balancieren und mit der anderen versuchen, die Kinder in Schach zu halten, und die dabei ein wenig unbeholfen und holprig übers Wetter reden, über den Urlaub, über Kricketergebnisse, Neuigkeiten aus den Nachrichten und wie es mit dem Obst und den Blumen und dem Gemüse im Garten steht. Normalerweise und nach den gängigen Maßstäben haben wir nicht unbedingt vieles gemeinsam. Wahrscheinlich sind wir deshalb auch alle ein bisschen verlegen. (Das hier ist schließlich England.) Aber trotzdem ist das noch nicht alles, was dort passiert. Wir feiern nämlich außerdem das Liebesmahl. Unser Herz ist in unseren Blicken, wenn wir einander anschauen. Wir sind mit dem unmöglichen Versuch beschäftigt, einander so anzusehen, wie Gott uns sieht. Das heißt so, als wären wir alle unschätzbar kostbar, und zwar aus Gründen, die ziemlich unabhängig sind von den üblichen Aspekten, die für Anziehung und Anerkennung unter Menschen sorgen, nämlich Status, Ausstrahlung, Schönheit, Selbstvertrauen, Reichtum, Klugheit und Autorität.

Einerseits ist das eine unpersönliche Art des Liebens, weil sie nicht fragt, was wir selbst möchten oder mögen. Aber auf eine andere Weise ist sie wirklich sehr, sehr persönlich, weil ihr Fokus ganz und gar auf dem Anderen liegt, ganz und gar darauf, wie er wirklich ist, so, wie es ein liebender Erhalter könnte, der sie illusionslos von innen lesen kann und sich trotzdem über sie freut. Es ist eine Sichtweise, aus der man sehr schnell wieder herausfällt, selbst wenn man diszipliniert ist, selbst wenn man so gut wie möglich versucht, dem anderen selbstlos Aufmerksamkeit zu widmen, aber irgendetwas bleibt davon hängen, irgendetwas an dem Trick dabei bleibt hängen und wird zur Gewohnheit. Irgendwie wird durch diese Art zu lieben etwas Boden gutgemacht. Und sie ist auch eine Art von Vergnügen. Da sind Sie – da sind wir –, um genossen zu werden, und zwar auf eine Weise, die etwas gemeinsam hat mit der Art, wie man Freude haben kann an Gestalten in einem Roman, ganz unabhängig davon, ob sie auf angenehme Weise dem entsprechen, wie man seine Sympathien, Vorlieben und Interessen in Bezug auf diese Figuren eingeschätzt hat, bevor man angefangen hat zu lesen. Gnade bewirkt, dass wir einander besser „lesen" können. Wir wissen nicht, wofür der andere Vergebung braucht, und wir werden es auch nie erfahren, aber wir wissen, dass ihm vergeben ist, genau wie uns vergeben wurde, und für einige Momente schaffen wir es, mit ruhiger, freundlicher Gelassenheit zu schauen. Obwohl wir viele sind, sagen wir, dass wir ein Leib sind, weil wir alle ein Brot teilen.

Und dann versagen wir. Und wir versuchen es noch einmal, und wir versagen wieder, und wir versuchen es weiter. Wir versagen, hoffen, immer ein wenig besser zu versagen, weil wir wissen, dass durch Lieben das widerstandsfähige, verworrene, knifflige, komplizierte, faszinierende, befleckte Gewebe dieser Welt – dieser einzigen Welt –, dass in ihm die Möglichkeit des Königreiches schimmert. Oder der Republik! Sehen Sie es auf jeden Fall als Republik des Himmels. Dort gibt es keinen König, außer dem König, den wir in unseren Gesichtern sehen, wenn wir einander anschauen, und wir sind alle fehlbar; keiner von uns ist besser als der andere. Welche besseren Bürger könnte es für eine Republik geben?

8
KONSEQUENZEN

Wie fühlt es sich an, das Gefühl zu haben, dass einem vergeben worden ist? Ich kann da nur von mir selbst reden und muss sagen – überraschend fühlt es sich an. Genau so, wie es aus einer Richtung kommt, die man gar nicht in Betracht gezogen hat, weil man sein Leben aus einem Winkel anschaut, den man nicht erwartet hatte, ist dieses Gefühl auch von einem Eindruck begleitet, der nicht unbedingt der Eindruck von üblicher Erleichterung oder Befreiung ist. Meiner Erfahrung nach ist es so, wie wenn Zahnschmerzen aufhören, nachdem ein entzündeter Zahn gezogen worden ist. Es hat die leicht betäubte Überraschtheit von etwas, das geschmerzt hat und jetzt nicht mehr da ist. Man erkundet die Stelle, wo die Ursache des Schmerzes gewesen ist, und man fühlt sich ein wenig verändert, ist sich selbst ein bisschen fremd. Etwas ist ein bisschen anders. Man ist natürlich froh, dass es nicht mehr wehtut, aber man stellt auch fest, dass man das vertraute Signal des eigenen Schmerzes fast ein wenig vermisst, besonders weil die Erinnerung daran, wie weh es getan hat, schnell verblasst und es schwierig ist, sich weiter über den nicht mehr vorhandenen Schmerz zu freuen. Vielleicht stellt man sogar fest, dass man die heimliche Versuchung verspürt, den vorherigen Zustand wiederherzustellen, indem man loszieht und die Sache, für die man Vergebung brauchte, was auch immer es gewesen sein mag, noch einmal tut. Denn nach allem, was man gerade festgestellt hat, ist es möglich, es zu überleben, gibt es einen Weg aus der Verzweiflung und den Selbstvorwürfen; und dann braucht man sich nicht mit der beunruhigenden Ungewissheit auseinanderzusetzen, die es mit sich bringt, verändert zu werden.

Besteht nach Lage der Dinge die Möglichkeit des moralischen Risikos, dass es die Entfernung der negativen Folgen auf perverse Weise leichter macht, die Sache noch einmal zu tun? Oh ja. Menschen können alles vermasseln. Der Mafioso, der nach jedem Mord zur Beichte geht, ist nur eine extreme Form eines vertrauten Musters. Gnade ist die Antwort auf den Missbrauch an sich selbst und anderen.

Es ist schwer, zu warten und in dem Zustand bebender Ungewissheit auszuharren, in den uns Gnade versetzt, nämlich nicht zu wissen, was die Veränderung durch diese Gnade konkret bedeutet, nicht zu wissen, wohin sie uns führt. Vergebung hat keinen Preis, den wir bezahlen müssen, aber sie deckt unsere Illusionen von Kontrolle auf. Vergebung ist nicht schmeichelhaft. Vergebung erinnert uns daran, dass unsere Masken eben Masken sind. Vergebung setzt etwas in Gang, wenn wir es zulassen. Vergebung kommt mit der Einladung, herauszufinden, was wir sonst noch werden könnten, das wir nicht geahnt hätten. Vergebung befördert in ein neues Territorium. Vergebung ist beunruhigend.

Konsequenzen

Aber dann wieder ist ja auch so viel anderes am Glauben beunruhigend. Jeder Schritt darin verlangt einem ab, auf die eine oder andere Art Risiken einzugehen, vom Risiko, das Wesen des Universums absurd falsch zu verstehen, bis hin zu dem Risiko, die eigene Erhabenheit abzulegen und ein Bild von sich zu unterschreiben, das einen selbst als anfällig für Reinfälle und Selbstzerstörung darstellt und nicht als eine Person, die stolz und furchtlos ihr Schicksal meistert. Aber angenommen, Sie tun es trotzdem – angenommen, Sie gehen dieses Risiko ein, und es kommt tatsächlich dazu, dass Sie den Weg gehen (von allen Wegen zum Glauben, die es gibt), der in diesem Buch beschrieben wird; angenommen, Sie gestehen in einem der wiederkehrenden Begegnungen mit Trostlosigkeit im Leben den Riss in allem ein; und angenommen, Sie stellen fest, dass Sie in dem großen Schweigen, das Ihnen antwortet, wenn Sie um Hilfe bitten, das Gefühl haben, dass jemand spricht; und angenommen, Sie schaffen es durch die Untiefen der Theodizeen hindurch; und angenommen, die Geschichte bewegt Sie, bewegt Sie genug, um Sie dazu zu bringen, vorläufig zuzustimmen; und angenommen, Sie schließen sich nervös der Gesellschaft anderer an, die ebenfalls zugestimmt haben, und Sie essen das Brot und trinken den Wein; und angenommen, Sie beginnen zögerlich zu versuchen, den Weg des Glaubens zu gehen, mit all den Reinfällen und allem Drum und Dran – was dann? Was folgt dann? Wohin führt Sie dieses neue Experiment in Erniedrigung? Zu welcher Verpflichtung? Wozu verpflichtet es Sie?

Zu Beginn meiner Ausführungen habe ich ja beschrieben,

dass es sich wie Verlieben anfühlt, wenn man anfängt zu glauben. Und die Art, wie sich dieser Glaube dann in einem Leben festsetzt, hat auch viel Ähnlichkeit damit, wie die erste Phase der Anziehung, bei der einem noch richtig schwindelig ist und man Schmetterlinge im Bauch hat, dann zu einer Beziehung wird (wenn sie es denn tut). Aus Faszination und Entzücken wird ein Alltag mit seiner Routine, ein Prozess, der seine gewohnte Doppelbödigkeit behält, wenn es um Glauben geht. Diese Entwicklung ist nämlich sowohl mit Verlust als auch mit Gewinn verbunden – sowohl mit einer Spannung und Erregung, bei der einem schwindelig wird, als auch mit wachsendem Vertrauen; wie alle menschlichen Bande engt sie gleichzeitig ein und unterstützt, schließt sie andere Wahlmöglichkeiten einfach dadurch aus, dass es eine Wahl, eine Entscheidung ist. Und deshalb gibt es auch dabei – wie bei jeder anderen verbindlichen Entscheidung – Zeiten, in denen man eher die Einschränkungen in der theoretischen Freiheit wahrnimmt als das, was einem diese Bindung gibt. Und dann ist es in erster Linie die Gewohnheit oder das Bewusstsein, etwas versprochen zu haben, das einen dazu bringt, weiterzumachen. Gott ist ein schwer zu fassender Liebender. Der zweifelsfreie Glanz seiner Gegenwart ist vielleicht selten oder sogar nie da – und das möglicherweise jahrelang –, und er lässt sich jedenfalls nicht befehlen, wird sich nie zahm oder verfügbar zeigen. Die alltägliche Erfahrung ist vielleicht eher die Es-gibt-ihn-gar-nicht-den-Bastard-Erfahrung als alles, was auch nur entfernt mit Faszination zu tun hätte. Und doch, und doch. Er könnte jeden Augenblick kommen, zu einem Zeitpunkt und auf eine Weise, wie Sie es niemals erwartet hätten, und das färbt jeden Augenblick in der Masse der Momente, in denen er nicht kommt. Und Sie werden erkennen, dass Gnade niemals aufhört, und zwar egal, ob Sie sie spüren oder nicht. Sie hören nie auf zu zweifeln – wie könnten Sie auch? –, aber Sie lernen, mit dem Zweifel zu leben und mit einem ungeklärten Glauben, weil er nicht zu klären ist. Sie graben also die Beziehung nicht immer wieder aus, um nachzuschauen, wie die Wurzeln aussehen und ob sie schon stärker geworden sind. Sie haben vielleicht Krisen, aber insgesamt fordern Sie den Glauben genauso wenig jeden Morgen auf, sich selbst in seinen Grundprinzipien zu beweisen, wie Sie Ihre Beziehung mit einem wichtigen Menschen in Ihrem Leben tagtäglich einer genauen Kosten-Nutzen-Analyse unterziehen. Sie nehmen ihn als eine gegebene Tatsache Ihres Lebens hin. Sie erfahren von ihm den langsamen Lohn der Treue.

In der Wiederholung von Weihnachtsfesten und Osterfesten und Geburten und Todesfällen und Auferstehungen sehen Sie, wie ein grobes kleines Modell Seiner Beständigkeit in den linearen Zeitablauf Ihres Lebens eingeritzt wird. Sie entdecken, dass Wiederholung als solche auf seltsame Weise gar kein Feind der Spontaneität ist, sondern vielleicht sogar Spontaneität erst ermöglicht. Immer wieder dieselben Gebete zu beten, immer wieder die gleichen Schritte des Glaubens zu vollziehen hilft vielleicht irgendwie, die Tür, durch die er kommen könnte, nicht ganz zu schließen, sondern angelehnt zu halten. Die Worte kommen einem neun- von zehnmal vielleicht wie kirchliches Bla-Bla-Bla vor oder vielleicht sogar neunundneunzig- von hundertmal, um dann verwandelt zu werden und urplötzlich wie ein gewaltiger frischer Wind in Ihren kleinen geschlossenen Raum hineingeweht zu kommen. Und bis dahin machen Sie eben den Glauben zu Ihrem Ausgangspunkt, zu dem Punkt, an dem Sie aus Gewohnheit stehen. Und Sie gewöhnen sich daran, wie die menschliche Landschaft von dort aus aussieht: neu ausgerichtet, neu organisiert, anders.

Diese Landschaft hat nicht ihre Bedeutung verloren oder ihre Vielfalt oder die endlose interessante menschliche Eigentümlichkeit. Sie ist nicht die bloße Veranschaulichung irgendeiner abstrakten Aussage über das Wesen der Menschen geworden. Wenn überhaupt etwas, dann ist sie stabiler, feinkörniger und innerlich komplizierter geworden, ein nicht endender Ansporn zu noch mehr Neugier. Denken Sie daran, dass Gott für Christen nicht von den Menschen getrennt ist. Wir sollen nicht von den Menschen weg auf Ihn blicken. Wir sollen Ihn in den Gesichtern der anderen sehen und ganz konkret lieben mit dem großzügigsten und *neugierigsten* Gefühl für den anderen, das wir aufbringen können. Gott hat es mit der Exklusivität, aber gleichzeitig hat er es damit auch gar nicht. Wir sollen keine anderen Götter neben ihm haben: kein kleiner Flirt mit dem Gott der Passenden Vorhänge, dem Gott des Ordentlich-was-in-der-Hose-Habens oder mit den nicht so leicht zu erkennenden Entsprechungen von heute, unseren kleinen modernen Götzen der Macht und des Reichtums. Es darf nichts angebetet werden außer dem Gott von allem, der gar keine Anbetung braucht und sie auch nicht von uns verlangt (obwohl wir sie, wenn wir wollen, aus derselben Herzensregung heraus darbieten können, die bewirkt, dass wir auf Berggipfeln die Arme gen Himmel strecken).

Aber andererseits ist alles verdammt pluralistisch, und weder Gottes Liebe zu uns noch unsere zu Ihm soll andere Lieben verdrängen. Sie soll zu diesen sogar ermutigen und sie heiligen. Sie soll uns losschicken, ehrfurchtsvoll und eifrig und neugierig und verrückt, voller Leidenschaft für Geist, Herz, Seele und Körper der anderen in dem Wunsch, einen Bruchteil der absoluten und unnachahmlichen Liebe hinter allem nachzubilden, so gut wir es können.

Aber dieselbe Neugier offenbart uns auch den Riss in allem – und das ständig und immer wieder. Wir leben in einer verkorksten Welt mit verkorksten Menschen darin. Der MH-DidSzs ist universell. Unsere Zerstörungswut ist eine genauso grundlegende Tatsache über uns wie unsere Fähigkeit zu lieben. Unsere Liebe wird immer kontrolliert, kompliziert, begrenzt, gefährdet, verdorben, ausgehöhlt und aufgehoben werden durch den Rest der Art, wie wir sind. Wenn man das akzeptiert, dann wird die Weigerung, das in der modernen Gesellschaft von heute einzugestehen, richtig albern und sogar schlimmer als albern. Sie hält uns nämlich kollektiv in einem Kreislauf von Nachsicht und Überraschtheit gefangen. Meistens herrscht die Leugnung (Finger in den Ohren) vor, dass überhaupt jemals etwas nicht in Ordnung sein könnte, die allerdings periodisch unterbrochen wird durch ein theatralisches Erstaunen, wenn etwas dermaßen falsch läuft, dass es einfach nicht mehr zu ignorieren ist. Wir müssen uns ständig mit irgendwelchem Unsinn betäuben. Es herrscht der „grausame Optimismus" des Augustinus, der auf zynische Weise begünstigt wird durch die klugen Köpfe in der Marketingabteilung, die wissen, dass nichts Sorge und Unglücklichsein und somit den Konsum so sehr fördert wie Bilder von Perfektion, die uns vorgehalten werden und uns beschämen.

Das Christentum sagt, dass Menschen weder vollkommen noch vervollkommenbar sind. Die Unschuldsvermutung ist eine nützliche Einrichtung in Gerichtsverhandlungen, aber keine besonders vernünftige Einstellung in Bezug auf Erwachsene im Allgemeinen. Im Vergleich dazu sagt das Christentum, dass von Menschen gleichzeitig mehr und weniger erwartet wird. Weniger wegen ihres unweigerlich geteilten und hintertriebenen Selbst; mehr, weil dank der Gnade unsere Identität vorläufiger, mehr hoffnungsvoll ungewiss ist, als wir gemeinhin zugeben. Wenn Sie Christ sind, dann glauben Sie, dass selbst an den finstersten Orten, selbst wenn die Last der Unausweichlichkeit absolut zu sein scheint, Platz ist für den plötzlichen, nicht vorhersagbaren und unvorhergesehenen Sprung hinein in das Risiko der Liebe.

Es ist jedoch nicht immer klar, *wie* man in einer bestimmten Situation versuchen soll, liebevoll zu sein. Weil das Christentum keine Gesetzesreligion ist, stattet es einen nicht mit einer Liste von Regeln aus, sondern setzt stattdessen das unmöglich zu erfüllende Ideal, andere Menschen genauso absolut wertzuschätzen, und das lässt sich nicht direkt und unmittelbar in einen Verhaltenskodex übersetzen. Als Orientierung

Konsequenzen

hat man die tiefe Struktur des christlichen Verständnisses vom menschlichen Wesen; und man hat die in der Tradition verkörperte Weisheit, aber auch ihre Vorurteile und Blindheit; und man hat die Geschichte früherer Versuche, die von all den Vorgängern unternommen wurden. Aber nichts und niemand von alldem kann absolut festmachen und zuverlässig definieren, was es in diesem Moment und in Alltagsbegrifflichkeit bedeutet, seinen Nächsten zu lieben wie sich selbst. Man muss also selbst entscheiden – und zwar ständig und immer –, was das konkret bedeutet. Sie werden die Freiheit haben – oder, anders ausgedrückt, die niemals endende Verantwortung –, herauszufinden, auf welche Weise Sie Ihre unvollkommenen Versuche in Bezug auf diese unmögliche Aufgabe unternehmen sollen.[27]

Menschen *lieben*. Bedeutet das, dass man versuchen sollte, ihnen das zu geben, was sie sich wünschen? Bedeutet der Rat Jesu, sogar die eigenen Kleider wegzugeben, dass man immer mit Ja antworten soll, wenn man von jemandem um Hilfe gebeten wird?

Was ist denn mit den Situationen, in denen es die Liebe gebietet, dem Junkie nicht die zehn Euro zu geben, sondern ihm die Mittel zur Selbstzerstörung zu verweigern? Was ist mit den Situationen, in denen es die Liebe verlangt, den

---

27 Wenn das, nebenbei bemerkt, überraschend so klingt wie die Standardsituation des autonomen modernen Individuums, dann kann ich dazu nichts anderes sagen als: Ach nee. Und auch: Kein Scheiß, Sherlock. Du lebst nämlich in einer sehr, sehr christlichen Kultur. Das beredte Schweigen über die Mittel zum christlichen Zweck liegt hinter großen Portionen modernen Denkens über die Freiheit.

alkoholkranken Ehemann nicht mehr in die Wohnung zu lassen? In dem Fall unterscheidet man zwischen dem, was sich Menschen wünschen, und dem, was sie brauchen; man unterscheidet zwischen den Situationen, in denen man Liebe praktiziert, indem man dem Wunsch von jemandem vertraut, und denen, wo man Liebe praktiziert, indem man ihren Wunsch verwehrt und versucht, ihnen das zu geben, was sie nach eigenem Ermessen stattdessen brauchen. Doch dann stellt sich ja wiederum die Frage, wer man eigentlich ist, um das entscheiden zu können. Bei einem Kind ist ja vielleicht noch klar und eindeutig, wer die Verantwortung hat, als so falsch sich die jeweilige Entscheidung am Ende auch erweisen mag; aber was ist, wenn Sie einfach nur ein Erwachsener sind, der nach rechts und links auf seine Mitmenschen schaut? Wer sagt dann, wann es richtig ist, überhebliche Vermutungen anzustellen über deren Wünsche und Bedürfnisse, oder auch umgekehrt, dass andere Mutmaßungen über einen selbst anstellen?

Oder was ist mit Vergebung? Wann sollte die Gnade, von der wir glauben, dass jeder sie von Gott bekommt, bedeuten, dass weltliche Sanktionen für ein bestimmtes Verhalten zurückgehalten werden und wann nicht? Wann ist es Gnade, jemandem die Strafe zu erlassen, und wann ist eine Strafe eine Liebestat, ein Werk der Barmherzigkeit, durch das gewährleistet wird, dass Menschen ernst genug genommen werden, um die Folgen ihres Handelns tragen zu müssen? Wie ist es mit dem eigenen beschränkten Wissen, der erbärmlich beschränkten Sicht? Kann man da überhaupt mehr als mutmaßen und schätzen? Und wann ist genug Liebe genug? Die Not ist doch grenzenlos, von Bedürftigkeit ganz zu schweigen, und es wird nie das eindeutige, klare Signal geben, dass die Welt jetzt restlos zufrieden ist, dass man die Aufgabe zu lieben jetzt als abgeschlossen betrachten kann; aber man ist eben endlich, und dasselbe gilt für die begrenzten Ressourcen von Zeit und Gefühl, und vermutlich sollen Sie sich auch gar nicht selbst opfern, sich selbst schaden, sich von dem Berg von Nöten begraben lassen. Vermutlich sollen Sie für sich selbst so viel zurückbehalten, dass Sie (so wie die Kirche Jesu) auch morgen noch funktions- und handlungsfähig sind. Aber wie sollen Sie wissen, wann eine bestimmte Not die eine Not zu viel ist? Sie wird genauso real, genauso dringlich da sein wie jede andere davor. Wie sollen Sie also sagen können, dass es dieses Mal richtig ist, nein zu sagen? Die Fragen vervielfältigen sich. Es ist kompliziert, Unmöglichkeit in der Welt des Möglichen unterzubringen. Genauso schwer, wie die Ewigkeit in der Zeit unterzubringen oder die „Menge aller Mengen, die nicht Element von sich selbst sind".

In unserem örtlichen Anzeigenblatt erscheinen regelmäßig ein paar rivalisierende Kleinanzeigen. Irgendjemand schaltet die Anzeige mit dem Text JESUS IS 4 YOU und jemand anders MAN KANN AUCH OHNE GOTT GUT SEIN. Die beiden Anzeigen stehen oft direkt nebeneinander. Aber sie reden aneinander vorbei. Denn wenn man Christ ist, dann besteht das, wofür Jesus ist, darin, ein Hilfsangebot zu machen, das mit dem Gewebe des Universums verwoben ist; ein Hilfsangebot, wie man es braucht, wenn es zum Problem wird, dass man nicht gut ist. Wenn man es schafft, gut zu sein – toll. Aus christlicher Sicht steht nicht in Frage, dass es Gutsein gibt; wir halten nur die Wahrscheinlichkeit für sehr groß, dass man umkehren muss aus der Rolle des vollgekotzten Bruders, und zwar rechtzeitig. Und ja, klar kann man „ohne Gott gut sein". Ich vermute, von einem philosophischen Standpunkt aus betrachtet, neigen Christen dazu zu glauben, dass alles gelingende Gutsein ein ferner Abglanz der Güte Gottes ist. Aber wo es um die Motive geht, wo es um das Festhalten an einem Weltbild geht, gibt es offenbar gar nicht unbedingt eine Verbindung zwischen dem Glauben an Gott und Tugendhaftigkeit. Es gibt doch jede Menge Atheisten und Agnostiker, die hingebungsvoll Gutes tun, die gemäß der Ideale des Mitgefühls und der Würde und der gegenseitigen Hilfestellung handeln und daran arbeiten, diesen Planeten zu retten oder zu verbessern.[28]

Gnädigerweise gibt es viele Wege zur Tugendhaftigkeit, und absolut keiner dieser Wege kann ein religiöses oder christliches Monopol sein. Worauf es beim Christentum ankommt, ist nicht, dass es Tugendhaftigkeit hervorbringt. Wenn es darum geht, Gutes zu tun, hat es wahrscheinlich sogar einen Vorteil, Christ zu sein, und zwar insofern, als man von vornherein weiß, dass man im Gutsein versagen wird und dadurch eine Art Sicherheit bekommt, dass es sich immer lohnt zu versuchen, gut zu sein – auch ganz unabhängig von den Ergebnis-

---

[28] Und auch gut zu sterben. Schauen Sie sich dazu den Mut und die Würde des Abgangs von Christopher Hitchens im Dezember 2011 an.

sen. Christ zu sein hilft deshalb ein wenig dabei, auch unter Bedingungen gut zu sein, in denen Gutes zu tun nichts nützt, wenn es darum geht, ob Fortschritte gemacht werden. Wo Dinge nicht messbar besser werden, egal, wie viel Hingabe man hineinsteckt. Es sind überall tugendhafte und idealistische Atheisten am Werk, aber es ist zu beobachten, dass eine überraschend hohe Anzahl an Gläubigen unter denjenigen zu finden ist, die mit Sterbenden arbeiten, mit dementen Menschen, mit Suchtkranken, mit Menschen in Heimen und mit Schwerstbehinderten, wo das Beste, was getan werden kann, darin besteht, um der Liebe willen zu lieben und dem Leid Gesellschaft zu leisten.

Dieselbe Ungewissheit ist vorhanden, wenn man als Christ vom Verhalten des Einzelnen weiter geht zu der Frage, worauf man als Bürger hoffen soll. Mit anderen Worten, zur Politik. Wie die Geschichte der Christen im öffentlichen Zusammenhang umgesetzt werden soll, ist genauso strittig wie die Frage, wie sie privat zu handhaben ist. Auch hier gibt es wieder kein Regelwerk, das einem sagt, wie man das allgemein gefasste und unmöglich umzusetzende Liebesgebot praktisch anwenden soll bei allem, was mit Politik zu tun hat. Das ist eine Frage der Beurteilung, etwas, worüber sich diskutieren lässt. Rein historisch gibt es so etwas wie „christliche" Politik nicht und kann es auch gar nicht geben. In unterschiedlichen Zeiten und an unterschiedlichen Orten treten unterschiedliche Aspekte der Bandbreite dessen in den Vordergrund, was der christliche Glaube beinhaltet. Für unterschiedliche Menschen bedeutet das Christentum anscheinend sehr unterschiedliche politische

Aktionen; den christlichen Sozialismus im neunzehnten Jahrhundert in England beispielsweise und die Christdemokratie nach dem Zweiten Weltkrieg in Italien und in Westdeutschland; einen glühenden religiösen Nationalismus in Irland und Polen und einen ebenso glühenden religiösen Imperialismus in Russland; Marxismus in den 80er Jahren des vergangenen Jahrhunderts in Mittelamerika und die Selbsthilfebewegung in Form von Kleinstunternehmen in Peru und Brasilien um die Jahrtausendwende; das „soziale Evangelium" der schwarzen Kirchen in den USA und der inbrünstige Republikanismus des rechten Flügels der weißen, wertkonservativen Wähler, der sogenannten „value voters".

Und ausnahmslos sind alle diese Bewegungen einleuchtende Entwicklungen des Evangeliums. Keine von ihnen ist unzulässig, und keine ist zwingend. Denn, um es noch einmal zu sagen, man hat die Freiheit, selbst zu entscheiden; oder muss sogar selbst entscheiden. Was auch immer die „christlich Konservativen" in Amerika sagen, es gibt keine Reihe richtiger Meinungen, die sich automatisch aus dem Glauben ergeben. Wenn man sich verbindlich auf die rettende Liebe Gottes einlässt, braucht man nicht – wirklich nicht – automatisch auch für niedrige Steuern, Kreationismus, Waffenbesitz, die Todesstrafe, die Schließung von Abtreibungskliniken, die Leugnung des Klimawandels und eine groteske wirtschaftliche Ungerechtigkeit zu sein. Man hat völlige Freiheit zu glauben, dass dem Reich Gottes besser gedient wäre mit sozialer Gerechtigkeit, einer gerechteren Besteuerung, Feminismus, Schwulenrechten und einem hervorragenden öffentlichen

Konsequenzen

Personennahtransport. Man hat dann zwar natürlich auch nicht die ausdrückliche und offizielle Billigung des Evangeliums, an all das zu glauben, aber man kann es. Es können Programme auf dem christlichen Glauben aufgebaut sein, aber der christliche Glaube selbst ist kein Programm.

Auf der anderen Seite kann man aber – auch wenn die Versuchung vielleicht groß ist – nicht all diejenigen von sich wegstoßen, die ihr Christentum so ganz anders leben. Man kann nicht sagen: Mit dem/der habe ich nichts gemein. Ich kann beispielsweise Sarah Palin politisch (vielleicht) genauso lächerlich und erschreckend finden wie Sie, aber ich kann ihr nicht einfach aus dem Weg gehen. So seltsam, bizarr und abstoßend für mich die Art auch sein mag, wie sie ihren Glauben zum Ausdruck bringt, muss ich doch glauben, dass sie auch etwas richtig versteht, dass sie genau wie ich ein Teil des Leibes Christi ist, der genau wie ich die Gnade Gottes nötig hat und dem diese Gnade, genauso sicher wie mir, auch zuteil werden wird. Sie ist trotz allem eine Schwester, und als solche muss ich sie anerkennen, auch wenn ich gleichzeitig sehr, sehr froh bin, dass Alaska weit, weit weg ist; und ich kann nur hoffen, dass sie in mir, diesem jämmerlich unbewaffneten, hohe Steuern zahlenden Euro-Weichei-Sozialisten, genauso auch einen Bruder sieht. Und dasselbe gilt auch für andere beängstigende Christen, die es im Laufe der Geschichte schon gegeben hat, von serbischen Milizionären über Papst Pius IX., der versuchte, Eisenbahnen zu verbieten, bis hin zu all den protestantischen und katholischen Kriegstreibern der Religionskriege. Ich betrachte mich nicht als verantwortlich für ihre

Taten, genauso wenig, wie A.C. Grayling für ein atheistisches Ungeheuer wie Mao verantwortlich gemacht werden darf. Ich bin grundsätzlich anderer Meinung als diese Leute, und ich widerspreche ihnen, aber ich kann ihnen nicht ihren Glauben absprechen. Ich habe mit ihnen den MHDidSzs gemeinsam – und die Hoffnung auf Abhilfe. Das ist nicht besonders angenehm. Hier schwappt der christliche Glaube über die getrennten Kategorien, mit deren Hilfe wir jetzt normalerweise die Welt verstehen, und er besteht dabei in einem geradezu peinlichen Ausmaß auf Gemeinsamkeit.

Außerdem ist es so, dass, auch wenn man zu einer persönlichen Entscheidung darüber gelangt, wie der eigene Glaube die eigene politische Überzeugung und das politische Handeln beeinflussen sollte, man keine völlig uneingeschränkte Auswahl hat. Von der Landkarte moderner Meinung lenkt das Christentum die Aufmerksamkeit auf eine ältere Landkarte der Erfahrung, die darunterliegt und von der es behauptet, sie sei realer und habe Priorität beim Entscheiden. Das ist der Grund, weshalb man vielleicht feststellt, dass man Menschen irritiert, wenn man bestimmte Auffassungen vertritt, die auf bizarre Weise durcheinander sind hinsichtlich derzeitiger Partisanenstellungen, so als wäre man anscheinend nicht in der Lage, die offensichtlichen Grenzlinien auf der modernen Karte zu sehen. Dabei sieht man diese Linien natürlich sehr wohl, aber es ist einfach so, dass die ältere Karte, die man hat, an vielen Stellen „liberales" und „konservatives" Gebiet als Varianten derselben Sache ausweist, wobei beide von etwas abstammen, das einmal eine theologische Position gewesen ist. (Denken Sie beispielsweise daran, wie ein amerikanischer Katholik, der an der traditionellen katholischen Soziallehre festhält, gleichzeitig ein Linker ist in Bezug auf die Todesstrafe und ein Rechter in der Abtreibungsfrage.) Aber wichtiger noch ist, dass die Karte der christlichen Möglichkeiten Ränder hat. Es gibt deshalb einige Formen von Politik, die einem als Christen nicht offen stehen, weil sie über den Rand der älteren Karte hinausgehen. Sie beruhen auf Thesen, die grundsätzlich inkompatibel sind mit den christlichen Grundlagen, egal, wie frei und großzügig man sie auch auslegt.

So kann man beispielsweise als Christ nicht die Auffassung vertreten, dass der Zweck die Mittel heiligt. Man darf es als Christ nicht zur Tugend erklären, Leid zu erzeugen, damit daraus etwas Gutes entsteht: Das ist strikt unvereinbar mit dem Liebesgebot und seiner Umkehrung, dem Verbot, Menschen als Mittel zum Zweck oder als Objekte zu benutzen. Natürlich *wird* man hin und wieder Menschen so behandeln, weil der MHDidSzs nun mal ist, was er ist. Vielleicht muss man sogar – so wie General Montgomery – seine Truppen in Minenfelder schicken. Mittel-Zweck-Probleme gehören nun mal zu dieser Welt und können genauso wenig abgetan werden wie das menschliche Bedürfnis nach einem Gesetz. Aber man darf das Schlimme, das man tut oder tun muss, nicht als etwas anderes bezeichnen als schlimm. Man darf es nicht umetikettieren als Effizienz oder Patriotismus oder als leidenschaftliche Überzeugung oder als wissenschaftlich oder als unsentimental oder als das Abschütteln der Spinnweben der Vergangenheit. Man soll es bekennen und nicht ein Programm daraus machen.

Heilige (Un)Vernunft!

Oder nehmen wir eine scheinbar entgegengesetzte politische Versuchung (obwohl es tatsächlich eine Verbindung gibt). Als Christ darf man keine Politik befürworten, die den MH-DidSzs leugnet. Sie erinnern sich, man ist dem freundlichen Pessimismus Jesu verpflichtet. Bilder von Vollkommenheit sind für uns nicht geeignet.[29] Man kann an eine innere Besserung des Menschen glauben, gemäß der Politikbeschreibung, die man auch immer gut findet, aber man darf nicht glauben, und zwar niemals, dass die Menschheit einen Zustand erreichen kann, in dem die Wünsche aller in mysteriöser Übereinstimmung sind und unsere Herzen alle praktischerweise sauber geschrubbt und desinfiziert. Das wird nicht passieren. Sie können also Revolutionär sein oder reaktionär, das ist o.k., aber Sie können kein – genau! –, Sie können kein Utopist sein. Außer – moment mal, da haben wir eine Ironie. Der weitere Grund dafür, dass Sie für das Projekt Utopia nicht zur Verfügung stehen, besteht darin, dass Sie schon eins haben. Was Sie gegen Utopien immun macht, ist die Hoffnung auf das Königreich, das Reich Gottes (von dem so viele weltliche Utopien ein Echo sind). Das Reich Gottes ist auch ein Traum, der im Medium der Macht unmöglich zu erfüllen ist; das Reich Gottes ist auch eine Unmöglichkeit, die die Form der möglichen Welt verändert, indem es an uns zieht und zieht mit der Verheißung auf eine Fülle und Freundlichkeit, die wir nicht fassen können, bis wir Fülle und Freundlichkeit entde-

---

29 „Bilder der Vollkommenheit machen mich, wie du weißt, krank und böse." Jane Austen – stimmt.

Konsequenzen

cken, von der wir geglaubt hätten, nicht damit fertig werden zu können, hätten wir uns nicht aufgemacht in Richtung des Unmöglichen. Wie wir das in der Welt begrenzter Auswahl und Zusatzkosten anwenden, überlässt Gott dem Leser als Übung.

Meiner eigenen Kirche bleiben dank ihres maroden Zustandes eine Menge Versuchungen im Zusammenhang mit Macht erspart (vgl. Fußnote 21 im vorigen Kapitel zwecks eines kurzen Überblicks besagter Heruntergekommenheit). Es gibt unter den Atheisten (zumindest bei denen, die glauben, dass sie an einem Nullsummen-Prestigewettbewerb mit der Religion teilnehmen, bei dem Aberglauben jedes Mal verliert, wenn Logik gewinnt) die Vermutung, dass uns das ganz furchtbar etwas ausmacht; dass wir vor Verzagtheit und Demütigung schreien müssten, immer mehr unseres früheren öffentlichen Ansehens zu verlieren. Aber ich glaube nicht, dass das wirklich stimmt. Es gab – und gibt immer noch – einige positive Aspekte des althergebrachten Status der anglikanischen Kirche, wie beispielsweise ihre Inklusivität, ihre Bereitschaft, für alle und jeden da zu sein, von denen sie vielleicht gebraucht wird. Und ich persönlich habe kein Problem damit, dass anglikanische Bischöfe im Oberhaus sitzen, solange das Oberhaus weiterhin eine prüfende Kammer ist und kein gewählter Senat, besonders wenn *ex officio* (von Amtes wegen) noch ein paar katholische Bischöfe, der Oberrabbi, ein, zwei Imame, ein paar Vertreter der Hindus und Buddhisten und eine Auswahl säkularer Philosophen zu ihnen stoßen würden. Was *sollte* man denn dagegen haben, dass die gesammelten ethischen Traditionen des Landes, die es gibt, einen Blick auf unsere Gesetzgebung werfen?

Aber insgesamt wird die Last der Macht eher nicht vermisst, jetzt, wo sie nicht mehr da ist.

Ich bin so eben gerade alt genug, um mich daran zu erinnern, wie es früher war. Die Welt, die ich als Christ kenne, ist eine Welt, in der wir eine kleine Minderheit sind. Eine kleine Minderheit mit einer organischen Verbindung zur Symbolik, mit der verborgenen Logik und dem Traumleben der erweiterten Kultur, aber dennoch eine Minderheit ohne Einfluss. Ich weiß, dass es vor dieser Welt eine andere gab, eine, in der das Christentum der vorgegebene Zustand der Zivilisation war, über den gar nicht mehr nachgedacht wurde. Aber dieser Zustand ist in den 1960er und 1970er Jahren, als ich ein Kind war, zu Ende gegangen, und jetzt ist er nicht mehr da, und ich glaube auch nicht, dass ich ihn zurückhaben möchte. Auf diese Weise ist das Christentum nämlich für niemanden mehr ein Vehikel für seinen Ehrgeiz. Auf diese Weise ist das Christentum losgelöst von der Selbstgefälligkeit der Selbstgefälligen. Auf diese Weise ist es nicht mehr Teil des unweigerlichen Unsinns, der von Würdenträgern verzapft wird. Auf diese Weise wird das Ausmaß, in dem Gott größer ist als wir und all unser Zeugs – *Allahu akhbar!* –, hilfreich unterscheidbar von den Ungerechtigkeiten menschlicher Gesellschaften. Die Wahrscheinlichkeit wird geringer, dass wir eine lineare Hierarchie wahrnehmen, die sich von den Armen über die Reichen zu den Königen und zu Gott erstreckt, eine Hierarchie, die zwar unsäglich aufwärtsführt, aber lediglich eine Leiter der Abhängigkeiten und der Unterordnung darstellt. Auf diese Weise kann wieder erkennbar werden, wie merkwürdig der christliche Glaube ist. Ohne die Zwangsläufigkeit, ohne dass atmosphärische Störungen der Bevorzugung die Leitung stören, können wir wieder deutlicher den gegenkulturellen Aufruf heraushören, unseren Mangel an Cool zuzugeben, unsere Unvollständigkeit und unsere Unfähigkeit, jemals eines der selbstverliebten Geschöpfe in Werbeprospekten zu werden oder ein liebloser Rechner, ein *Homo öconomicus*, und stattdessen Hoffnung finden; eine Hoffnung, die auf das Fiasko setzt, das man in Wirklichkeit ist, und darauf freundlich aufbaut.

Ich glaube also nicht, dass die meisten Christen vergangenen Zeiten nachtrauern. Und obwohl ich dieses Buch geschrieben habe als einen Versuch, Menschen aus den irreführenden Ruinen ihres Halbgedächtnisses herauszuholen und ihnen zu vermitteln, wie sich der christliche Glaube von innen anfühlt, rechne ich nicht damit, dass Glaube in meiner Zeit und da, wo ich lebe, jemals weniger marode sein wird. Und das ist auch in Ordnung so. Es wäre sicher schön, wenn Menschen nicht ganz so ungehobelt wären. Es wäre schön, wenn sie nicht primitive Cartoons mit Gedankengut aus dem 19. Jahrhundert zücken würden als das Allerneueste in der Philosophie und dann auch noch erwarten, dass man wie geblendet vor Faszination zurücktaumelt. Es wäre schön, nicht von Deppen von oben herab behandelt zu werden. Es wäre schön, wenn die Menschen verstehen würden, dass die wissenschaftliche Sichtweise eine besondere Wahrnehmung der Welt ohne Metaphern ist, dass sie aber, auch wenn die Wissenschaft mächtig ist, kein Führer

Heilige (Un)Vernunft!

zu den sehr großen Aspekten der Erfahrung sein kann, die *nur* in Metaphern erkannt werden können. Es wäre schön, wenn die Menschen sähen, dass die Welt nicht entzaubert werden kann und dass die Wahl, vor der wir stehen, eigentlich eine Wahl der Zaubersprüche ist.

Das alles wäre schön, aber es ist nicht unbedingt nötig, und zwar, weil die Kirchen offen sind und ihrer alten und nötigen Aufgabe nachgehen; und sie werden auf die eine oder andere Art auch morgen noch offen sein und übermorgen und am Tag danach, bis in ferne Zeiten. Und eigentlich ist es egal, in welcher Form das geschieht, sosehr wir die Form, in der das heute geschieht, auch mögen. Die Gemeinden werden immer noch die Stille bieten, in der wir es aushalten können, herauszufinden, wer und wie wir wirklich sind. Jesus wird immer noch aus der Mitte der zornigen Menge zu uns herüberschauen. Gott wird immer noch da sein und leuchten.

Das heißt, wenn es einen Gott gibt. Es kann gut sein, dass es nicht so ist. Ich weiß nicht, ob es einen Gott gibt. Und Sie wissen es auch nicht, und auch Richard bloody Dawkins weiß es nicht – keiner weiß es. Denn das ist, wie gesagt, nichts, was man wissen kann. Aber eines weiß ich: Wenn ich Glück habe, wenn ich es geschafft habe, ganz genau aufzupassen, wenn ich nur einmal für kurze Zeit still gewesen bin, dann kann es sich so anfühlen, als gäbe es einen Gott. Und deshalb ergibt es emotional einen Sinn, so weiterzumachen, als wäre Er da; den Konjunktiv zu wagen. Und ich meine damit keinen Angst-vor-dem-Tod-Sinn oder geduckten, ängstlichen Meister-suchenden Sinn und auch keinen tadelnden Heiliger-als-du-Sinn. Nein – hoffnungsvollen Sinn; realistischen Sinn; angeschlagenen, aber trotzdem weitermachenden Sinn. Den Sinn, der von unserer peinlichen Himmelsfee empfohlen wird, die sagt: Sei nicht vorsichtig. Sei nicht überrascht über irgendeine menschliche Grausamkeit. Hab keine Angst. Es kann viel mehr heil gemacht werden, als du weißt.

ANMERKUNGEN

Ich habe beinah das ganze Buch an einem Fensterecktisch in der Filiale von Costa Coffee in der Sidney Street in Cambridge geschrieben. Ich möchte dem Personal dort für seine Freundlichkeit und Toleranz danken, wenn ich dort Stunde um Stunde meine Tassen schwarzen Americano geschlürft habe.

Vieles in dem Buch sind Wiederholungen von Dingen, die ich von den drei Personen erfahren habe, denen es gewidmet ist. Ich hoffe, die drei wissen, wie dankbar ich ihnen dafür bin, dass sie mich diese Dinge gelehrt haben.

Was wohlwollende Kommentare zu Teilen des Manuskriptes oder zum gesamten Manuskript angeht, stehe ich tief in der Schuld von Bernice Martin, Jenny Turner, Claerwen James, Marina Benjamin, Maura Dooley, Anne Malcolm, Tim Hooper und meinem monatlich stattgefundenen Schreibworkshop, den ich 2007-2008 für MA-Studenten am Goldsmith College geleitet habe.

Ich habe Fakten und Zitate geprüft, aber ich habe für dieses Buch keine wissenschaftliche Forschung betrieben. Es ist ganz bewusst und gewollt nur ein Bericht aus dem Inneren meines Kopfes, der aus dem schöpft, was schon darin ist.

Ich brauche wahrscheinlich nicht extra zu erwähnen, dass ich nicht irgendein Sprecher der anglikanischen Kirche bin, oder?

Nachhilfe
für einen Unterteufel

C.S. Lewis
**Dienstanweisung für
einen Unterteufel**
Gebunden mit Schutzumschlag
160 Seiten
ISBN 978-3-87067-600-1

In 31 Briefen erteilt der höllische Unterstaatssekretär Screwtape dem unerfahrenen Unterteufel Wormwood hilfreiche Dienstanweisungen, wie er die Seele seines „Patienten" zur Beute der Hölle machen kann ...
Ein zeitloser Klassiker, neu übersetzt und illustriert.

Verlag I Alles, was Sinn macht!

Ihre Ohren *werden* Augen *machen*

C.S. Lewis
Dienstanweisung für einen Unterteufel
Hörbuch
4 CDs, 246 Minuten
ISBN 978-3-86506-412-7

Bodo Primus gewährt durch seine markante Stimme und grandiose Vorlese-Kunst verblüffende Einblicke in die menschliche Seele.

Verlag | Alles, was Sinn macht!